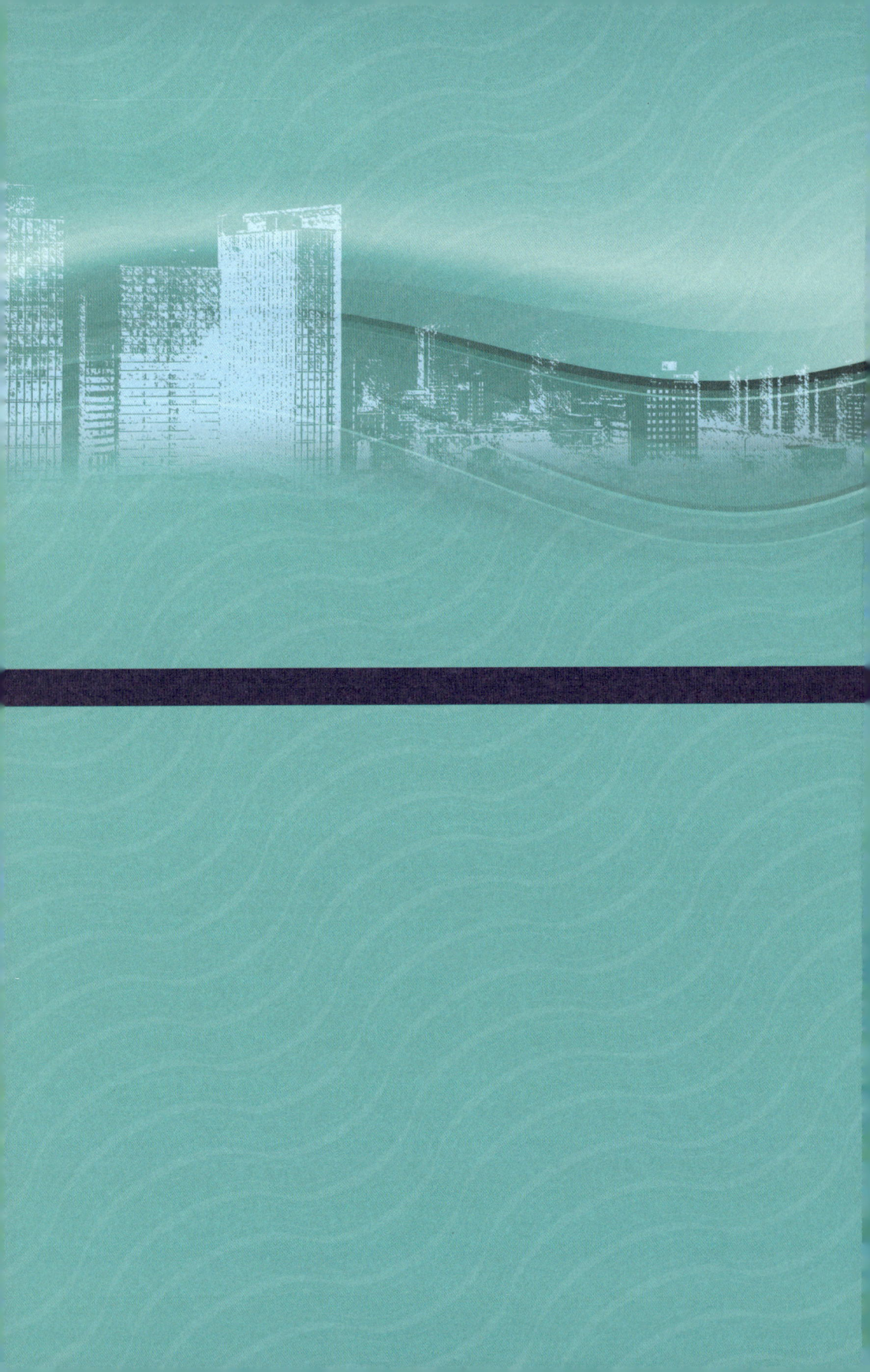

北京国际交往中心建设研究丛书　　　总主编　计金标

STUDIES ON BEIJING AS THE CENTER FOR INTERNATIONAL EXCHANGES

北京世界旅游城市建设研究

STUDIES ON THE CONSTRUCTION OF
BEIJING AS WORLD TOURISM CITY

王　欣◎主编

社会科学文献出版社
SOCIAL SCIENCES ACADEMIC PRESS (CHINA)

北京国际交往中心建设研究丛书
编委会

总 主 编 计金标

编委会成员（以姓氏笔画排序）

马诗远 王 欣 王 磊 王成慧 计金标
李星儒 李晓宇 李嘉珊 邹统钎 邵 云
姜 钰 梁昊光 董 涛 程 维

总　序

　　2017年9月29日正式发布的《北京城市总体规划（2016年—2035年）》，明确提出"北京城市战略定位是全国政治中心、文化中心、国际交往中心、科技创新中心"，国际交往中心建设由此进入快车道。"建设什么样的国际交往中心，怎样建设国际交往中心"成为北京市迫切需要解决的一个重大课题。2019年9月，北京推进国际交往中心功能建设领导小组第一次会议提出了总体要求，要"努力打造国际交往活跃、国际化服务完善、国际影响力凸显的国际交往中心"。2019年12月印发的《北京推进国际交往中心功能建设行动计划（2019年—2022年）》进一步明确了北京国际交往中心"不断强化重大国事活动服务保障、国际高端要素集聚承载、北京开放发展动力支撑、城市对外交往示范引领"的四大功能，提出了"努力打造中国特色大国外交核心承载地，加快建设国际交往活跃、国际化服务完善、国际影响力凸显的国际交往中心"的总体建设思路，以及"六大战略目标"和21项重点建设任务。

　　北京国际交往中心建设是一项多维度的系统工程，既需要北京市委市政府的总体布局、统筹谋划、协调推进，也需要加强整合各方的力量，形成央地协同、市区配合、部门联动的"一盘棋"格局，还需要充分发挥高等院校和科研机构的高端智库功能，就北京国际交往中心建设如何展现中国魅力、凸显北京特色，如何突出服务中心服务大局的导向，如何统筹运用国内国际两个市场、两种资源、两类规则，如何积极融入传统与现代、东方与西方文化元素，如何构建面向世界、面向全国的全方位、多层次、立体化的国际交往新格局等一系列问题，凝聚各种科研力量，积极开展相关研究和谋划工作，为推进落实北京国际交往中心建设提供决策参考和智力支持。

北京第二外国语学院作为北京市属高校中唯一的外国语大学，在国际交往中心建设的进程中，肩负着天然的使命和责任。学校主动与北京"四个中心"建设对接，立足于服务北京的战略目标和国际交往中心研究的特色视角，努力打造一支优秀的服务首都功能定位的学术团队，形成"研究院—研究中心—研究所"三级科研平台机制，整合与组建了首都国际交往中心研究院、首都对外文化传播研究院、中国公共政策翻译研究院、中国文化和旅游产业研究院、中国"一带一路"战略研究院、中国服务贸易研究院等17个科研机构，拥有文旅部文化和旅游研究基地、北京旅游发展研究基地、北京对外文化传播研究基地、首都对外文化贸易研究基地等7个省部级科研基地、1个省部级协同创新中心——首都对外文化贸易与文化交流协同创新中心，以及秘鲁文化研究中心、白俄罗斯研究中心、阿拉伯研究中心等7个教育部国别和区域备案研究中心，形成较为完备的科研平台格局。学校加强高端特色智库建设，以积极组织撰写研究简报、蓝皮书、咨政报告、高端论著等多种形式对接国家战略和首都发展需求，产出了丰硕的学术和咨政成果，在北京形象建设、旅游产业政策、旅游大数据、"一带一路"投资与安全、服务贸易文化贸易、对外文化传播、国际文化交流等研究领域逐渐形成二外特色学术品牌。

为深入贯彻落实党的十九大精神，按照北京国际交往中心城市战略定位，学校把握时代脉搏，充分发挥自身优势，于2018年专门制定了《北京第二外国语学院服务"北京国际交往中心"建设行动计划》，以期在国家和北京外事工作的更高平台、更广领域中发挥作用，为北京国际交往中心建设贡献力量。自该行动计划实施以来，学校积极整合各学院和科研院所的研究力量，围绕北京国际交往中心建设问题，陆续开展了北京城市品牌形象传播、北京友城研究、北京国际形象调查、北京市国际交往中心语言环境建设等专题研究，向北京市委市政府以及相关委办局提交了多份咨政报告，得到了北京市委市政府及相关委办局的高度重视。2019年7月，学校承担了北京市人民政府相关委办局委托的关于国际交往中心建设的研究任务。在各院系的通力合作下，历时半年多，学校高质量地完成了各项研究任务。本套丛书就是学校对北京国际交往中心建设这一重大课题前期研究的一个阶段性成果总结。

北京国际交往中心建设既是一项新事业，也是一个新课题，国内外相关研究成果相对较少。这套由我校中青年教师撰写的丛书，相信能够丰富北京国际交往中心的相关研究成果，充实北京国际交往中心的新内涵，为北京国际交往中心建设提供更多的国际经验。如果这些研究成果能够引起更多学者关注和思考国际交往中心建设，能为北京市有关部门推进国际交往中心建设提供一些决策参考，我们将感到无比欣慰。

是为序。

计金标
2020年1月

目 录

前　言 …………………………………………………… /1

文化旅游融合发展篇

北京文化与旅游融合创新发展模式与战略
　　研究 ………………………… 王　欣　王国权　冯　凌/1
北京文化演出与旅游产业融合发展模式
　　研究 ……………………………… 吕　宁　吴新芳　江胜男/69

旅游发展新业态篇

国内外夜间经济的发展、研究及对策 ………… 常梦倩　邹统钎/85
北京夜间旅游发展模式研究 ………………… 范业正　塔　娜/101
2022年北京冬奥会大型文体活动合作机制
　　研究 …………………… 邹统钎　赖梦丽　关秋红/114
北京市冰雪旅游发展初探 ………………… 冯　凌　刘　乙/128

京郊乡村旅游篇

发达地区乡村旅游传统经营户的持续经营意愿影响因素研究
　　——以北京官地等民俗村为例 …… 彭诗茗　王　欣　王国权/137

京津冀区域旅游篇

北京人口空间扩张型疏解
　　——基于河北北戴河新区旅游地产研究 …… 王　欣　王国权/194

京津冀地区旅游业产出投入效率对比
　　分析 ………………………… 黄　迪　王　欣　李　瑞　闫笑非 / 215

城市旅游供需篇

基于扎根理论的北京市退休中产阶层旅游动机
　　研究 …………………………………… 高辉娜　高　理　刘　微 / 240
北京城市旅游产品创新研究 ………………………… 范业正　王书悦 / 251

前　言

北京是全国的政治中心、文化中心、国际交往中心、科技创新中心，旅游业的发展对于"四个中心"的建设具有重要的战略意义。首都旅游业的发展承载了疏解北京非首都功能、促进京津冀一体化协同发展的重要功能，也是实现首都生产空间集约高效、生活空间宜居适度、生态空间山清水秀、首都文化软实力和国际影响力不断提升的关键一环。

自2018年文化和旅游部组建以来，"文旅融合"成为热词。2019年12月，北京市出台了《关于推进北京市文化和旅游融合发展的意见》，将进一步推动北京文化和旅游的资源优势转化为发展优势，开发促进首都高质量发展的新动能，满足市民和旅游者对美好生活的新期待，助力全国文化中心与国际一流旅游城市建设，以文化内容为支撑的文旅消费正逐步满足市民文化消费升级迭代的需求。

夜间经济是近年来旅游发展的新业态，北京在打造夜间经济方面做出了有益探索。2019年7月，北京市发布《北京市关于进一步繁荣夜间经济促进消费增长的措施》，要求到2021年底，在全市形成一批布局合理、管理规范、各具特色、功能完善的"夜京城"地标、商圈和生活圈，满足消费需求。以"夜游北京、夜品京味、夜赏京戏"为主线的夜间文化消费带动了北京夜间经济的繁荣发展。

2022年北京冬奥会的筹建工作如火如荼，京张铁路的开通运营确保了冬奥会顺利举行。2019年，可使用京津冀旅游年卡的景区数量由2018年的158家增至261家，三地开通了多条班线化旅游直通车线路，共同推出了京津冀旅游线路并整合了京津冀的核心旅游资源，为区域一体化协同发展做出了积极贡献。此外，京郊旅游呈现更加蓬勃的生机，据初步统计，2019年北京乡村旅游的游客量达6000万人次。城市旅游发展依旧强劲，旅游产品不断推陈出新，有关部门着力打造"秀北京"旅游演艺品牌，发布33家首批北京市文化创意产业园区名单。

因此，本书立足于北京旅游发展最新形势，从文化旅游融合发展、旅游发展新业态、京郊乡村旅游、京津冀区域旅游、城市旅游供需五大方面系统研究北京旅游业发展的新趋势、新问题与新思路。

本书由王欣、邹统钎、王成慧策划，王欣和王国权共同设计全书框架并统稿。王欣、邹统钎、范业正、王国权、高辉娜、吕宁参与核心内容研究。常梦倩、彭诗茗、陈微、塔娜、赖梦丽、王书悦、关秋红、吴新芳、江胜男、黄迪、李瑞、闫笑非、高理、刘微、李莹等旅游专业师生参与了本书的研究、撰写或调查。希望本书能为北京文化和旅游发展的理论研究与实践工作提供一定参考，同时给北京建设世界旅游城市提供有益借鉴，恳请大家对本书内容的不当之处给予宝贵批评和建议。

王　欣

2020年1月4日于北京

• 文化旅游融合发展篇 •

北京文化与旅游融合创新发展模式与战略研究

王 欣 王国权 冯 凌[*]

一 引言

自从2018年文化和旅游部组建以来,国内掀起了文旅融合的热潮,既有文化和旅游领域政府管理机构的行政体制合并,也有产业市场主体的自发融合。北京作为全国文化中心与国际一流旅游城市,更为注重文化与旅游的融合。2019年12月,北京市文化改革和发展领导小组办公室印发《关于推进北京市文化和旅游融合发展的意见》(以下简称《意见》),这是全国首次在省级层面出台推进文旅融合的规范性文件,提出了七个方面共26条工作举措,即"北京文旅融合26条"。北京成为全国首个在省级层面出台推进文化和旅游融合发展总揽性规范性文件的城市,《意见》的推出将进一步推动北京文化和旅游的资源优势转化为发展优势,开发促进首都高质量发展的新动能,满足市民和旅游者对美好生活的新期待。

文化产业作为一种低碳、绿色的产业门类,契合了首都城市转型发

---

[*] 王欣,北京第二外国语学院教授,研究方向为文化旅游与旅游地理;王国权,北京第二外国语学院2018级硕士研究生,研究方向为文化旅游与旅游地理;冯凌,北京第二外国语学院教授,研究方向为旅游与服务业经济、生态经济与可持续发展。

展与经济结构调整升级的历史趋势,不仅是全国文化中心建设的重要方面,还是疏解整治促提升中提升篇章的关键一环,更是增强人们文化获得感和幸福感的重要途径,对首都经济高质量发展的支撑和引领作用更加凸显。近年来,北京市相继出台了多个发展文化产业的政策文件,文化产业得到了较快发展。2018年1月至11月,北京市规模以上文化产业法人单位实现收入9250.1亿元,同比增长13.1%,有力带动了首都经济高质量发展。中国人民大学文化产业研究院发布的2018年"中国省市文化产业发展指数"和"中国文化消费指数"显示,北京市在两类指数排名中均蝉联第一。《北京市"十三五"时期文化创意产业发展规划》明确提出了发展目标:"到2020年,文化创意产业增加值占全市GDP比重力争达到15%左右。"

二 研究综述

(一)文旅产业融合

在梳理相关文献后发现,国内文旅融合方面的研究大体可以分为两大阶段:一是2017年之前的初步分散化阶段,二是2017~2019年的深度系统化阶段。杨娇[1]、高静和刘春济[2]、丁宁[3]、荆艳峰[4]等人是国内较早一批开展旅游与文化产业融合发展研究的学者。李洋洋对我国文化创意产业与旅游业的融合基础、驱动因素以及融合动力系统机制等进行分析,提出了我国文化创意产业与旅游产业融合的三种模式,并结合具体案例进行了详细说明和分析[5]。罗清等通过对通州旅游文化创意产业

---

[1] 杨娇:《旅游产业与文化创意产业融合发展的研究》,硕士学位论文,浙江工商大学,2008。
[2] 高静、刘春济:《论创意旅游——兼谈上海都市旅游的提升战略》,《旅游科学》2010年第3期,第12~19页。
[3] 丁宁:《旅游创意产业融合发展研究——以大连为例》,硕士学位论文,辽宁师范大学,2011。
[4] 荆艳峰:《文化创意产业与旅游业的集成模式研究》,《学术论坛》2012年第1期,第74~76页。
[5] 李洋洋:《我国文化创意产业与旅游业融合模式研究》,硕士学位论文,北京第二外国语学院,2010。

发展背景、原则的分析，提出了通州区旅游产业与文化创意产业融合的主要路径和战略措施①。傅才武、申念衢以甘肃河西走廊为案例，建立基于"文旅体用一致"的新解释框架，并在此基础上创新文化和旅游管理体制和政策模式的实践经验，揭示文化旅游融合发展的内在逻辑②。此外，还有张朝枝等③、张清荣④、孙剑锋等⑤展开了对文化与旅游融合发展的深层次研究。

文化创意产业与旅游业融合与集成研究方面，既有对具体融合的表现、模式、基本理论、机制机理、影响因素等方面的研究，也有对具体案例的实证分析，研究相对深入和具体。此外，对具体的文化创意旅游业态的研究也有一些涉及。刘洁从文化创意产业的概念界定、旅游需求两个方面讨论了文化创意产业与旅游的关系⑥。王凯等以798艺术区为例，构建了文化创意型旅游地游客满意度指数测评模型，并进行了实证分析⑦。曾琪洁等以上海世博会为研究对象，指出旅游者不再满足于传统的观光形式和内容，对多元性、娱乐性、符号性、实用性和虚拟性的需求逐渐成为文化创意旅游体验过程中"自我发展"的重要特征⑧。贾婉文以《印象·刘三姐》为例，以定性与定量分析相结合为方法，抽象出案例的"关键文化创意"与"发展障碍"，也以产业融合理论的思

---

① 罗清、王琦、马欣：《北京市通州区旅游产业与文化创意产业的融合》，《东方企业文化》2013年第19期，第263~264页。
② 傅才武、申念衢：《新时代文化和旅游融合的内涵建构与模式创新——以甘肃河西走廊为中心的考察》，《福建论坛》（人文社会科学版）2019年第8期，第28~39页。
③ 张朝枝、朱敏敏：《文化和旅游融合：多层次关系内涵、挑战与践行路径》，《旅游学刊》2019年第12期，第16页。
④ 张清荣：《文旅融合视角下的区域文化旅游品牌塑造》，《文化产业》2019年第24期，第1~3页。
⑤ 孙剑锋、李世泰、纪晓萌等：《山东省文化资源与旅游产业协调发展评价与优化》，《经济地理》2019年第8期，第207~215页。
⑥ 刘洁：《文化创意产业与旅游业关系研究》，《经济研究导刊》2010年第1期，第155~156页。
⑦ 王凯、唐承财、刘家明：《文化创意型旅游地游客满意度指数测评模型——以北京798艺术区为例》，《旅游学刊》2011年第9期，第36~44页。
⑧ 曾琪洁、吕丽、陆林等：《文化创意旅游需求及其差异性分析——以上海世博会为例》，《旅游学刊》2012年第5期，第103~111页。

维对案例中出现的与产业融合理论相呼应的部分进行了实践性解释与证实[①]。可见，我国学者对文化创意旅游需求方面的研究，主要集中于案例分析或实证分析，对其理论方面的研究较为欠缺，有待进一步探究。

（二）文化创意旅游

1. 概念内涵

Pine 和 Gilmore 最早提出在传统旅游业中引入文化创意元素，在其著作《体验经济》中指出：在体验消费时代，文化旅游产业中的供应商之间的激烈竞争会引导他们把产品供应提高到一个新的水平，经营者利用创意手段和过程，通过引导游客体验去完善自己，来创造新型的经济价值[②]。Richards 和 Raymond 最早提出了创意旅游的概念，即在旅行过程中积极参与学习体验，从而达到发展旅行者创意潜能的目的。Richards 认为创意旅游的最大特点在于主动学习而非被动观赏，在实现个人自我发展的同时也促进经济发展[③]。国内周钧等[④]、赵玉宗等[⑤]、方澜[⑥]、李庆雷[⑦]、尹贻梅[⑧]陆续提出了对文化创意旅游的定义。然而，创意旅游直至目前尚无统一定义。

我国学者厉无畏等认为，创意旅游是一种发展模式，是用创意产业的思维方式和发展模式整合旅游资源、创新旅游产品、锻造旅游产业

---

① 贾婉文：《产业融合视角下的文化创意旅游案例研究——以〈印象·刘三姐〉为例》，《旅游研究》2015年第4期，第37~44页。
② B. J. Pine, J. H. Gilmore, *The Experience Economy*, Harvard University Press, 1999.
③ G. Richards, "Creativity: A New Strategic Resource for Tourism", *International Journal of Cultural Policy* 2005 (9): 32-43.
④ 周钧、冯学钢：《创意旅游及其特征研究》，《桂林旅游高等专科学校学报》2008年第3期，第394~397页。
⑤ 赵玉宗、潘永涛、范英杰等：《创意转向与创意旅游》，《旅游学刊》2010年第3期，第69~76页。
⑥ 方澜：《试论创意旅游可持续发展的有效途径》，《商业时代》2010年第19期，第115~116页。
⑦ 李庆雷：《旅游创意：缘起、内涵与特征》，《北京第二外国语学院学报》2011年第1期，第26~33页。
⑧ 尹贻梅：《创意旅游：文化旅游的可持续发展之路》，《旅游学刊》2014年第3期，第9~10页。

链。周钧、冯学钢认为，创意旅游是以文化为本位，以旅游者与旅游目的地之间的创意性互动为核心要素的一项旅游产品①。蔡培卿将创意旅游定义为：以时尚元素，配合高科技手法，突破传统旅游产品的静态和单调，吸引现代游客的眼球与消费欲望②。白凯和原勃对张艺谋的"印象系列"进行归纳，将旅游文化创意产业定义为：在政府主导和支持下，通过创意者"天赋"对高社会知名度文化主题进行创意生产并使其旅游商品化的新兴行业③。潘善成认为，文化创意旅游产业是指文化创意产业在旅游领域的传承和延伸④。王慧敏提出，文化创意旅游是一种与传统的自然山水观光旅游不同的旅游发展模式，它以文化为核心，以创意为手段，以技术为支撑，以市场为导向，创造多元化的旅游产品载体，形成产业联动效应，促进城市和区域经济的文化创意化转型⑤。曹雪稚和王世亮认为，文化创意旅游产业是将抽象的文化旅游资源通过各种文化创意活动形成旅游者可以体验参与的活动，并将经济属性融入文化当中，使文化转化为具有高度经济价值的"精致产业"⑥。潘海颖、张莉莉指出，文化创意旅游蕴含着一种生活理想和生活方式，它不仅是一种业态，还是一段完整的生活⑦。

到目前为止，有不少相关专家都提出了自己对"文化创意旅游"的理解，并归纳出相关概念，但核心意思始终围绕"文化创意"与"旅游"的结合，只是阐述角度及其延伸有所不同而已。

---

① 周钧、冯学钢：《创意旅游及其特征研究》，《桂林旅游高等专科学校学报》2008年第3期，第394~397页。
② 蔡培卿：《旅游无边界产业集成的形成机制研究》，硕士学位论文，厦门大学，2008。
③ 白凯、原勃：《扎根理论下的印象系列分析》，《陕西行政学院学报》2009年第1期，第15~20页。
④ 潘善成：《旅游文化创意产业成为旅游业发展的新空间》，《安徽农学通报》2010年第9期，第173~174页。
⑤ 王慧敏：《上海发展文化创意旅游的思路与对策研究》，《上海经济研究》2015年第11期，第113~120页。
⑥ 曹雪稚、王世亮：《文化创意旅游产业发展的必要性及途径探索》，《湖北经济学院学报》（人文社会科学版）2010年第7期，第34~35页。
⑦ 潘海颖、张莉莉：《创意旅游之内涵特征、构建图谱与发展前瞻》，《旅游学刊》2019年第5期，第128~136页。

2. 发展特征

相对于传统旅游发展模式，创意旅游强调对各类资源的多维化整合，对未来文化遗产的创造，对旅游消费潮流的引领和塑造，对旅游产业链的拓展和延伸，以及区域整体价值的提升。孙刘伟、伍进提出，文化创意旅游产业的独特性主要表现在：基于创意元素与旅游元素的完美融合；产品具有较高的体验性和参与性；产业具有较高的连带效应[①]。潘海颖、张莉莉指出，创意旅游活动具有创新性、独特性、体验性、文化性、有智性和开放性特征；创意旅游者具有双重身份，他们既是旅游消费者，也是旅游产品的生产者和创造者，创意旅游赋予他们高度的能动性、创造感和自我实现感[②]。

发展模式方面，目前，我国学者对创意旅游产业的整体发展及发展模式方面的研究相对较多。白凯、原勃提出，创意旅游产业的发展应以传统文化为基础，以创意资本为支持，以游客技能提高为导向，以创意活动过程为手段，以实现游客自我提升为目的[③]。王兆峰以湘西凤凰县为例，分析了文化创意旅游的商业模式及其特征[④]。蒋莉莉则认为创意旅游发展模式主要包括创意旅游的资源转化模式、旅游商品开发模式、旅游产业提升和城市功能转型模式、连锁经营模式、非物质文化遗产的保护性开发模式等[⑤]。王欣认为，文化创意旅游发展包括创意产品、创意设施、创意景观、创意活动和创意社区等类型[⑥]。张胜男指出，国内的创意旅游主要是产业发展模式，是基于地区及民族特色的创意旅游实践方式，与国外创意旅游方式在深度和广度上都存在较大差距，具有较

---

① 孙刘伟、伍进：《基于体验经济的桂林旅游文化创意产业发展研究》，《科技和产业》2010年第10期，第9~11页。
② 潘海颖、张莉莉：《创意旅游之内涵特征、构建图谱与发展前瞻》，《旅游学刊》2019年第5期，第128~136页。
③ 白凯、原勃：《扎根理论下的印象系列分析》，《陕西行政学院学报》2009年第1期，第15~20页。
④ 王兆峰：《湘西民族文化旅游创意产业发展研究》，《中央民族大学学报》（哲学社会科学版）2011年第6期，第93~101页。
⑤ 蒋莉莉：《文化创意旅游产业发展模式的国际经验研究》，《商业研究》2010年第11期，第52~53页。
⑥ 王欣：《中国文化创意旅游的发展与思考》，《学术交流》2013年第10期，第102~105页。

大的挖掘空间①。此外，Richards②、冯学钢和于秋阳③、张玉蓉和张玉玲④、Greenwood⑤、李勇等⑥、郑向敏等⑦基于不同视角阐释了文化创意旅游的发展模式与路径。综上可知，我国学者对文化创意旅游的模式研究较为丰富，既有对开发及商业模式的归纳，也有对发展模式、类型及形态的总结，更有对文化创意旅游中某一类型产品发展模式的探究，研究相对深入，对现实的指导意义较强。

三 北京文化资源与文化旅游资源及发展条件分析

（一）北京文化资源

1. 社会学角度

1986年，北京市社会科学院、北京市历史学会、北京史研究会邀请首都部分专家和理论工作者，就研究北京文化史的问题举行了首次学术讨论会。会上，阎崇年提出北京文化实质是农耕文化和游猎文化、京师文化和地区文化、中华文化和外来文化的交会点⑧。阎崇年曾于1987年、1995年出版《古都北京》一书中、英文版本，概括出北京文化四个特点：一是历史悠久，源远流长；二是主客分明，布局宏大；三是宫殿园林，珍宝荟萃；四是各个民族，熔冶一炉⑨。张立文则从中国文化

---

① 张胜男：《创意旅游发展模式与运行机制研究》，《财经问题研究》2016年第2期，第123~129页。
② G. Richards, "Creativity and Tourism: The State of the Art", *Annals of Tourism Research* 2011, 38 (4): 1225-1253.
③ 冯学钢、于秋阳：《论旅游创意产业的发展前景与对策》，《旅游学刊》2006年第12期，第13~16页。
④ 张玉蓉、张玉玲：《创意经济背景下文化创意旅游综合体的发展路径研究：以重庆为例》，《经济问题探索》2012年第9期，第85~88页。
⑤ V. A. Greenwood, L. Dwyer, "Reinventing Macau Tourism: Gambling on Creativity?", *Current Issues in Tourism* 2017, 20 (6): 580-602.
⑥ 李勇、佟连军、张娜：《吉林省旅游创意产业发展研究》，《人文地理》2008年第4期，第84~88页。
⑦ 郑向敏、付业勤、王新建：《名人旅游资源开发研究：以海峡两岸郑成功主题旅游为例》，《西北农林科技大学学报》（社会科学版）2011年第6期，第99~106页。
⑧ 阎崇年：《北京文化的重要位置与历史特点》，《北京社会科学》1986年第3期，第161~163页。
⑨ 阎崇年：《古都北京》，北京朝华出版社，1995，第2~3页。

的视角提出北京文化的三个特点,即悠久性、保守性、厚存性[1]。许大龄从北京文化具有三个基本特征——悠久的文化、封建的文化、新文化来阐述如何批判继承、吸收扬弃北京文化[2]。丁守和认为近代以来北京在全国的地位和作用更为重要,因此研究北京地区文化应以近代以来为重点[3]。

1990年,丁守和与劳允兴主编了《北京文化综览》,该书按照历史阶段(远古至1949年)分别讲述各个时期的北京文化内容,包括文学、艺术、体育、语言等[4](如图1和表1所示)。

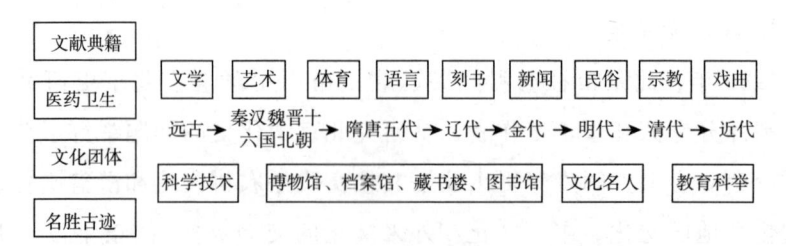

图1 《北京文化综览》主要内容

表1 北京文化资源(远古至1949年)

类型	内容
文学艺术	青铜铭文、珐琅、玉器工艺、鼓词、绘画、书法
戏曲	金院本、元杂剧、京腔、相声、评书
语言	北京话、官话、满语、普通话
教育与科举	科举考试、书院、京师大学堂、国立北京大学、国立清华大学、私立燕京大学
科学技术	《授时历》、《古今图书集成》、大木琉璃技术
体育	击鞠、冰嬉、蹴鞠、杂耍、骑射
医药卫生	协和医院、同仁医院、儿童医院、四大名医

---

[1] 张立文:《谈谈北京文化的特点》,《北京社会科学》1986年第3期,第160~161页。
[2] 许大龄:《谈北京文化的三个特征》,《北京社会科学》1986年第3期,第156~157页。
[3] 丁守和:《研究北京地区文化应以近代以来为重点》,《北京社会科学》1986年第3期,第157~158页。
[4] 丁守和、劳允兴主编《北京文化综览》,北京师范学院出版社,1990。

续表

类型	内容
新闻	《京话日报》《国风日报》《世界晚报》《新青年》《国民晚报》
刻书	官署刻书、私人作坊刻书
宗教	北京四大教堂：北堂、南堂、东堂、西堂
民俗	庙会、豆汁、四合院、会馆、全聚德
博物馆	故宫博物院、中国历史博物馆、北京国货陈列馆
档案馆	故宫内阁大库、顺天府档案、军机处档案
图书馆	北京图书馆、北京大学图书馆、清华大学图书馆
藏书楼	群碧楼、观海堂、藏园
文献典籍	《水经注》《东林始末》《四库全书》《康有为上皇帝书》
文化团体	强学会、新月社、梨园公所、中国地学会、尚志学会、伊斯兰学友会、宣南诗社
名胜古迹	故宫、王府、坛庙、中南海、颐和园、圆明园、长城、周口店猿人遗址
文化名人	胡适、林语堂、梁思成、华罗庚、齐白石、斯诺

刘勇用"京味儿"来概括北京文化，包括饮食文化、建筑文化、园林文化、娱乐文化、戏剧文化、庙会文化等。同时按照地域、来源、历史形成、载体的不同来划分北京文化的构成部分，并提出老北京市民所保有的观念、习惯是北京文化中相对凝固和完整的因素，是北京文化深厚坚实的根基。最后刘勇总结北京文化是一种依靠道德维系的、基于人情礼数的文化，它包含着人的尊严、人间的温情以及中国人特有的生活方式，代表着中国人传统的理想和希望[①]。

郭勉愈认为北平时期，贵族文化和平民文化互相吸纳，形成最浓厚、最地道的老北京文化氛围；当时老北京人，既有汉族朴实厚道的古风，又有旗人谦恭多礼的品性，如见面请安问好的热络，年节丰富的习俗，市井热闹的吆喝叫卖，庭院里的鱼缸、石榴树等，这些构成现在所说的京味文化氛围[②]。赵晓阳通过在北京生活的外国人留下的记录北京

[①] 刘勇：《从历史深处走向现实与未来——对北京文化独有魅力及发展态势的思考》，《北京师范大学学报》（社会科学版）2004年第1期。

[②] 郭勉愈：《大院与北京文化》，《北京师范大学学报》（社会科学版）2005年第4期，第119页。

生活的外文文献，同时结合中文文献来分析北京在外国人眼里所具有的文化特征，即多元北京文化特性[①]。

王一川提出北京市民文化即胡同文化是北京文化的一个组成部分。在他发起的一次对全国在校大学生中外文化符号观的问卷调查中，对北京文化符号也进行了一次调查统计[②]（如表2所示）。从时间上的古今演变角度看，北京文化符号有三种文化形式。第一，属于故都北京的文化符号有京剧、长城、故宫、圆明园、颐和园、天坛，这些都是至今仍富有象征力量的历史文化符号。第二，属于现代北京的文化符号有北京奥运会、鸟巢、水立方、神舟飞船、北大/清华、CCTV、联想、春晚、《百家讲坛》、《同一首歌》。第三，现在北京依旧活跃着的故都文化符号偏少，只有胡同文化和同仁堂[③]。

表2　北京文化符号类型

类型	符号名称
历史、博物类	京剧、长城、故宫、圆明园、颐和园、天坛、胡同文化
大众传媒或时尚类	CCTV、春晚、《百家讲坛》、《同一首歌》
体育类	北京奥运会、鸟巢、水立方
产业品牌类	联想、同仁堂
高科技类文化符号	神舟飞船
高等教育类	北大/清华

王东、王放对北京文化和北京精神进行了新的解读，从北京文化的九大特点和三个层面来论述北京文化：

第一，风水宝地，生态多样——北京自然山水的显著特征；

第二，人类文明，东方源头——北京文化起源的独特世界历史

---

① 赵晓阳：《完整北京城和多元北京文化的探讨和途径——以北京学研究中的外文资料为中心》，《北京联合大学学报》2008年第6期，第70~73页。
② 王一川：《北京文化符号与世界城市软实力建设》，《北京社会科学》2011年第2期，第6~7页。
③ 赵晓阳：《完整北京城和多元北京文化的探讨和途径——以北京学研究中的外文资料为中心》，《北京联合大学学报》2008年第6期，第70~73页。

地位；

第三，都市文化，源远流长——北京城市文化起源上的历史特点；

第四，六朝古都，皇家气派——北京文化最为显著的历史特点；

第五，长城运河，双龙交汇——北京最为独特的人文景观；

第六，纵横中轴，胡同小院——北京城市格局的突出历史特征；

第七，祭坛寺庙，东方神韵——北京特有的宗教文化历史底蕴；

第八，政治文化，交往中心——北京在近现代中国的独特历史定位；

第九，古今中外，文化熔炉——北京城市功能的特别独特之处。①

2. 政治角度

首都北京作为全国政治中心和六朝古都，其文化中必然有其政治特性。2017年8月，北京市委书记蔡奇在北京市推进全国文化中心建设领导小组第一次会议上指出："首都文化是我们这座城市的魂，主要包括源远流长的古都文化、丰富厚重的红色文化、特色鲜明的京味文化和蓬勃兴起的创新文化这四个方面。说到底，首都文化是大国文化，社会主义先进文化，要在建设国际一流的和谐宜居之都进程中，在中华民族伟大复兴进程中发挥应有的软实力作用，要把首都文化优势转化为首都发展优势。"这一论述明确了首都文化的功能定位和基本内涵，明确了首都文化主要包括古都文化、红色文化、京味文化和创新文化，体现了党的十九大报告中关于建设新时代中国特色社会主义文化的重要精神。

3. 历史角度

从历史角度，北京的文化资源可分为以下几类。

①世界文化遗产：是指由联合国教科文组织按照《保护世界文化和自然遗产公约》指定的文化遗产。

②国家、市、区县指定的文物保护单位：全国重点文物保护单位由国务院文物行政主管部门（即国家文物局）在北京市文物保护单位中选择或直接确定；市级文保单位由市人民政府确定，区县级文保单位由

---

① 王东、王放：《北京魅力》，北京大学出版社，2008，第19页。

区县人民政府确定，报市政府备案。

③普查登记文物：北京市政府定期组织开展文物普查工作，区县人民政府负责定期对其行政区域内的不可移动文物进行普查登记。尚未核定公布为文物保护单位的不可移动文物，由区县级人民政府文物行政主管部门登记公布。

④挂牌保护院落：2002年北京市对旧城内现存四合院展开调查。制定了"现状条件较好、格局基本完整、建筑风格尚存、形成一定规模、具有保留价值"的保护院落认定标准。

⑤优秀近现代建筑：2004年建设部和《北京城市总体规划（2004—2020年）》中提出了该项保护类别，指从19世纪中期至20世纪50年代建设的，能够反映城市发展历史、具有较高历史文化价值的建筑物和构筑物。

⑥地下文物埋藏区：针对北京地下文物保护工作薄弱的情况，划出地下文物埋藏区进行保护。

⑦历史文化保护区：是指由市政府核定公布并报国务院备案的保存文物特别丰富并且具有重大历史价值或者革命纪念意义的城镇、街道、村庄。

⑧历史文化名城：是由国务院核定公布的保存文物特别丰富并且具有重大历史价值或者革命纪念意义的城市。1982年，北京市被公布为国家首批历史文化名城。

历史文化名城包括旧城整体和市域历史文化资源。旧城整体主要包括：传统城市中轴线、"凸"字形和四重城郭、皇城、历史河湖水系、棋盘式道路网骨架和街巷胡同格局、平缓开阔的空间形态、重要景观线和街道对景、传统建筑色彩和形态特征、古树名木及传统绿化、"胡同—四合院"传统居住形态。市域历史文化资源主要包括：城市"山水格局"、风景名胜区、市域历史河湖水系、城市遗址和城池格局、非物质文化遗产。

根据以上分析，北京文化是多元的、开放的、包容的，是中华民族文化整体的一个重要组成部分。但是从某种角度（全国或国际）来讲，北京文化又突出代表着中华民族文化,是中华民族文化的一个浓缩或精华。北京文化在历史发展中,兼容各民族文化,同时与时俱进,吸收现代元素,所以北京文化呈现"大"和"和"的特征。

(二)北京文化旅游资源

1. 主要内容

文化是旅游的灵魂,旅游是文化的载体。特别是在北京,两者之间更存在密不可分的联系。3000多年的建城史、800余年的建都史,赋予了北京丰富的历史文化资源。现代北京的快速发展,又让这座城市成为时尚文化之都、文化创意之城。历史与现代的交相辉映,给北京发展文化旅游提供了得天独厚的优越条件。徐菊凤根据旅游资源的分类方法对首都的文化旅游资源进行了梳理(如表3所示)[①]。

表3 北京文化旅游资源

资源类型	资源名称
文物古迹: 历史建筑 宫殿城堡 宗教建筑 公共建筑 陵寝建筑 园林公园	A类:天安门、故宫、颐和园、圆明园、天坛、长城、明十三陵、雍和宫、毛主席纪念堂、人民大会堂、景山公园、北海公园 B类:中南海、钟鼓楼、地坛、中山公园、恭王府、胡同、四合院、白云观、戒台寺、潭柘寺、古观象台
博物馆: 民俗文化博物馆 艺术博物馆	中国历史博物馆、中国科技馆、中国美术馆、炎黄艺术馆、中国钱币博物馆、北京民俗博物馆、北京艺术博物馆、北京航空航天博物馆、北京自然博物馆、北京观复古典艺术博物馆、鲁迅博物馆、宋庆龄故居
旅游专题线路: 历史文化专线 艺术专线	北京三日游(游览故宫、颐和园、长城、明十三陵,看京剧、吃烤鸭)、胡同游
主题公园: 历史文化主题	北京世界公园、中华民族园、天下第一城、老北京微缩景园、明皇蜡像宫

---

① 徐菊凤:《北京文化旅游:现状·难点·战略》,《人文地理》2003年第10期,第85~86页。

续表

资源类型	资源名称
考古类主题公园： 建筑公园	周口店北京猿人遗址
历史文化活动： 宗教节日 世俗节日 民间节日	白云观庙会、雍和宫佛事活动、牛街清真寺开斋节会礼活动、春节庙会、中秋节、重阳节
艺术活动： 艺术展览（表演） 艺术节日	针对旅游者的表演类：梨园剧场、天桥茶乐园、老舍茶馆、湖广会馆、北京之夜； 面向大众消费者类：北京国际旅游文化节、北京国际音乐节、"相约北京"国际艺术节

杨培玉、王培英则从开发北京文化旅游产品开发角度分析北京文化所包含的内容，包括文物古迹、民俗风情、文化艺术、饮食烹调、旅游购物、文化教育、奥运文化等各个方面[①]。

吕亚静将北京的文化旅游产业及产品进行了研究整理，包括以下八个方面：

第一，北京的历史遗存。北京作为中国的六朝古都，荟萃了中国历史文化的优秀遗存，展示了现代中国首都的风采，长期以来对中外旅游者都具有很强的吸引力，如故宫、天坛、颐和园、长城、明十三陵等。

第二，北京的民俗文化。居住民俗，如什刹海的四合院和胡同；饮食文化民俗，如北京烤鸭和各种北京小吃；节庆习俗，如正月初一的饺子、初二的面条、初三的盒子，庙会等。

第三，北京的文化设施。近年来，北京剧场、文化馆、图书馆、文化广场犹如雨后春笋般拔地而起，首都图书馆新馆、北京广播电视中心大楼、世纪坛文化广场、长安大戏院等，为丰富北京市民的文化生活和旅游提供了坚实的基础。

---

① 杨培玉、王培英：《北京文化旅游产品的开发现状及其对策》，《北京城市学院学报》2010年第3期，第49~50期。

第四，北京的文化艺术。北京已经有梨园剧场、天桥茶乐园、老舍茶馆、湖广会馆等多家专门为旅游者演出京剧、昆曲、杂技等中国传统曲艺的地方剧场，这些场所的布置、工作人员的服饰都具有民族和传统特色。

第五，北京的文化教育。大学，凝聚了一个城市的文脉。北京高校云集，有70余所，且清华、北大等学校景色优美，文化气息浓厚，吸引着国内外众多游客。作为中国古代教育象征符号的国子监、孔庙等也极具吸引力。

第六，北京的文化旅游商品。小吃如北京酱菜、北京酥糖、北京烤鸭、茯苓夹饼、北京果脯，工艺品如牙雕、北京绢人、景泰蓝、玉雕、漆雕、宫灯、扇子京剧脸谱、皮影等。

第七，北京的城市建筑。老建筑如人民大会堂、中国革命历史博物馆、中国人民革命军事博物馆、北京火车站、工人体育场、中央广播大厦等，当代建筑如首都国际机场T3航站楼、国家体育场（鸟巢）、国家大剧院、北京南站、国家游泳中心（水立方）、首都博物馆、北京电视中心等。

第八，北京的街道社区。若想透过一座城市的物质面貌，深入感受它的灵魂气息，文化、艺术和时尚的汇聚地总是最佳场所。北京的街道社区就是这样的场所，如大栅栏、琉璃厂、南锣鼓巷、什刹海、天桥、秀水街、簋街等。

2. 类型研究

（1）基于资源形成的类型研究

总体上分为三大类。第一类是历史北京，主要是以二环内城为焦点，具有代表性的有故宫、长城、颐和园和圆明园皇家园林、历代皇室陵寝、胡同民居、老北京民俗文化等，可总结为以集权统治为核心，为其服务的皇都文化。

第二类是现代北京，主要是以奥林匹克公园区域的现代标志建筑文化、国贸区域的现代商业文化、中关村科技创新文化、金融街现代金融文化等为代表，可总结为建设发展的文化。

第三类是未来北京，主要是以798文化创意、三里屯和后海的休闲生活等为代表的生活文化、休闲文化等，可总结为以人为本的文化。

（2）基于文化影响的类型研究

一是有世界影响的文化中心，如欧亚大陆的中心、东亚儒家文化传播与聚集中心、社会主义阵营和东方红色文化中心等。

二是有全国影响的文化中心，如中国北方游牧文化和南方农耕文化的交错带和集聚中心、六朝古都的中国文化中心、新中国建设发展中心等。

三是中国北方的文化中心，如饺子等面食，相声、京剧等文艺形式，遛鸟、斗蟋蟀、泡茶馆等娱乐休闲形式，胡同、四合院等民间建筑文化，瑞蚨祥、同仁堂、内联升等商业老字号。

（3）基于市场的两大类型划分

第一，文化遗产体验旅游资源。

北京作为中国的六朝古都，拥有深厚的历史文化积淀和一大批享誉世界的名胜古迹，如故宫、祭天神庙天坛、皇家园林颐和园、八达岭和慕田峪长城、明十三陵、圆明园、钟鼓楼、世界上最大的四合院恭王府、皇家后花园北海等，形成了强大的旅游吸引力。其中，长城、明清皇宫、颐和园、天坛、明清皇家陵寝、周口店北京人遗址六处为世界文化遗产。居住民俗，如什刹海的四合院和胡同；饮食文化民俗，如北京烤鸭和各种北京小吃；节庆习俗，如庙会等；作为中国古代教育象征符号的国子监、孔庙等也极具吸引力；还有以南锣鼓巷、前门-大栅栏、五道营、东四十条胡同等为代表的历史文化体验街区。

北京在老字号的非物质文化遗产方面，同样遗存丰富且具有很强的旅游吸引力。如代表文化艺术方面的戴月轩湖笔、一得阁墨汁、肄雅堂和景泰蓝等；还有众多京城著名的美食老字号，例如全聚德、便宜坊、东来顺、都一处、六必居、王致和等；中医养生方面则有同仁堂中医药文化和清华池修治脚病传统技艺。另外，红都、马聚源、内联升、瑞蚨祥和盛锡福这些北京的服装老字号也会让人们听到后倍感亲切。这些文化遗产资源对中外游客具有很强的吸引力，形成了北京独具特色的旅游优势。

第二，时尚休闲文化旅游资源。

北京现代文明的高速发展带来了丰富多彩的时尚休闲文化旅游资源。

现代城市功能和风貌方面，包括奥林匹克公园区域的鸟巢、水立方以及北京大兴国际机场、国家大剧院、北京南站、首都博物馆、北京电视中心等现代地标性建筑文化，国贸区域的现代商业文化，中关村的科技创新文化，金融街的现代金融文化，以798和宋庄文化创意产业园区、三里屯和后海的休闲生活等为代表的生活文化、休闲文化，景色优美、文化气息浓郁的北大、清华等高校的学术文化，北京的街道社区如大栅栏、琉璃厂、南锣鼓巷、什刹海、天桥、秀水街、簋街等也是文化、艺术和时尚汇聚的最佳场所。

文化设施和演出场所方面，北京既有文化馆、博物馆、图书馆、文化广场等文化休闲设施，也有梨园剧场、天桥茶乐园、老舍茶馆、湖广会馆等多家专门为旅游者演出京剧、昆曲、杂技等中国传统曲艺的地方剧场，这些优势资源是国内其他城市所无法比拟的。国家大剧院不仅是国家兴建的重要文化设施，也是一处别具特色的创意景观胜地。剧院内歌剧院、音乐厅的设计独具匠心，每月举办多场国内外大型文化演出，成为居民文化休闲的重要场所；梨园剧场是京城首家茶座式剧场，它以京剧文化为媒，搭建了一个京剧走向世界的大舞台，现已成为国内外游客品盖碗茶、听京戏、感受老北京惬意生活的重要文化演出场所。北京有代表性的文化演出剧目如《功夫传奇》、《北京之夜》、皇家粮仓的《牡丹亭》及《龙舞京城》等。北京德云社以天桥剧场为总部，在北京还有三里屯剧场、三庆园剧场、广德楼剧场和湖广会馆剧场，其表演已成为北京当地人及外地游客到京必看的曲艺节目。目前北京已形成以天桥等为代表的文化演艺区，以怀柔为代表的影视文化体验区，以北京电影节等为代表的节事庆典和演艺活动，它们都带有鲜明的文化特色，这也成为北京文化旅游资源亮点之一。

会所具有创新旅游经营业态、丰富旅游资源、树立品牌形象的作用，北京作为高端旅游场所的聚集地，拥有多种类型和档次的会所。这些会所与旅游的融合发展，在丰富北京文化旅游资源、完善旅游服务体系、提升旅游服务品质等方面发挥了重要作用，促进了北京旅游产业的发展。

（三）发展条件分析

1. 市场条件

北京作为国内外著名的历史文化名城，在全国的旅游业发展中处于非常重要的地位。无论是旅游接待人数（包括境外旅游人数与境内旅游人数）还是旅游外汇收入，北京市都处于全国领先地位。同时，北京地处京津冀经济圈，核心区位优势显著，区域基础设施及郊区的休闲度假、名胜观光、生态康体、会议服务旅游产品体系逐步完善，集农业科技、休闲游憩等功能于一体的综合性休闲农业园也处于不断发展中，并拉动了天津、河北旅游经济的增长，从而扩大了旅游业的产业效应和市场规模，提高了产业竞争力。

北京作为全国的政治、文化和对外交往中心，巨大的娱乐教育文化消费市场以及政务、商务、会展旅游市场无疑是文化创意旅游蓬勃发展的助推器。这使得文化消费市场不仅具有很强的示范和辐射带动作用，而且引领了全国文化消费的观念和潮流。2019年9月18日，北京旅游学会、北京旅游发展委员会与社会科学文献出版社联合发布了《北京旅游发展报告（2019）》。报告指出，2018年北京市文化产业实现收入9250.1亿元，同比增长13.1%。动漫游戏产业企业总产值达710亿元。成功举办第七届"动漫北京"活动，共有700余家机构和10万爱好者参与，产品销售额超过5000万元。开展动漫企业年审和认定工作，全市16家动漫企业通过文化和旅游部等部门认定，数量位居全国第一。实现旅游总收入5921亿元，同比增长8.3%，旅游总人数3.1亿人次，同比增长4.5%，旅游购物和餐饮消费额占社会消费品零售总额的24.2%。文化演出、精品文博、会议会展及文化遗产等文旅融合产品供给丰富。离境退税商品销售额累计达到4.4亿元，办理退税额3945万元。持续提升"北京礼物"品牌影响力，创新"北京礼物"运营模式，培育96款"北京礼物"精品,成功举办第十五届"北京礼物"旅游商品大赛。科技含量高、休闲娱乐性强、引领时尚、彰显个性的文化消费服务成为新的需求热点,这样强大的需求市场是北京发展文化创意旅游产业的一个巨大优势。

2. 商务基础

北京作为首都,集聚了众多的中央党政军机关、各国驻华使馆以及各类国际组织,是全国性活动、国际会议和国际重大赛事、文化交流活动的主要举办地,这为北京开拓休闲度假、会议奖励、商务会展等高端旅游市场创造了极为有利的条件。同时北京作为国内国际交往中心,拥有北京国际展览中心、国家会议中心等适合举办跨地区、跨国界大型会议的会展设施;众多中高档酒店的各类会议服务中心,也满足了各类小型商务团体的办展需求。此外,北京有多所外语类学校,为举办国际化会展活动提供了语言服务基础。北京各类文化旅游资源丰富,与会议会展形成良好的互补优势。

3. 政策环境

自文化和旅游部组建以来,北京市相关部门陆续制定并颁布了一系列鼓励、支持文化旅游和文化创意产业发展的政策。自2006年在全国率先提出发展文创产业以来,十余年间,文创产业一直保持高速增长。2018年6月21日,北京市正式发布《关于推进文化创意产业创新发展的意见》(以下简称《意见》)。《意见》明确指出新时期北京应当发展什么样的文创产业,构建了由"两大主攻方向"和"九大重点领域环节"组成的文创"高精尖"内容体系。其中两大主攻方向分别指"数字创意"和"内容版权",一是强调科技创新的功能支撑,二是突出文化内容的价值引领。在明确主攻方向的基础之上,提出重点打造创意设计、媒体融合、广播影视、出版发行、动漫游戏、演艺娱乐、文博非遗、艺术品交易和文创智库等九大重点领域及其重点环节。为加快北京文化产业高质量发展,北京市制定出台了改造利用老旧厂房拓展文化空间、文创产业"投贷奖"联动、支持实体书店发展、推动文化文物单位文创产品开发试点等政策,打造了"1+N+X"的文化产业政策体系。在支持园区发展方面，制定出台《北京市文化创意产业园区认定及规范管理办法（试行）》和《关于加快市级文化创意产业示范园区建设发展的意见》两项专项政策文件。不久前，市文化改革和发展领导小组办公室印发《关于推动老旧厂房拓展文化空间指导意见落地实施的工作方案》，再次给予老旧厂房改造文化产业园区过程中遇到的实际问题针对性强的解决方案。

四 北京文化与旅游产业融合发展案例研究

（一）文化旅游街区：南锣鼓巷、南新仓

1. 南锣鼓巷

（1）项目概况

南锣鼓巷始建于元朝，距今已有700多年的历史，是北京最古老的街区之一，呈南北走向，东西各有8条胡同整齐排列，整个街区犹如一条大蜈蚣，所以又称蜈蚣街。其位于北京中轴线东侧的交道口地区，北起鼓楼东大街，南至平安大街，全长786米，与元大都同期建成。因地势中间高、南北低，如一驼背人，故名罗锅巷，清朝乾隆十五年（1750）绘制的《京城全图》改称南锣鼓巷[①]。南锣鼓巷地区较为完整地保存着元大都的历史遗存，是我国唯一完整保存元代胡同院落肌理，同时也是规模最大、品级最高、资源最丰富的棋盘式传统民居区[②]。

南锣鼓巷是明清以来众多达官显贵、社会名流的居所，几乎每一条胡同都有着显赫的历史，从明朝将军到清朝末代皇后、从文学大师到画坛巨匠，都在这里居住过。每一个宅院都有其历史——洪承畴的家祠、僧格林沁的王府、荣禄之父的宅第、清末代皇后婉容结婚之前的住所、北洋大总统冯国璋故居，以及作家茅盾故居、画家齐白石故居等，为南锣鼓巷留下了丰厚的历史文化积淀。

[①] "南锣鼓巷" 词条，360百科，http://baike.so.com/doc/5382266.html#5382266-5618619-0。
[②] 《南锣鼓巷》，携程旅行网，http://you.ctrip.com/sight/beijing1/64955.html?allianceid=3052&sid=133134&ouid=000401app-&utm_medium=&utm_campaign=&utm_source=&isctrip=。

（2）案例分析

南锣鼓巷不仅保留了北京胡同的原貌，而且深入挖掘胡同文化，发展文化旅游。富于创意和个性的南锣鼓巷特色店使南锣鼓巷已成为充满时代气息与新鲜活力的一个体验空间。随着文化投资者、艺术爱好者和休闲旅游者的介入，南锣鼓巷将传统文化与创意产业相结合，呈现快速发展的态势，已具有一定的产业规模和文化创意氛围。在政策引导下，一些具有创意思想、时尚追求的"引领者"租下沿街民房，开起了风格多样的个性店铺。许多文艺小店、时尚酒吧在这条古老的街道上出现，为其带来了新的文化气息。

南锣鼓巷的商铺中既有像"文宇奶酪""剪纸"之类充满传统韵味的小店，也不乏像"创可贴8""一朵一果"这样充满灵感的创意空间。走进"创可贴8"，感觉回到了20世纪80年代的北京，印有搪瓷红脸盆、老铁皮玩具、儿童三轮车等图案的T恤随处可见。"一果一朵"更是让每一个拥有文艺情怀的心灵找到了归宿，随意写封信、寄张明信片给朋友、家人或者自己，不失为一种浪漫。还有乐天陶社，在这里可以一边品味咖啡，一边欣赏这里的陶制品，也可以自己动手制作陶制品。

南锣鼓巷是老北京风情保留最好的地方，怀念老北京的人喜欢这里最地道的北京味儿，时尚的年轻人眷恋这里传统而现代的文化气息，而外国人钟情于这里的雅致情调和浪漫情怀。南锣鼓巷最大的特色在于其至今还保留着元大都时期的胡同肌理，它以深邃悠远的历史文化底蕴、古朴典雅的人文环境和充满灵动的创意空间，不仅让这里的民众生活水平得到提高，而且还吸引着全国乃至世界的游客到这里休闲，成为人们了解北京社会历史变迁的活化石。更为重要的是，它为人们创造和提供了了解胡同文化、时尚创意文化以及认识自我、创意无限的空间。在这里，游客可以在创意中感受文化带来的惊喜，这也是南锣鼓巷文化旅游发展成功的一个突出表现。

2. 南新仓

（1）项目概况

南新仓，位于北京市东四十条22号，俗称东门仓，是明清两朝京都储藏皇粮、俸米的皇家官仓，建于永乐七年（1409年），是在元代太仓的基础上建立而成的。清初时南新仓为30廒，后屡有增建，到乾隆时，已增至76廒。清乾隆中期以后，国家财政困难，清晚期又因贪污之风盛行，贮粮日益减少。到道光年间，该仓贮粮比清初大幅度减少。民国时，该仓改为军火库。新中国成立以后，南新仓由北京市百货公司一直作为百货仓库使用，1984年5月公布为北京市文物保护单位。历经600年沧桑之后，现在的南新仓仍保留有仓廒9座，是全国仅有、北京现存规模最大、现状保存最完好的皇家仓廒，是京都史、漕运史、仓储史的历史见证。

目前，南新仓经过综合改造，利用原有仓廒、加盖仿古建筑和新建南新仓商务大厦，已经成功打造成为南新仓文化休闲街，占地面积2.6万平方米，总建筑面积3.3万平方米，整个步行街总长千余米。以餐饮店为主，有少量文化产业单位，如画廊、传媒单位等。建筑设施主要由南新仓古仓群、仿古建筑群和南新仓国际大厦底商组成。南新仓占据着京城"文物大道"平安大街的龙头位置。周边皇家建筑、名人故居、胡同、四合院尽显皇城文脉与市井之气，后海、三里屯、簋街等最具京味的餐饮休闲场所相邻左右，保利大厦、新保利大厦、工人体育场近在咫尺。大董烤鸭南新仓店、台湾饭前饭后、天下盐、六百年日本料理、库和美法餐、酷客、锐克斯、尚润等餐厅，也以其鲜明的经营特色，吸引众多国内外宾客来休闲享用。

（2）案例分析

南新仓利用现代元素，改造了以前的旧粮仓，主打文化创意品牌，也是北京历史品牌创意发展的成功典范。街区内既有音乐传播中心、影视文化俱乐部、小剧场、会所等文化场所，也有中外特色风味餐厅、酒吧、茶苑等休闲空间。在"皇家粮仓"上演的厅堂版昆曲《牡丹亭》，深受观众欢迎。南新仓文化创意旅游产业作为底蕴深厚的古代文化、时尚艺术、老北京风俗、商业商贸等相互融合的产物，具有高度的融合性、较强的渗透性和辐射力。南新仓的文化创意旅游发展具有典型的"新旧交融，时尚融于历史"的特色。

（二）文化创意项目：功夫传奇

1. 项目概况

"登长城、吃烤鸭、看功夫"是外国人到北京必做的三件事，坐落在北京东城区的红剧场在来京的外国游客中颇为有名，每晚在此上演的《功夫传奇》一直座无虚席，《功夫传奇》专为旅游者量身定制，借鉴国外成功的经验，形成"一个剧目、一家公司、一个团队"的管理模式。《功夫传奇》是由天创国际演艺制作交流有限公司制作的大型舞台动作剧，是一台融中华武术、杂技、舞蹈等多种艺术元素于一体的驻场常态演出剧目。《功夫传奇》主创团队在创作之初，就把它作为一个面对国际观众的高端演艺品牌剧目来定位。因而《功夫传奇》在创作理念上选取了国际的视角，融入人性的主题："磨难"与"成长"。这是每一个人的人生主题，人类对心灵完美的精神追求是相同的。而现今，《功夫传奇》"走出"红剧场，来到北京水立方、钟鼓楼和颐和园，上演了精彩的功夫快闪活动，不仅给现场行人带来惊喜，更爆红于网络。《功夫传奇》采用这一创意活动形式，进一步提升了中国功夫的影响力与号召力，开启全民学功夫热潮，已成为北京市文化旅游的一张名片。

有别于展览式的传统功夫表演，《功夫传奇》成功地将戏剧故事引入功夫表演中，它讲述的是小和尚纯一挥别母亲入山拜师，从懵懂无知的少年，通过练武、习禅，最终走入大智大勇、大彻大悟的人生境界，历经了启蒙、学艺、铸炼、思凡等重重考验，最终成为一代宗师的故事。该剧的创意设计与总制作人曹晓宁说："磨炼和成长是全人类共同的人生主题，从这个意义上讲，《功夫传奇》也是我们每个人自己的故事。"

《功夫传奇》分为"启蒙""学艺""铸炼""思凡""面壁""山门""圆寂"等章节。这是一部以历史久远的传统武术为主，融入舞蹈、音乐、杂技等多种艺术形式的舞台剧，展现了小和尚纯一曲折、艰辛的成长历程。《功夫传奇》在尽显功夫传奇之时，让功夫与舞蹈、音乐和气势磅礴、神妙精美的舞台美术相结合，来表现故事情节、刻画人物思想感情。如"思凡"一场，天真活泼的少年纯一和尚进入青春期，他产生了对异性的渴求,追逐着幻想中的仙女,这是一段美妙热烈的双人舞,舞蹈与杂技结合得十分自然巧妙,顺理成章。剧中不仅淋漓尽致地展示了我国武功的超凡技能,还将芭蕾、杂技、现代舞等表演元素融为一体,并用天籁般的音乐烘托出阳刚之美①。

2. 案例分析

《功夫传奇》作为北京市的一张文化旅游名片,自上演以来,曾接待过百余位外国国家领导人、驻华使节等。国家各部委领导及北京市委市政府、奥组委的一些领导也曾观看演出并给予高度评价。爱尔兰副大使赞叹:"这是一出比《大河之舞》更振奋人心的演出。"驻北京的英文媒体评论称:"《功夫传奇》将北京剧场艺术带入一个新时代!"《功夫传奇》通过文化的深度挖掘以及绝美的舞台展现,不仅让人惊叹于中华功夫的传奇,更让人感慨中华文化的神奇魅力。然而,其也存在缺憾,如未能充分展示北京文化特色,未能成为代表北京文化的标志性演出,规模也不是很大,不足以代表北京文化创意演艺的整体水平。

(三) 文化创意旅游园区:798 创意产业园区②、宋庄

1. 798 创意产业园区

(1) 项目概况

北京七星华电科技集团有限责任公司(798 艺术区产权方及运营方)是以"一五"期间国家第 157 项重点建设工程的"国营华北无线电联合器材厂"——"718 联合厂"(700 厂、706 厂、707 厂、718 厂、797 厂、798 厂等)为基础,按现代企业管理制度整合而成的集研发、生产、销售、服务及对外投资于一体的大型高科技产业集团公司。21 世纪初在国企改革的大潮下,798 厂在产业重组发展的同时,利用空余厂房前瞻性地投入艺术园区的创建及相关产业发展。经过 16 年的发展,北京 798 艺术区已实现从原生态的电子制造工厂,向多种文化业态相融合的文化创意产业集聚区的逐步转型。目前,798 艺术区已成为中国现当代文化艺术的

---

① 《功夫传奇》,中演票务通,http://www.t3.com.cn/ticket-8350778555643014875.html。
② 也称 798 艺术区。

风向标和文化名片,成为中外文化艺术交流的重要平台。

从 2001 年开始,来自北京周边和北京以外的艺术家开始集聚 798 厂,他们以艺术家独有的眼光发现了这里从事艺术工作的独特优势。他们充分利用原有厂房的风格,对其稍做装修和修饰,令其一变而成为富有特色的艺术展示和创作空间。这批入驻者有来自设计、出版、展示、演出、艺术家工作室等文化行业的,也有来自精品家居、时装、酒吧、餐饮、蛋糕等服务性行业的①。在对原有的历史文化遗留进行保护的前提下,他们对原有的工业厂房进行了重新定义、设计和改造,形成对于建筑和生活方式的创造性的理解。这些空置厂房经他们改造后成为新的建筑作品,在历史文脉与发展范式之间,实用与审美之间,与厂区的旧有建筑展开了生动的对话。艺术家和文化机构进驻后,成规模地租用和改造空置厂房,使之逐渐发展成为画廊、艺术中心、艺术家工作室、设计公司、餐饮酒吧等各种空间的聚合,引起了相当程度的关注。经由当代艺术、建筑空间、文化产业与历史文脉及城市生活环境的有机结合,798 已经演化为一个文化概念,对各类专业人士及普通大众产生了强烈的吸引力,并在城市文化和生存空间的观念上产生了不小的影响。

2003 年美国《时代》周刊将 798 艺术区评为全球最有文化标志性的 22 个城市艺术中心之一。2019 年,798 艺术区被北京市政府列为首批 33 个文化创意产业园区之一。798 艺术区的发展主要得益于城市的文化基础、建筑设施资源和城市功能。798 艺术区在 2003 年到 2004 年经历了发展历程上的重要转折,政府放弃了原"北京电子城"的规划,将 798 艺术区作为文化产业园区保留了下来,此后 798 艺术区获得了长足的发展,一方面艺术功能不断强化,另一方面多元功能不断完善,形成北京市最具吸引力的旅游休闲区域之一,旅游休闲与文化创意产业全面融合,相互支撑发展。

(2) 案例分析

在北京电控的领导下,经营方进行主动战略策划,世界各地的知名

---

① "798 艺术区",360 百科,http://baike.so.com/doc/520410.html#520410-551011-0。

文化艺术机构和画廊，逾千位签约艺术家入驻798艺术园区。截至2018年，798艺术区内各类机构达到515家。其中，有25个国家和地区的60多家境外文化艺术机构。到2020年纯文化艺术类机构将达到300家，2025年将达到350家，形成集聚效应。

目前，798创意产业园区已成为我国典型的文化创意型旅游地，引起了国内外媒体和大众的广泛关注，并已成为北京都市文化的新地标。798不仅是文化、艺术、创意的集聚，也是一种生活方式的创造和展示。不管是否在798工作和生活，是否懂得艺术，"798生活方式"本身就是一种体验。这里形成的文化将是地方资源的国际化，是个人理想的社会化。

2. 宋庄

（1）项目概况

宋庄聚集了许多以绘画为主的艺术家，是一个以城市远郊村镇为空间载体的文化创意产业集聚区，已形成北京乃至中国规模最大、知名度最高的艺术家群落。其位于北京通州区东北部，西与朝阳区接壤，距CBD中央商务区13公里，北与顺义区为邻，距离首都机场两公里。宋庄艺术村的最初形成，与圆明园画家村有着不可割裂的联系。1993年到1994年，圆明园画家村成为一个国内外记者、画商、艺术爱好者接踵而来的热闹去所，这给自由艺术家们带来了各种机会，同时也给许多画家带来了无法安静创作的困扰。于是，1994年初春，画家方力钧、刘炜、张惠平、岳敏君、王音等人就来到了宋庄。随后众多艺术家从其他地方陆续搬来宋庄定居。宋庄远离城市的喧嚣，又没有彻底脱离作为文化中心的北京，院落十分宽敞，多为传统的四合院格局，青砖灰瓦、花格窗子，透着纯朴和传统之美，十分适合居住以及安静地画画。

2004年起，宋庄开启了政府主导扶持发展的新时期。镇政府提出"文化造镇"，目标是打造"中国·宋庄"的文化品牌。2006年北京市政府正式将宋庄原创艺术集聚区列为首批十大文化创意产业集聚区之一。城市文化背景、土地和空间资源和政府的推动等是宋庄文化创意产业发展成功的主要因素。按照通州区新城发展规划，宋庄文化创意产业集聚区又是通州区"一核五区"之一，在通州新城未来发展中占有重要地位。按照市委、市政府的统一部署，北京市将全市30个市级文化创意产业集聚区规划调整为20个文化创意产业功能区，宋庄文化创意产业集聚区定位为国家创意设计与艺术品交易功能区。

国内外对原创艺术产品的需求，构成宋庄的核心竞争力。北京地区丰富的人力资源和充沛的资本供给，形成了基础竞争力。北京市、通州区及宋庄镇三级政府的支持，形成了环境竞争力。以三辰卡通集团为龙头的卡通产业集聚区的确立，将给宋庄文化创意产业发展带来新的动力。截至目前，在宋庄生活创作的来自全世界20多个国家的艺术家有6000余人，建成艺术展馆30余家，画廊113家，艺术家工作室4500余家，集中展览面积10余万平方米，艺术品经营面积25000余平方米，年销售额超1亿元，年均举办各类文化艺术活动过千场次，慕名而来的海内外游客已达到年均50万人次，因此形成了在全国乃至世界上都有很大影响力和知名度的艺术家群落。根据北京建设"世界城市"及通州建设"北京城市副中心"的整体部署，通州区将努力构建新城"一核五区"的产业发展格局。作为五区中的重要一区，宋庄集聚区将重点打造成为国际原创艺术的创作区、展示区、交易区。同时，具有区位、规划、资源、人才等优势的通州宋庄，在京津冀协同发展的战略布局中，也将发挥重要的作用。

（2）案例分析

虽然目前宋庄在政府实行的灵活推广政策发展下，已经成为中国最大的一个原创艺术家的聚居群落，丰富的历史文化底蕴和现代艺术传承创新兼而有之，形成国内规模领先的文化艺术产业基地，在国际上享有很高的知名度，文化创意氛围浓郁，但其缺乏标志性的项目，未能形成完整的旅游消费链。当然，随着社会的发展和进步，人们的物质生活水平将会一步步得到提高，人们的精神需求将随着物质生活的提高而逐步提高，人们的艺术修养将会随着物质生活的改善而逐步培养起来，宋庄也将会有更广阔的市场。

(四) 旅游要素环节：北京礼物、特色餐饮

1. 北京礼物

（1）项目概况

"北京礼物"是由北京市旅游发展委员会积极整合首都旅游资源，按照"政府引导、市场主导、企业主体"的原则，以服务旅游产业发展、引导促进旅游消费为宗旨，着力打造的体现"北京地域特点、民族文化内涵、首都风貌特征、城市知名品牌"的旅游商品标志性品牌。同时，"北京礼物"也是北京市立足北京文化，打造旅游精品的重点旅游产业项目，采取特许经营的模式，以旗舰店为核心控制商品质量，实现多企业合作和多产业联盟。销售具有北京特色的旅游纪念品、礼品、收藏品，成为游客和社会各界选购礼物的大本营。

按照"北京礼物""品牌化提升、特许式经营"的市场化运作模式，经过严格的评选，2011年11月25日北京市旅游委通过公开竞标的方式，选定了"北京礼物"的特许运营商。经过一年多的市场运作和特许经营，到2012年已经开设品牌店近60家，全新研发产品超过2000款。到2014年，"北京礼物"专营店已在八达岭、圆明园、颐和园、世界公园、前门大街、北京海洋馆、水立方、中央电视塔、王府井步行街、T3航站楼、天坛、北京火车站等多处著名景区、商业街区、机场、交通枢纽等地落户，销售具有统一认证标识的"北京礼物"特色旅游商品。"北京礼物"分为传统工艺品、地方特色商品、纪念衍生品、文化创意科技商品等四大类，是体现古都文化、红色文化、京味文化和创新文化内涵，展示北京世界城市形象，代表精致工艺、优良品质和丰富文化创意特色的旅游商品标志性品牌。"北京礼物"品牌创建于2011年，2014年由北京市旅游行业协会进行了商标注册，2016年首次被写入全市高精尖产品名录。"2019年我最心仪的'北京礼物'"昨天揭晓。国粹绢人、京剧脸谱面膜、花丝如意等12款商品通过层层评选，最终成为"2019年我最心仪的'北京礼物'"。这12款"北京礼物"包括：唐人坊的国粹绢人系列、吉兔坊的新北京兔儿爷系列和东方艺珍花丝如意系列、步瀛斋的京城花海系列女鞋、华都的"国安一起赢"

二锅头酒、御茶膳房的"北京的心意"皇城手作糕点、国家京剧院的京剧脸谱面膜、天安门的国旗班兵偶系列、东韵的北京人文系列丝巾、陈彤云的北京中医美好的祝福系列化妆品、唱吧的"唱响北京"蓝牙麦克风以及万华镜的缤纷京城万花筒系列。目前，北京市共有28家线下"北京礼物"店面，经营500多种经过认定和授权的北京礼物。"北京礼物"的认定并非"一锤定终生"，销售不好、不被消费者认可的商品将会被淘汰。一旦经过认定授权，每一款商品在包装正面都会有明显的"北京礼物"字样，背面则有"北京礼物"平台的二维码，方便游客查询该款商品的真实性。

为进一步加强"北京礼物"品牌运营能力，建立健全市、区、景区分级旅游商品体系，吸纳更多新产品认证为"北京礼物"，北京市文化和旅游局将"北京礼物"品牌运营模式调整为对产品和店面的认证监管模式。即凡符合"北京礼物"标准的旅游商品和店面，经申报审核通过，均可认证为"北京礼物"产品及实体店面。通过认证的"北京礼物"商品和店面，将在"北京礼物"品牌推介会上进行发布，并将长期在"北京礼物"官网以及"北京礼物"微信公众号上展示，消费者还可通过扫描"北京礼物"商品信息二维码了解到购买的商品详情。

"北京礼物"品牌从创立至今，北京市文化和旅游局一直在品牌定位、运营模式、产品设计、研发和销售等方面进行创造性的探索：在品牌定位上，按照"政府引导、市场主导、企业主体"原则，整合全市旅游资源，打造体现北京地域特点、民族文化内涵、首都风貌特征的旅游文化商品标志性品牌；在品牌运营管理上，"北京礼物"遵循市场运行规律，引导企业自主运营，推动企业创新发展，促进企业间交流交易，不断扩大"北京礼物"品牌的影响力和凝聚力。未来，将有更多优质商品品牌加入"北京礼物"品牌体系。

（2）案例分析

北京礼物作为文化创意旅游的重要内容，作为弘扬中华文化的重要载体，突出反映了北京元素、体现了北京文化，也是将中华文化传递到游客身边，传递到世界各地的重要方式。"北京礼物"立足中国特色，整合了传统民俗、中华老字号等非物质文化遗产，是北京文化创意旅游发展的一个重要形式，对于培育新的旅游经济增长点，提高经济效益，促进产业结构调整，形成产业资源，提高旅游景点的知名度，增强北京这座古老城市的文化竞争力，打造世界城市，增强中华文化的国际影响力都具有重大意义，也是一次成功的尝试。但其目前发展未能充分挖掘北京特色文化，附加值仍然较低。因而需要进一步深入挖掘特色文化内涵，除政府主导之外，应该吸纳多种社会资源，共同协作，创新产品形式，真正成为响亮的"北京礼物"。

2. 特色餐饮

（1）项目概况

北京不仅集中了全国最美味的餐饮食品，也吸收了国外饮食文化的精华，众多的特色餐饮品牌，洋溢着悠远的文化精神。故宫火锅、北京烤鸭、北京涮羊肉、北京烤肉、谭家菜、全素斋等都赫赫有名，艾窝窝、豌豆黄、杏仁豆腐、莲子羹、懒龙、冰板、驴打滚、三不沾、麻豆腐等也都是老北京的名小吃。对于现在时尚年轻人来说，"吃"本身已经成为一种寻找感觉的方式，要吃出创意、感觉、情调、新意和气氛，而北京也能很好地满足这类人群的需求。

（2）案例分析

北京的餐饮文化长久、耐品而又代代推陈出新。流传的"大排档让位，私房菜上场；煤气罐让位，整体厨房上场；白米饭让位，窝窝头上场"的说法生动地描述了从最早的吃饱到现在的吃好、吃新奇、吃健康的转变。北京的餐饮小舞台，折射了时代的前进。然而，从目前的发展来看，北京虽然特色餐饮很多，但分散性较大，没有一个整体的宣传推广，餐饮体系需要进一步完善。对于北京文化餐饮主题场所，也应该进一步挖掘其文化内涵，打造精品。对于老字号餐饮的发展，同样需要注入"创意"的力量。北京老字号的创新发展和品牌宣传是关键之举，要将北京老字号的特色介绍给大家，使人们认识到老字号中蕴含的人文历史精神，也使游客可通过美食及美食文化领略北京的古都风貌。

五 重点领域一——北京文化旅游商品开发

(一) 研究基础

旅游商品是一种"组合商品",由多种要素构成,包括时间和空间、精神和物质、娱乐与文化等,旅游业作为第三产业的"龙头"和支柱,其具有独特的性质,尤其表现在旅游商品上。对许多旅游者而言,如果没有时间去购物,那将是一次不完美的旅游经历[1]。中国旅游研究院发布的《中国入境旅游发展年度报告 2018》显示,入境游客的消费水平依然偏低,超过 80% 的入境游客消费集中在 1001 美元到 5000 美元。《北京旅游发展报告 (2018)》显示,2017 年北京实现旅游总收入 5469 亿元,同比增长 8.9%;旅游总人数 2.97 亿人次,同比增长 4.3%;旅游购物和餐饮消费额仅占社会消费品零售总额的 24.7%。究其原因是旅游商品设计和开发整体水平不高,满足不了现代旅游者的审美需求,而旅游商品设计之难在于文化再造的复杂性和系统性[2]。那么如何运用文化元素才能真正帮助旅游商品获得长期的可持续发展?笔者以北京为例,试图分析地方文化元素在旅游商品开发中的多级转化模式,以期为我国旅游商品文化性设计和开发提供些许有益的启示和借鉴。

目前,国内学者们对旅游购物品和旅游商品的概念仍然存在争议,研究旅游购物的学者石美玉[3]、苗学玲[4]和陈胜容[5]等对旅游商品的概念进行了辨析。从旅游购物的现象和发展趋势来看,旅游购物品具有更广阔的含义,除包含旅游商品外,还包括旅游过程中的日常必

---

[1] Lindsay W. Turner, Yvette Reisinger, "Shopping Satisfaction for Domestic Tourists", *Journal of Retailing and Consumer Services* 2001 (8): 15~27.
[2] 周武忠、李义娜:《论旅游商品设计中的文化资源整合》,《东南大学学报》(哲学社会科学版) 2012 年第 2 期,第 92~95 页。
[3] 石美玉:《旅游购物研究》,中国旅游出版社,2006,第 76~121 页。
[4] 苗学玲:《旅游商品概念性定义与旅游纪念品的地方特色》,《旅游学刊》2004 年第 1 期,第 27~31 页。
[5] 陈胜容:《"旅游商品"概念内涵之辨析与定义》,《桂林旅游高等专科学校学报》2006 年第 5 期,第 516~519 页。

需品,因此本文中研究的具有地方文化特色的旅游购物品即旅游商品。

回顾国外学者对旅游商品的研究,大多欧美学者从旅游活动中的消费者视角,实证研究旅游消费者的行为、动机、偏好,或者倾向于论述旅游商品的购物环境和真实性体验。Gunadhi 和 Boey 的研究最早涉及旅游购物,并将旅游购物作为新加坡旅游需求弹性的研究的变量之一[1]。影响旅游购物行为的因素有很多,除了旅游者的年龄、收入、时间预算、支出和购物环境,还有旅游商品的文化因素。Littrell 等认为工艺品的独特性(craft's uniqueness)、手工艺(workmanship)、美学价值(aesthetics)、实用价值(use)、历史文化的完整性(cultural and historical integrity)等都是影响游客对旅游购物品真实性判断的因素[2]。旅游者是对旅游商品本身感兴趣还是对能够买到纪念品的地方的真实环境感兴趣也是国外学者研究的一个热点问题,旅游者的年龄、文化背景、购物动机等不同,购物偏爱也不同,旅游商品设计的真实性(authenticity of design)[3] 和旅游者在购物环境中的购物情绪(shopping emotion)[4] 等对其购物决策都有影响。

目前国内对旅游购物的研究,主要集中在旅游商品、旅游购物行为、旅游购物市场、旅游购物产业等四个方面[5],其中研究成果中最丰富的一个领域是旅游商品开发,主要是针对旅游商品开发中所存在问题进行研究并提出实现的路径以及相应对策。旅游商品作为一种物质存在,除具有一般商品的价值外,还应具有情绪价值、艺术价值、观赏价

---

[1] Himawan Gunadhi, Chow Kit Boey, "Demand Elasticities of Tourism in Singapore", *Tourism Management* 1986, 7 (4): 239–253.

[2] Mary Ann Littrell, Luella F. Anderson, Pamela J. Brown, "What Makes a Craft Souvenir Authentic?", *Annals of Tourism Research* 1993, 20 (1): 197–215.

[3] Maggie Asplet, Malcolm Cooper, "Cultural Designs in New Zealand Souvenir Clothing: The Question of Authenticity", *Tourism Management* 2000, 21 (3): 307–312.

[4] Atila Yüksel, Fisun Yüksel, "Shopping Risk Perceptions: Effects on Tourists Emotions, Satisfaction and Expressed Loyalty Intentions", *Tourism Management* 2007, 28 (3): 703–713.

[5] 马进甫:《国内旅游购物研究综述》,《北京第二外国语学院学报》(旅游版) 2006 年第 9 期,第 9~14 页。

值、纪念价值和地位价值等附加价值①。但是如何进行旅游商品的开发以实现其最大价值呢？旅游商品开发不仅是一种技术、经济的过程，还是一种人类文化的承袭、积累乃至创新的行为。对此，国内不少学者进行了相关的理论和实证探索。比较而言，国外对旅游商品的研究较早，已经形成较为全面深入的体系。目前我国许多地方的旅游商品市场发展前景并不乐观，仍然存在"一等资源、二等货色、三等包装、四等价格"的状况②。为此，针对我国旅游商品开发的问题，对地方文化因素在旅游商品中的转化进行实证性研究，不仅可对地方文化进行传播和弘扬，增强旅游者旅游体验，而且对促进我国旅游商品创意性开发也具有指导意义。

（二）研究方法与过程

结合北京旅游商品的发展现状，笔者认为地方文化元素在商品中的转化可以分为五种模式——直接利用型、初级加工型、功能扩散型、元素重构型和混合嵌套型，而且这五种模式之间存在递进关系，从直接利用到混合嵌套，级别越高，则对文化元素的利用越复杂。本文通过这五种模式进行初步探索，将有助于更加精确地构建地方文化与旅游商品的融合，从而为旅游商品的科学合理的开发指出方向。

1. 研究方法

为了全面而真实地反映地方文化元素如何实现在旅游商品中的多级转化，本文采用了三种研究方法：文献研究、田野作业研究和案例分析。研究分析了二十几年来国内外对旅游商品的研究，梳理了相关的概念，结合 2015 年 11 月至 2016 年 5 月多次到北京南锣鼓巷、烟袋斜街、前门大街、故宫和 798 艺术区实地考察，不仅客观、具体地窥探了旅游商品的存在形态，而且积累了翔实的一手资料。

2. 研究过程

《全球旅游购物报告 2015》显示，北京是最受旅行者关注的境内旅游

---

① 吴必虎：《区域旅游规划原理》，中国旅游出版社，2001，第 441 页。
② 李翠林：《旅游商品需求与旅游商品深度开发》，《集团经济研究》2006 年第 1 期，第 170~171 页。

购物城市。2015年1月至10月，北京的旅游购物花费为旅游全部花费的最高支出项，所占比重为42%；其次为餐饮费、住宿费、长途交通费，占比均为18%左右。这表明选择北京旅游商品作为研究点具有一定代表性。在调查中发现，北京旅游商品琳琅满目，丰富多彩，但商品之中不乏雷同之处。本文将从分析北京文化元素符号入手，结合北京文化符号类别划分研究[①]和91个北京文化符号指标进行的北京文化符号划分维度[②]，最后确定四种文化类型：民俗文化、历史文化、时尚文化和其他文化。

- 民俗文化，例如祭祖、吹糖人儿、老北京布鞋、冰糖葫芦等。
- 历史文化，例如故宫、圆明园、四合院、胡同等。
- 时尚文化，例如水立方、鸟巢、三里屯、798艺术区、宋庄等。
- 其他文化，例如中南海、人民大会堂、北京大学、清华大学等。

以上述北京文化类型划分为基础，结合南锣鼓巷、烟袋斜街、前门大街、故宫和798艺术区调研资料，整理出具有代表性的融入不同北京文化元素的旅游商品（如表4所示）。因为南锣鼓巷是北京最古老的街区之一，也是最具北京风情的街巷之一，所以本文以提炼南锣鼓巷的具有北京特色的旅游商品为主，以烟袋斜街、前门大街、故宫和798艺术区的旅游商品为辅，并在表中以＊标注（下文中表同）。

表4　北京部分旅游商品一览

类别	种类	商品名称
旅游纪念品	旅游工艺品	兔儿爷、内画壶、雕漆、景泰蓝、京毯、面塑、泥人、鬃人＊等
	土特产	中南海香烟、二锅头酒、京白梨＊、六必居酱菜＊、豌豆黄儿＊等
	旅游印刷品	明信片、相册、图书、笔记本、拼图等
	其他	创可贴、T恤、搪瓷缸子、回力鞋、老北京布鞋、丝巾、油纸伞＊等

---

① 王一川：《北京文化符号与世界城市软实力建设》，《北京社会科学》2011年第2期，第6~7页。
② 于丹、刘人锋、余灵：《北京文化符号的媒介建构分析》，《现代传播》2015年第4期，第16~21页。

续表

类别	种类	商品名称
旅游日常消费品	旅游食品	稻香村糕点、文宇奶酪、果脯、北京烤鸭、茯苓夹饼、北京酥糖等
	生活日用品	谢馥香手工皂、香、眼镜、冰箱贴、京扇子、茶具、餐具等
	其他	CD、八音盒、仿真纸膜*、鲜花*、创意火柴盒、陶笛等
旅游装备品	旅游服装	旅游专用衣、帽、鞋、围巾等
	旅游器材	相机、自拍杆、指南针等
	其他	文体用具、药品等

注：旅游装备类商品所占比重较小且几乎不具备北京特色，不纳入分析。

调查结果显示：北京拥有丰富的文化资源，将北京文化元素商品化的过程虽然也存在一些问题，比如旅游商品特色雷同、缺乏创意、市场营销乏力、市场秩序缺乏有力监管等。但是部分商品在吸引旅游者消费方面仍然占据优势，如"北京礼物"等特色商品系列。而无论是传统的旅游商品还是创意性旅游商品都有一个共同点：文化元素以直接利用、初级加工、功能扩散、元素重构和混合嵌套五种模式融入旅游商品中。

（三）基本结论

1. 地方元素在旅游商品中的多级转化模式

将地方文化元素融入旅游商品的过程，是地方文化元素商品化的过程，也是指以旅游市场为导向，根据旅游者的消费需求和审美特点，挖掘、利用民俗文化、历史文化、时尚艺术和政治文化等方面，因地制宜地开发出集纪念性、地域性、民族性、艺术性、实用性、时代性等特征于一体的相关旅游商品的过程。根据调研结果，地方文化元素商品化可分为以下五种模式。

模式一：直接利用型。

直接利用型即将现有的地方文化元素直接当作旅游商品或者旅游商品的一部分进行生产和销售的类型。这类商品一般具有3个特点：第一，大多是对生活、对自然的一种认识，是感悟现实的一种表现，

北京世界旅游城市建设研究

一定程度上顺应了工业社会中返璞归真的、回归传统的消费心理需求;第二,重在俗中出新,不是一味机械挪用和对传统造型、图案等的简单复制;第三,在群体性传承的过程中,易形成较为稳定的、程式化、具有集体认同性的类型,简单明了,具有高度的可解读性。比如美国夏威夷作为旅游胜地,结合当地的热带植物,将大岛上猩红色的花、毛伊岛的粉红色天堂玫瑰、考艾岛的紫色花果和小岛的贝壳编成花链,给游客一种阳光般的体验。还有中国旅游商品中的苏绣、玉雕、紫砂器具、红木家具等已经进入投资收藏品市场,具有极高的观赏和收藏价值。

旅游商品的主要功能是展示和炫耀,是一种社会交流器,旨在向社会传递某种信息和意义,以确立地位和身份[①]。所以在进行这类旅游商品开发时应根据游客的需求,在对地方文化理性认识的基础上进行利用、传承和发展,充分展现旅游商品的地域特色,成为游客旅游经历的有形表征。

模式二:初级加工型。

初级加工型是指将地域文化的造型、图案纹样、色彩等元素形式进行提炼、构建、塑造等一系列的加工处理,并延续其原有的主题内涵的类型。这种转换方式是对原有地方文化元素进行凝练,结合现代普通商品添加扁平化或立体化的意向处理,通常地方文化元素是这类旅游商品的亮点,这样既可以美化旅游商品外部造型,提升旅游商品的内在文化附加值,又可以融入大众的现代生活中,拓展了文化的传播渠道和空间,具有时代活力。如日本的手烧富士山饼干,顾名思义,提炼了日本最具代表性旅游景点富士山的形状元素,将日本化的气息和现代时尚的语境相结合,传达民族风格的同时,也使作品具有时代性,给人一种自然、朴素、可爱的极致体验。又如法国巴黎的街头书店和书摊中各种精美的明信片,其中最受游客欢迎的是印有埃菲尔铁塔、凯旋门、塞纳河

---

① 马晓京:《旅游商品消费的文化人类学解读》,《中南民族大学学报》(人文社会科学版) 2005 年第 4 期,第 58~61 页。

等巴黎著名文化遗产的明信片。此类商品成功地把握了游客的心理诉求，既保留了地方元素的特质又延续了商品所包含的内容和主题。

因此因地制宜地开发旅游商品时，应以文化元素为魂，以美观实用为体，从自然风光、历史古迹、历史人物及故事、现代景观等人文资源中挖掘造型外观及文化内涵的元素符号，以题材的创新为主，以材料、工艺、形态等方面的选取、加工为辅，力求通过带有地域特色的旅游商品来传递文化，向游客表达美好情感。

模式三：功能扩散型。

功能扩散型是指地方文化元素被应用到旅游商品中后，其原有的物质功能或精神功能发生改变，其中物质功能包括实用功能、技术功能和经济功能；精神功能包括审美功能和地位功能。物质功能指消费者对某种物质的需求，精神功能则反映了商品带给消费者的精神享受。旅游商品是集纪念性、艺术性、便携性、地方性和实用性于一体的，因此进行旅游商品开发时不仅要考虑购买者购买旅游商品代表了一次旅游经历，还要考虑购买者的"猎奇"心理。许多民间艺术如年画、剪纸、蜡染等已经逐渐淡出了游客的日常生活，与其相关联的实用功能也日渐弱化。比如来自西双版纳州勐海县的一个傣族村寨——勐混镇曼召村。村民以构树皮为原料，以原始的造纸法造纸，这种纸的傣语叫"嘎拉沙"，汉语叫"构皮纸"。曼召村的造纸术，已有800多年的历史，以前这种纸被用来抄写佛寺经书，现在人们用它来包装普洱茶，构皮纸除了经久耐用外，还会散发出一股绵长的木香味①。

功能扩散型旅游商品不是单纯地进行视觉上的转变，而将地方、民族文化资源进行更高层级的转换，要针对旅游者的消费特点，处理好现代新科技和传统加工之间的结合，一方面凝聚大众对旅游目的地的特殊辨识元素，另一方面被赋予新的功能，从而有助于提升旅游商品的附加值和市场竞争力，实现旅游商品在继承与发展上的双赢。

模式四：元素重构型。

---

① 齐勋：《构皮纸——来自曼召村的普洱茶包装纸》，《中国包装报》2012年6月28日。

元素重构型就是在地方文化元素商品化中提炼具有较高市场知名度和民众认同性的文化元素，以一种新的艺术形式排列组合的类型。这种类型往往改变了固有的图案、材料和工艺，寻找新的规律、风格，别致地重建了逻辑上合理、感觉上直观的视觉世界，有助于帮助旅游者对旅游商品的整理认识，实现有效的创新。比如北京"申奥"标志，以传统的写意手法，将传统图形"中国结"和"太极拳"进行了意象式的组合，将中国传统图形、传统武术文化和奥运五环标识融合在一起，传达了中国传统文化特色和鲜明的时代气息。国内学者庄立新则论述了苗族女装服饰元素的服装整体造型与款式元素的重构、色彩与图案元素的重构、面辅材料与饰品元素的重构[①]。作为中国传统服饰文化中的瑰丽宝藏，汲取传统苗族女装中的服饰元素，按照现代设计的方法和规律进行重构，使之与时俱进地展现民族服饰文化的无穷魅力和审美价值。

因为旅游商品没有特别的市场局限性，而市场局限性的反面即市场需求的个性化与多样化。元素重构型旅游商品正是这样通过传统文化元素在旅游商品中的重构以其独具特色的图案和工艺，满足了人们求新求变的个性化追求。

模式五：混合嵌套型。

混合嵌套型是指将多种地方文化元素有序整合、有机嵌套，呈现多样应用空间的类型。首先，将传统工艺与现代工艺结合，开发更为新颖、美观、实用的旅游商品。如浙江、江苏的一些家具城对传统红木家具的生产工艺进行改革，开发出多种工艺嫁接的红木家具，以红木为底，辅以镶嵌漆器、陶瓷、电脑平面浅刻与深刻的木雕，造型现代，美观实用，深受消费者的欢迎[②]。其次是图案与工艺的结合，比如现在特别流行的十字绣，充分利用了民间的工艺元素，又把传统的扎染或者蜡染画布与十字绣相互结合，赢得了旅游者的欢迎，传承了地方文化特色。这种既保

---

① 庄立新：《基于时尚创意的苗族女装服饰元素重构探析》，《丝绸》2012年第9期，第44~65页。
② 邱扶东：《民俗旅游学》，立信会计出版社，2006，第240页。

留了民间工艺的文化内涵和特色又在外观上改变不大的商品,具有现代视觉语言特征,更能迎合现代人的需求。剪纸、刺绣等也是如此。

但是在开发这类商品时若把握不了恰当的结合点,容易让其变得不伦不类,失去其丰富的价值,所以应注意以下几个方面:第一,结合地方传统工艺和现代生产能力、旅游者对地方文化的认知,遵循历史积淀的现代化传达原则、设计创新与文脉传承原则等,从旅游商品的题材、功能、工艺等核心要素入手,进行文化元素的嵌套;第二,这类旅游商品并非特色文化元素的东拼西凑,而需要关注旅游者的旅游体验,考虑历史背景、加工工艺和现实的审美潮流,同文化元素很好结合,否则容易失去其多样文化的优势,带给旅游者不真实的体验;第三,混合嵌套型商品反映了一系列的文化符号特征,从内部材料到外部装饰都需要别具一格,整体提升档次感。

因此基于以上五种模式,可以将在南锣鼓巷、烟袋斜街、前门大街、故宫和798艺术区调研的旅游商品做出分类,如表5所示。

表5 五种不同模式的北京旅游商品

转化类型	代表商品
直接利用型	北京布鞋、景泰蓝、青花瓷、泥人、鬃人、北京烤鸭、稻香村、茯苓夹饼、雕漆、兔儿爷、驴打滚、糖葫芦、搪瓷缸子、回力鞋、糖人、北京面人、鼻烟壶、京戏服饰、豌豆黄儿、秋梨膏*、红星二锅头、绫绢扇等
初级加工型	北京十六景明信片(或护照、行李牌)、香山红叶丝巾*、京戏手机壳(或鼠标垫、杯垫、钱包、邮票、相册、笔记本等)、故宫仿真纸膜*、四合院立体拼图*、创可贴T恤、故宫丝绸、帝京风貌真丝卷轴*、北京风光景点扑克、京剧相框挂件、皇家元素HB铅笔*、毛主席语录小红本等
功能扩散型	景泰蓝"状元笔"(或耳坠、手镯、健身球等)、青花瓷项链、京剧脸谱优盘、一品文武大臣储钱罐*、漆雕戒指、奥运打火机、筷子架-前三门*、水立方保温水壶*、越南长衫、石宝斋印章、京绣真丝商务领带等
元素重构型	京剧人偶摆件、故宫娃娃小泥人摆件、京剧卡通动漫名片盒、马驾祥云琉璃车挂*、官帽红酒瓶塞*、京味民俗书签(或冰箱贴)、景泰蓝珐琅釉动物、龙舟竞渡实木画框、流苏吊坠木质书签等

续表

转化类型	代表商品
混合嵌套型	福气兔儿爷、线绣长城（或故宫、青花瓷等）挂画、北京特色建筑风景多功能绘图尺、牛皮工艺本、北京传统手工沙燕风筝*、北京风光仿古漆器屏风*、老北京风俗剪纸卷轴、鼻烟壶、老舍茶馆软陶、长城浮雕名片座*、毛猴茶馆*、人偶京剧绢人等

2. 京剧文化元素在旅游商品开发中的转化过程

京剧，也称"皮黄"，有"西皮"和"二黄"两种基本腔调，形成于北京，是全国影响最大的剧种，有"国剧"之称。它的行当全面、表演成熟、气势宏美，是近代中国戏曲的代表。京戏服饰的款式、质料、颜色、图纹等多具有独立的元素符号指示功能，往往是戏剧角色职业、阶层、民族、性别、性格等身份的象征。另外在脸谱的构图上，还运用夸张的色彩来构成对人物性格、形象的表现力。因此京剧文化转化成旅游商品的过程也十分丰富，如图2所示。

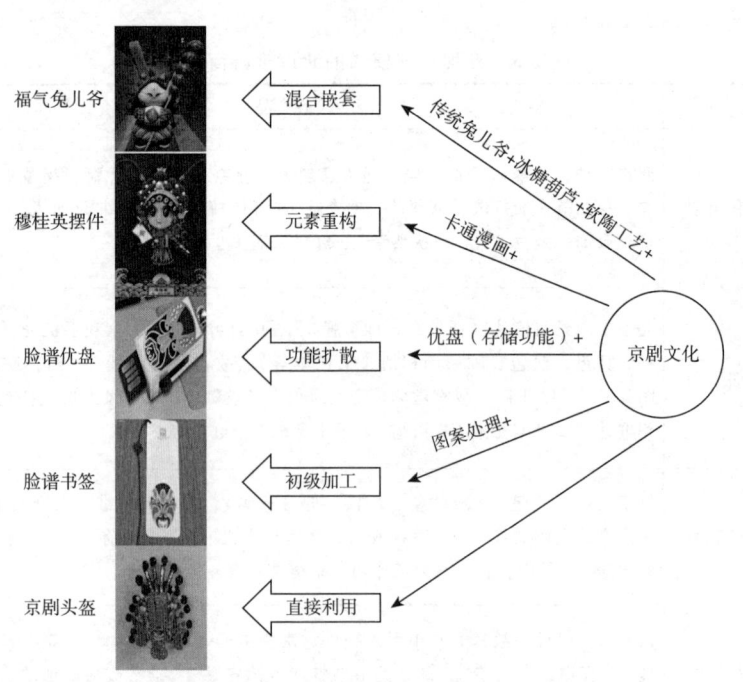

图2 京剧文化元素在旅游商品中的转化

资料来源：作者绘制。

- 直接利用型：京剧的服饰、盔帽，其本身就是一套精美的艺术品，也非常具有纪念性。
- 初级加工型：鉴于旅游商品的便携性，脸谱需要进行一些简单的加工，比如由立体化的脸谱转化成图片，可制作成书签。
- 功能扩散型：在考虑到旅游商品的实用性时，为了更贴近游客的日常生活，将脸谱与优盘结合，拓展了京剧文化的发展空间，即将其审美功能转向实用功能。
- 元素重构型：将传统的京戏服装的装饰性、图案性与卡通漫画融合重建，从而设计出既具有京剧的传统文化特色又具有鲜明时代气息的商品。
- 混合嵌套型：传统的兔儿爷加上戏曲人物，将兔儿爷雕造成金盔金甲的武士，而它扛着糖葫芦，十分可爱，并且制作方法由传统的泥塑改成软陶，不易摔碎且色彩鲜亮。

六 重点领域二——文化旅游演艺项目

（一）旅游演艺开发所采用的文化内容

旅游演艺中文化元素源头较广，主要是以本地特色文化为核心，集邻近文化、哲学文化、现代文化、反现代文化等于一体，它包含真实生活中所存在和缺乏的文化要素，成为创作者进行创意建构的文化元素库，也是旅游者真实性感知的必要条件，因此需要对创作元素进行深入分析，以期明确创作者真实性建构的基础部分，其主要内容如下所述。

1. 本地文化：核心

本地文化是创作元素的核心。旅游是游客离开惯常环境体验异质文化并实现旅行价值的重要方式，而目的地的特色文化是区别于其他目的地最根本和最重要的特质吸引力所在。旅游演艺是将旅游目的地文化进行高度提炼凝缩，在短时间内以全景化、多样性的方式，全方位地呈现给旅游者的视觉盛宴、文化盛宴，让旅游者对目的地文化能够全面、真实感知，提高旅游满意度，实现促进旅游业发展的重要作用和意义。

基于游客对目的地异质文化知识的缺乏旅游演艺文化真实性更容易被接受和感知,游客更愿意相信"他所看到的真实"。当前的旅游演艺项目大都是以本地文化特色为核心打造的:《印象·刘三姐》中的刘三姐山歌文化,《宋城千古情》的北宋文化、白蛇传说等,《长恨歌》中唐朝唐明皇和杨贵妃的爱情故事,《天门狐仙·新刘海砍樵》中的湘西人狐相恋传说,《大宋·东京梦华》中河南开封的北宋文化,《禅宗少林·音乐大典》中凸显河南禅宗和少林文化,《井冈山》阐释的井冈山地区红色文化的精神内涵,《藏谜》中藏文化的艺术呈现,《印象·大红袍》中的茶文化,《中华泰山·封禅大典》的泰山历史文化,《又见五台山》的佛教文化,等等。它们都是以演艺所在地的特色文化为核心进行打造的,这也是旅游演艺吸引力和竞争力最大的文化资本。

2. 邻近文化:补充

邻近文化是对创作元素的补充。旅游演艺文化元素除了来自本地核心文化外,为了丰富节目表达效果和创意表达内容会增添与核心文化在地域上相近或相似的文化元素,达到文化的融合统一,实现创新发展。邻近文化的补充一方面丰富了演艺节目真实性文化展现的内容,另一方面有助于其他散落文化的发现、传承和发展,促进文化遗产的保护和文化价值的创新发展。

由于文化本身具有多样性特点,加之为游客提供丰富多样的文化体验也是旅游演艺节目设计的重要标准之一,因此,邻近文化成为演艺节目的重要组成部分。如《印象·丽江》以雪山为背景融入丽江周边多民族文化,《魅力湘西》集合出张家界本地外的周边地区的优秀民族文化如桑植民歌、边城文化等,《梯玛神歌》中湘西土家族、苗族、侗族等多民族区域文化,《九寨千古情》中除川渝文化外的藏文化的呈现,《多彩贵州风》中西南地区多民族文化的综合演绎,《天上西藏》中藏文化的多个地区节庆民俗的整合等,都为整个演艺节目的绚丽多彩增添了浓重的一笔。

3. 哲学文化：灵魂

哲学文化是创作元素的灵魂。哲学文化具有启人心智、愉悦生命的重要作用，涉及内容广泛，从琴棋书画到诗书礼仪，是人们生活中、学习中、工作中的重要精神引导和心灵支撑。尤其是"以人为本"、"天人合一"、"仁"、"真"、"善"、"美"、"自然"、"生命"、"思辨"、"价值"、"和谐"和"诗意"等具有理性思维和感性情怀的哲学韵味的思想观点，历经时代发展，也成为大众对自身发展和生命追问的最终基点。

针对哲学文化独有的深刻思想境界，旅游演艺以此为灵魂，将生活哲学化或将哲学生活化，贯穿节目始终，为旅游者展现出具有人本性、真实性、生命性、自然性和归属感的文化画面，从而实现对美好的、有意义的文化价值的深刻体验。如《印象·西湖》中运用写意手法融人景于一体、画面唯美，《印象·刘三姐》中原生态场景的淋漓尽现，《东方霓裳》中"风、花、雪、月"的诗意表达，《道解都江堰》中道文化的阐释和顺应自然、天人合一的艺术表达，《印象·普陀》借佛教文化中的大爱、善意、美德与自悟为主题元素表达了所有时代人类社会中的共通情感，《孔子》中体现的孔子以仁为本、以和为贵、以礼为先、以忠孝为大、以智信为怀、以情义为天的思想精髓等，"天人合一、以人为本、山水写意、真善美"的哲思感悟凝聚在旅游演艺的每个表演环节中，让游客在感受特色民族文化的同时，也能激发起文化共鸣、生活情怀和生命敬仰。

4. 现代文化：手段

现代文化是创作元素的手段。传统文化的简单复制和散落陈列已经不能满足现在大众日益增长的文化审美需求，因此需要以现代文化为手段，运用现代化艺术手法进行创意改编、整合和提升，将传统文化价值以现代人易接受的方式艺术化地呈现出来。大部分的旅游演艺节目以传统文化为基底，以现代文化为表达手段，传统与现代相融合，塑造特色民族文化表演的真实性；也有一部分旅游演艺直接以现代文化为表演内容，结合中西文化表现形式，营造视听盛宴。

时代在改变，社会在发展，文化也要创新，不论是传统文化的现代化表达还是现代文化的综合汇聚，都是对旅游演艺发展的创新推动。如《龙凤舞中华》中民族文化的表达，《印象·海南岛》中时尚、休闲、浪漫的海岛文化特色，《金面王朝》中古老题材与时尚表现形式的完美结合、爱与和谐主题的完美演绎，《时空之旅》中中西文化艺术精髓的精彩融合，《汉秀》中舞台剧、芭蕾等现代艺术文化内容的呈现，《又见平遥》表达的"诚信、仁德"的晋商精神，《西湖之夜》中魔术、舞蹈等现代艺术，《神游华夏》借助多媒体、音乐、杂技等多种方式，《老舍茶馆》中的相声、小品等，阐释"震撼、新奇、休闲、自由、愉悦"等体验概念，既是对传统文化精髓的传承，又是对时代发展的文化价值的创新。

5. 反现代文化：诉求

反现代文化是创作元素的诉求。当前社会迅速发展，物质化、无序化、浮躁、安全感等成为时代的代名词，工作和生活在都市的人们面对巨大的压力，急切需要宣泄，而旅游则成为他们暂时摆脱现实焦虑的最佳方式。反现代文化是指与现代功利文化、物质文化等相反，让人们远离精神压力、远离安全感缺乏、迷失慌乱等状态的理想生存状态，如山水意境、田园生活、简单自由、真实淳朴等生活理想。

旅游演艺作为旅游目的地文化表达的重要方式，也是向游客传递文化信仰和生活情怀的方式。如《印象·刘三姐》中"绿色印象"部分的自然家园、"蓝色印象"部分的浪漫爱情，《边城》中湘西山水小城中翠翠和天保、傩送的爱情故事，《四季周庄》中"小桥、流水、人家"的艺术表达和"春、夏、秋、冬"的真实场景还原，《云南映象》中原生态文化和多民族语言、舞蹈、服饰、传说的真实再现，还有传统的古老建筑、原始的生活工具、淳朴的民俗节庆、真实的美丽传说，都在诉说着与自然最接近的渔夫们、农夫们的最真实最简单的生活方式，这也正是现代旅游者所追寻的真实、自然、诗意的生活状态。

（二）旅游演艺项目开发中的文化建构手法

传统文化需要诉诸现代化的表达形式来满足大众游客的消费需求，

文化精英也需要现代化的艺术手法表达创意构思。文化创意旅游背景下旅游演艺文化真实性是怎样被建构起来的？创作者运用了哪些艺术手法？这些问题都需要进一步分析。本文根据实践调研和资料研究，以及电影、音乐剧、舞台剧、诗词、书画等的表达方式，总结出以下几种建构手法。

1. 影视创作手法

（1）象征

艺术创作的基本手法之一。创作者通常选取人们熟知的象征物作为本体，寄寓某种思想或意义，将抽象的概念具体化、形象化，创造出一种艺术意境，让欣赏者产生由此及彼的联想，增强作品的表现力和艺术效果。

旅游演艺作为类似电影、舞台剧等的表演形式，借用象征手法，可以提高表演的艺术品质，如《印象·刘三姐》中的红绸和月亮，以红绸象征涌动的旋律，以月亮寓意美好的爱情，尤其是实景演出，眼前的星星、月亮和天空中真实的星星、月亮形成呼应，别具震撼效果；《大宋·东京梦华》中最后一幕的灯笼、孔明灯、冷烟火等形成形式美感，表现经历繁华和战争后，对如梦年代的思索和美好未来的祝愿。

（2）虚构

艺术创作的基本手法之一。艺术家通过想象、推理把现实中本没有但按情理却可能存在的艺术形象、情节、环境等构想出来。通过艺术虚构创造出比普通实际生活更真实的艺术典型，增强观演者的文化体验。

旅游演艺分实景类、剧场类、景区类等多种类型，对于没有现实存在核心文化支撑的旅游演艺项目，可以结合景区或目的地文化特色，选取恰当角度进行艺术创作，如北京欢乐谷的《金面王朝》以远古三星堆文明为时代背景，以舞蹈诗剧的结构形式，构想出金面女王的恢宏故事；凤凰古城的《边城》则取材于沈从文的著名小说，结合地域文化特色打造出真实自然的湘西爱情故事。

（3）还原

通过对历史故事、神话传说、民俗节庆、诗词小说甚至生活场景等的艺术化还原，有助于传承文化遗产，实现文化价值，塑造真实体验。

旅游演艺承载了丰富的文化内容，是旅游目的地各类文化的集中凝缩。还原艺术手法有助于将历史场景、神话传说、民俗节庆、诗词小说以形象化、艺术化、主题化等的方式呈现给游客，不因时间、地点、人物、景致等各种因素的影响，而能够全方位感受目的地文化内涵。如：《宋城千古情》再现宋宫的歌舞升平、岳飞的民族抗争、西子的美丽传说，让游客身临其境；《中华泰山·封禅大典》艺术化地还原了秦汉唐宋清五个朝代帝王在泰山举行封禅大典的壮丽场景；《东京梦华》中对诗句"宝马雕车香满路"的艺术场景还原；等等。

(4) 色彩

色彩是语言、是情绪，能够与观赏者进行交流，影响人的情感态度和思维方式，如红色代表热情、张扬，蓝色代表宁静、自由，绿色代表清新、希望，白色代表清爽、简单，银色代表纯洁、永恒，等等，因而成为艺术创作中必不可少的表现方式。旅游演艺一般在室内进行，或在室外晚上进行，灯光的运用能够形成强烈的视觉冲击，根据不同主题合理搭配灯光、服装、道具等的色彩，有助于营造不同的主题氛围，完善创作者的创意表达。

在旅游演艺中最突出的色彩表现应数灯光，通过灯光的角度、范围、明暗、图案、色调等多个方面营造主题文化氛围，如《印象·刘三姐》以红、绿、金、蓝、银等色调的灯光打造各个印象主题，营造出强烈的视觉震撼力。《宋城千古情》中"宋宫宴舞"红色、金色的热烈，"西子传说"绿色、黄色的清新自然；《寻梦龙虎山》瞬息万变、光影淋漓的视觉艺术效果，犹如奢华的灯会，无不增强了场景氛围和感知力，使旅游者有如身临其境。

(5) 科技

科技的应用使旅游演艺文化内容的呈现更具震撼力、真实性和感染力。演出内容、LED 显示屏、舞台、灯光、道具、观众席等各种因素都融入科技的创新力。如《印象·大红袍》引入"矩阵式"实景电影，并采用全球首创360°旋转的观众席,实现"人在画中游"的奇妙体验;《金面王朝》中500吨洪水在舞台上倾泻而出,场面壮观;《天门狐仙·新刘海砍樵》中横跨峡谷的60米高空飞桥、奇妙的人狐变幻、逼真的漫天飞雪等场景无不令人惊叹;《印象·西湖》中"西湖雨"的打造;《汉秀》将传统元素与现代科技高度融合的水秀剧场,以及量身定制的可移动座椅等。这些科技效果的应用都让演出效果更加真实、震撼和极致。

2. 书画表现手法

(1) 写意

国画的一种画法,注重神态的表现和抒发作者的情趣,是一种行简而意丰的表现手法,在粤语中"写意"有自由自在、无拘无束之意。旅游演艺运用写意手法描绘自然和人的结合,使之具有诗意和印象之感,如《印象·刘三姐》中"红色印象"部分,创作者大写意地将山歌与渔网做组合,构成"对歌"的印象,表现出强烈文化情感;《印象·西湖》用写意手法将飘舞的人、西湖的景、真实的天融为一体,似幻还真。

(2) 构图

国画术语,指根据题材和主题思想要求,把要表现的形象适当地组织起来,构成一个协调的完整的画面,具有突出主题的作用。旅游演艺每个场景的呈现基本遵循构图原色,以便提高审美愉悦,如《印象·丽江》中雪山、古道、天空、人构成一幅天人合一的意境图;《印象·西湖》中,一座桥、一场烟雨、一面幽幽的湖,每个场景犹如一幅水墨画,优美空灵;《大宋·东京梦华》选取八首经典宋词,勾勒出北宋东京的历史画面;《长恨歌》以白居易的诗词为基础,每个场景犹如一个完整画面来表达演艺主题;《禅宗少林·音乐大典》中"水乐"部分描绘了中国古典山水名画的优美禅意,尤其是雨景与溪流、月光与禅院、僧侣与农家、禅诗与野唱,构成和谐完美的人间生活图景。

(3) 白描

中国绘画的一种技巧,也用于电影剧本创作。白描指用墨线勾描人物和各种景象,不着颜色,简洁鲜明地突出所要表现形象的特征。如《四季周庄》中秋景"丰收"再现了水乡秋收场景,稻谷、耕牛、老农真实地点缀于舞台;《印象·刘三姐》中"绿色印象"的"家园"部分的赶集场景中,渔夫、捕鱼、浣妇、赶集、牧牛、嫁娶等场景真实自然地得到还原,形象生动,引人联想。

3. 文学表现手法

(1) 移情

是一种修辞手法,指将主观感情移到事物上,反过来又让被感染了的事物衬托主观情绪,使人情和事物融为一体,能够更好地表达人的强烈感情。移情一般包含情景交融、融情入景、情因景生、一切景语皆情语等形式。《印象·西湖》中断桥、烟雨、人、船、月、山、湖等构成一幅水墨画,让游客实现了一次与自然的契合,令人感悟和赞叹,思绪万千;《印象·丽江》中游客看着天空、白云、雪山、古道、马、人,体验生命与自然的紧密关系,感受生命的真实与震撼。

(2) 渲染

是文艺创作的一种表现手法,指对表达对象进行突出的描写、形容和烘托,以达到抒发情感、突出主题、烘托人物的效果。例如:《边城》通过舞蹈、音乐、灯光等着重描绘翠翠的欢喜哀愁和爷爷的担忧焦虑;《长恨歌》中杨玉环在华清池的娇羞妩媚;《印象·刘三姐》中刘三姐出嫁时与阿牛哥乘船远去时缓缓消失的背影;《云南映象》中杨丽萍的月亮独舞。

(3) 联想

由景至情、有感而发,旅游演艺的文化主题、精美场景容易引发旅游者对文化、故事、传说、自然、生命、生活、人生、自我等的联想和想象,从演出中"看到属于自己的真实","找寻到自己的感动触点","获得关于文化和生命的新体验"。如《大宋·东京梦华》展现北宋都城的市井繁华,让人联想到当时的盛世美景;《印象·丽江》中由表演所延伸的对纳西文化的悠远、自然与生命的交融、自我的欢喜悲愁的想象;《又见平遥》的故事想象;《春江花月夜》的爱情感悟;《功夫传奇》的少林武术遐想,《文成公主》对和亲之旅的回忆。

（4）五感

五感——听觉、嗅觉、味觉、触觉、视觉,通过各种表达手法和内容呈现满足人们全面的感官体验,让游客全身心地融入演出中,增强体验感知力,更好地与山水对话。如《印象·刘三姐》中清脆嘹亮的山歌、鸟鸣声；《宋城千古情》中如丝般西湖雨的洒落；《印象·大红袍》的茶香四溢；《禅宗少林·音乐大典》中"石乐"部分对生命和自然的禅颂；《魅力湘西》中游客穿上土家族服装的舞动。大部分旅游演艺节目都综合运用各种感官表达,与旅游者碰撞出心感、意感、情感,实现文化和情感共鸣。

4. 其他手法

旅游演艺的建构手法丰富多样,除了以上介绍的对影视、书画、文学中艺术手法的借鉴,还有其他一些建构手法,如夸张、放大、融合、抽取、屏蔽、隐喻、互动、音乐等。这些只是根据田野调研、实地观演、资料查找等方式进行的总结和梳理,还不足以概括旅游演艺的全部创意建构手法,但它们是文化精英者的艺术沉淀、文化积累和创意构思的综合凝练,文章仅以此进行初步研究,希望能够对旅游演艺的发展提出有益建议。

夸大,主要是为强化演出效果,对历史故事、神话传说、民俗节庆等进行稍微放大处理,突出表现力。抽取,主要指对古代舞蹈、服饰、方言、民歌、习俗（婚嫁、生活习惯）等文化元素的提取凝练。融合,指中西方、传统与现代文化元素,以及虚实、动静之间的融合。屏蔽,对无关因素或景物,利用艺术手法或科技手段进行回避。互动,与观众的互动交流,如《宋城千古情》中演员从观众后面走出来；《四季周庄》中"水乡婚庆"找观众来表演新郎,将整台演出推向了高潮；《大宋·东京梦华》结合中国的传统节日让演员们给观众送"礼",比如清明送柳、端午送粽子、中秋送月饼等,让观众真正融入演出中。音乐,指采用与演出主题契合的伴奏、插曲等音乐形式,如：《印象·丽江》"回家"的心灵感动,《印象·刘三姐》"藤缠树"的浪漫表白,《印象·西湖》"印象西湖雨"的优美诗意；《禅宗少林·音乐大典》的禅乐唱颂；等等。

（三）建构方式类型

创作者运用各种艺术表现手法，将目的地文化以创意化手段塑造出来，成为具有独特性、新奇性、趣味性、知识性、情感性等的文化盛宴，主要建构类型有以下几种。

1. 故事型

旅游演艺以一个核心故事为主线，围绕故事的开始、发展、结束进行演绎，一般选取知名度高的、本地特色明显的、易于艺术化表达的故事作为核心内容，让旅游者在观演时能融入故事的情境中，寄情于景，引发共鸣。如《天门狐仙·新刘海砍樵》中围绕千年狐仙和樵夫刘海的一段感天动地的人狐之恋的传说故事，历经魔界与凡间的抗衡、道与情的取舍、仙与俗的矛盾等的悲欢离合的诉说，让游客感受到爱情的美好，引发感想和思考；《长恨歌》以唐明皇和杨玉环的爱情故事为主线，以诗词化表达再现相识、相恋、相离、相逢的感人场景；《金面王朝》以金面女王的传奇浪漫爱情故事为主线，通过战争、桑田、锻造、庆典、月下、洪水、祭天、幻化等表演内容，歌颂爱与和谐。

2. 场景型

旅游演艺大都选取场景、章节等形式，分段表达，每个场景都具有鲜明的主题文化内容，一般从事物的起源、挣扎、发展、繁荣等角度出发，以时间脉络或主题脉络贯穿始终，形成完整表达，但最终都归于美好的祝愿和期待。

《印象·刘三姐》中七大场景，代表不同的印象主题，形象生动全面地表达刘三姐文化；《宋城千古情》则以时间和文化脉络，将杭州的典型历史故事抽取再现和演绎，从良渚之光、宋宫宴舞、金戈铁马到西子传说、美丽杭州，每个场景都在传递不同的文化内容和情感；《大宋·东京梦华》围绕八首宋词意境渐次展开，从市井风情、都城繁荣、邻国来朝到战争悲壮、祝福寄托等，整个演出场景是

"闹""静"交错的大写意的水墨画;《魅力湘西》基于对湘西文化的挖掘整理,通过苗族鼓舞、边城、爬楼、茅古斯舞、桑植民歌、合拢宴、女儿会、哭嫁等各个场景的再现和艺术表达,给游客提供了一场湘西文化盛宴。

3. 情感型

文化是情感的载体和表达。旅游演艺是多样文化的集中呈现,更是创作者与旅游者情感的共鸣,有对文化的信仰、对自然的敬畏、对生命的期待、对自我的回归,所以情感表达成为旅游演艺贯穿始终的重要内容,以期实现天人合一和人我合一的境界。《边城》中翠翠和天保、傩送之间的凄美爱情故事抓紧每一个观众的心,别致的湘西美景、真实的情感流露、美好的生活期待、浪漫的忠贞爱情,无不让人心生遐想,回味无穷;《印象·丽江》没有所谓的主题和具体的故事,而是通过与山、与生活、与祖先的对话来诠释三个导演对丽江的个性体验,也引起旅游者对自然、对生命、对自我的深思;《云南映象》中通过原生态的舞蹈、音乐、服饰、道具和对自然、天地、祖先的崇拜展现出古朴真实的情感。

4. 参与型

旅游进入个性化体验时代,旅游演艺也不再局限于单纯的展演,而更注重情境式的表演手法,让观众融入表演中,让演员走进观众中,实现彼此的互动交流,提高旅游者的观感体验。如《印象·大红袍》突出故事性和参与性,借助360°旋转观众席,构造出大舞台视觉,游客将武夷山水收进眼底,更有穿着民俗服饰的侍女,递上一杯中国"茶王"大红袍,让观者一品芳茗;《魅力湘西》则邀请观众走上舞台,以趣味比赛的方式辨认并试穿民族服装;《四季周庄》邀请观众饰演新郎,与演员一起完成民俗嫁娶环节,使演出达到高潮。互动参与让游客身临其境,融入其中,使演出成为可观、可听、可触的真实存在,增强体验真实感。

5. 技术型

高新科技的应用使演艺活动更震撼和多样。当前各个地区旅游演艺活动在舞台、道具、灯光、观众席、音乐、环境保护等方面最大限度地使用先进科学技术，或世界最长的舞台、或国际顶尖音响系统、或世界最大的舞台灯光系统等，一方面增强演出效果，营造真实的场景和氛围，引导游客探索和思考，使之获得体验上的真实感；另一方面这些技术设施也成为演出本身的亮点。如《汉秀》以音乐、舞蹈、杂技、体育竞技、特技动作等多种表演形式有机结合，通过升降座椅、舞台特效设备等实现在空中、水池及地面上全方位地展现水秀演出节目；《时空之旅》融杂技、舞蹈、戏剧、音乐和多媒体技术于一体，电子投影、数字舞台、巨型镜墙、超大水幕等先进技术营造的如梦似幻场景，让游客倍感新奇、震撼。

6. 理想型

旅游演艺是创作者个人生活理想的寄托，也是大众文化信仰情怀的表达。当前时代背景下，人们渴望回归自然，寻求真我，而旅游演艺以目的地文化为特色，借势表达对山水自然、对生活、对人生的情感，其中包含对美好生活的向往。《禅宗少林·音乐大典》通过"水乐、木乐、风乐、光乐、石乐"篇章对禅宗文化的演绎，使游客体验"禅悦"，从纷繁俗世回到精神故乡；《印象·西湖》通过西湖山水印象的创意表达，实现创作者、旅游者与自然的亲近；《寻梦龙虎山》以创作者对自然的崇敬，寻梦的过程和情怀为思路，表现人在自然中对自身的追寻，以及天人合一、仁者爱人的理想观念。

旅游演艺并不是一种建构类型的表达，而是多种类型的杂糅。创作者基于目的地文化和个人价值主张，将主客观因素融入演艺活动中，注重文化真实性的创造性表达，实现天人合一的艺术构想。

七　北京文化创意旅游产业发展模式

（一）基本类型

1. 创意产品（文化创意旅游产品）

主要包括主题公园、文化创意演艺、创意园区（具有旅游体验功能的）、个性体验产品、创意型旅游商品等具体类型。其中主题公园和文化创意演艺是较为典型的形态。近年来中国主题公园发展很快,形成了包括深圳华侨城系列(世界之窗、中华民族园、欢乐谷系列)、陕西的大唐芙蓉园、杭州的宋城等一批投资大、创意水平高、旅游吸引力较大的主题公园产品。文化创意演艺产品除了前述的印象系列外,中国很多旅游目的地都投入巨资开发了文化创意演艺节目,如河南嵩山"禅宗少林·音乐大典"、陕西西安"长恨歌"等。

2. 创意设施(文化创意旅游接待设施)

主要包括主题酒店和一些具有旅游体验功能的文化创意型餐厅、会所、酒吧等。主题酒店不仅是住宿设施,也是一种吸引物,在国内外已经有了很多案例。如北京的"长城脚下的公社"将长城文化内容以景观建筑的手法进行表现,给游客创造了十分特殊的住宿体验。在2000年前后,北京远郊的山区里出现了一些极具风格的度假设施,后来地方政府旅游管理部门将其称为乡村酒店,是北京乡村旅游升级的一种业态。它和台湾民宿有相似之处——都有强烈的风格个性、浓郁的人文精神和鲜明的"主人风格"。例如在北京北部怀柔区的莲花池、官地等村庄附近,沿着山谷里的溪流,分布着上百家度假设施,其中几个代表——山吧、枫情山水、那里、泰莲庭等,都具有前述的特征。

3. 创意景观(文化创意旅游景观)

创意景观大到创意地标或大地艺术,小到创意景观建筑、创意园林景观或创意景观小品。凡是景观设计莫不是一个创意的行为,创意景观主要是指被创作者赋予了文化价值的创作类型。例如前述的长城脚下的公社,它既是一种创意设施,也是一种创意景观。创作者的文化体验理念是通过景观建筑的方式表达的,正如其他艺术家用绘画、音乐或其他方式表达精神世界一般。有些景观通过创意的工作,呈现我们不常见到的样式,极具视觉冲击力,比如前述的山水实景演出即具有此类特征。

4. 创意活动(文化创意旅游活动)

创意活动包括创意节事,以及在旅游营销等方面采用的其他创意活动。北京市旅游发展委员会从2012年新年开始举办北京新年倒计时庆典活动，它以北京文化地标为载体，通过现代视觉技术，营造特殊的景观效果和节庆氛围，并通过全球媒体运作向世界投放旅游营销信息，效果十分显著。

5. 创意社区（文化创意旅游社区）

创意社区是指以社区形态呈现的某种创意旅游体验空间，它一般包含了前述的创意产品、创意设施、创意景观和创意活动。创意设施包括在城市中的创意街区（如北京798艺术区），也包括创意聚落（包括文化创意村、镇等）。

（二）基本模式

"旅游"与"文化创意"融合形成的文化创意旅游，具有较高的体验参与性和高附加值性。文化是创意旅游的基础，创意互动是关键。由于文化创意产业与旅游业都没有明显的产业外延，并且产业类型多且核心价值差异大，根据两大产业的特征，可以将文化创意旅游的基本模式分为旅游的创意化和创意的旅游化，其核心均是生活方式和文化观念的输出。

1. 旅游的创意化模式

旅游的创意化包括旅游产品的创意附加和创意新旅游产品两种类型。旅游产品的创意附加是指在原有旅游产品的基础上附加文化创意内容以提升产品价值。例如对产品组合方式的创意重构，对产品进行文化注入或重新解读进行新产品的开发。

如"印象系列""禅宗少林·音乐大典""长恨歌"等旅游演艺的表现形式，主要是在政府的引导和支持下，通过多种类型的文化创意表现形式如戏曲、杂技、魔术、歌舞、动漫等，运用各种高科技手段（如灯光、舞美、舞台设计等），将文化创意的元素融入传统的旅游产品中，从而促进两大产业的融合发展。在旅游产品上附加文化创意内容，不仅可以改变旅游业产业结构，还可以延长旅游产业链、衍生出旅游产品，如音像制品、新闻出版、影视制作、住宿餐饮、工艺美术品以及制造业等产业链条，从而提高旅游产品附加值，增强旅游产业的发展与竞争实力。《印象·刘三姐》的成功除了来自文化创意元素和精英艺术家的品牌效应,还有桂林山水本身作为旅游景点,具有一定的知名度,通过创意产业的融合延伸,消除了以门票收入为主,游客停留时间短的缺陷,从而延长了游客停留时间,丰富了夜间旅游活动,并拓展了产业链,带动了相关产业的发展。通过大型山水实景演出,活化了静态旅游资源,丰富了旅游产品的内容,提升了产品价值,实现产业联动效应。又如以天坛为载体进行创意设计的2012新年倒计时庆典活动,将文化创意与旅游产品结合起来,创造出新的旅游产品,提升了传统旅游产品的形象与旅游价值以及影响力。

2. 创意的旅游化模式

创意的旅游化是指文化创意产业或活动产生的产品、空间、社区等成为新的旅游吸引物,既增加了旅游的对象和范围,又扩展了旅游体验的方式和内容。其中,一种方式是简单地将创意产品作为旅游吸引物,例如北京宋庄;第二种方式是创意活动所营造出的或者为游客提供的是一个体验空间,或者说是一种生活方式,如美国SOHO。伦敦、新加坡等城市提出的所谓"创意城市",也是一种生活方式的构建和输出。文化创意旅游可能成为未来人们获取幸福感的基本生活方式之一。

首先,通过文化创意形成的旅游吸引物如文化创意产业园区、文化创意产品等,通过配套服务设施的完善以及环境氛围的营造,赋予其旅游的功能,以扩大创意产品消费群体,更好地满足文化型旅游消费者的需求,经过文化创意产业与旅游业的融合互补,实现创意产品的旅游功能,打造出创意产业更好的效益增长模式和可持续发展模式。文化创意产业园区主要涵盖动漫影视基地以及各种艺术创作区等形式,主要负责创意产品的设计构思、生产制作、营销推广和消费交换的价值实现,并包括创意衍生产品的开发和创意人才的培训等。文化创意产业园区具备作为旅游景点的优势,因而可以吸引文化型旅游者到聚集区内参观游览,亲身体验各种艺术品的设计制作过程,实现自我求知的需求。通过在创意产业园区设置游客体验区、创意产品展览区、接待区和交易区等功能区,将文化创意产业园区打造成具有文化创意特色的旅游目的地,使之具有独特的旅游功能。我国发展较好的文化创意产业园区有北京798艺术区、宋庄、上海8号桥工业园区等，在园区内举办各种与游客互动的文化创意活动如旅游博览会、艺术作品展览、时装文化节等满足游客的多方面需求，形成独特的旅游吸引力。一般而言，文化创意产业园区是一个集观光游览、休闲学习于一体的场所，具有投资大、回收期长的特点，而旅游功能的注入，可以为其聚集人气、吸引人流，扩大品牌知名度，从而推动文化创意旅游的快速发展。

具有鲜明文化符号的企业也注重通过文化创意打造新的旅游产品，如借助自身产品的市场知名度，突破原有经营模式的业务边界，打造具有独特文化主题内涵的旅游景点。其中比较有代表性的如深圳华侨城、迪士尼乐园主题公园等。深圳华侨城包括锦绣中华、中国民俗文化村、世界之窗和欢乐谷四大主题公园，其中世界之窗将世界各地的自然风光奇观、历史文化遗迹、民俗歌舞表演等汇聚在一个园区，形成具有强大吸引力的文化旅游景区；而迪士尼乐园通过先期米老鼠、唐老鸭等经典动画片的文化内容及市场知名度优势，运用先进科技手段，将动漫艺术产品完美再现，形成独具特色的文化主题乐园，这种文化创意元素融入旅游功能的模式，增强了消费者的体验感受力，形成更强大的市场增值空间。

其次，文化创意旅游为游客提供了一种新的生活方式的体验空间，其关键在于文化价值主张的构建和输出，它大大扩展了旅游业的发展空间甚至旅游概念本身。所谓文化价值主张的构建与输出是指展示和传达一种生活方式和精神价值，其产品不再是一两种生活要素，而是"生活"本身。它以其渗透性、融合性和精神性，将旅游业的发展边界彻底打破。文化创意旅游不仅着眼于以文化来满足体验，更是以一种"梦想"的方式去满足人类无限的"梦想"，由此让旅游体验的深度化、个性化、高品质和高附加值真正成为可能。一旦"生活"本身具有价值，则相关产品也就占据了价值的高端，也就能够为一个地方（城市、民族或者国家）带来强大而持续的感召力、影响力和竞争力。这正如古时极盛的罗马或长安，以及现代西方的"美国梦"一般，很多人以一生中去过罗马、长安、纽约为荣。因此，文化创意旅游的发展已经超出了产业范畴，日益成为构建城市和国家综合影响力、输出文化价值的重要方式。

（三）产品开发方向

1. 推出标志性文化创意旅游演艺活动

基于北京深厚的文化，目前已经形成了一些具有中国特色的演出。如《四季北京·茶》《功夫传奇》《梅兰芳华》《牡丹亭》等。但是，这远远不能满足人们对于北京文化深度了解的需求，最重要的是这些演出并不具有文化代表性。北京缺乏一个标志性的旅游演艺，一提及就让人们联想到北京，联想到北京文化。比如提及《印象·刘三姐》，人们就会想到桂林阳朔，提及《魅力湘西》就会想到张家界。因而北京也应该基于自然和文化遗产，用创意的方式整合旅游资源，创新旅游产品和体验方式，比如可以以天坛、鸟巢、居庸关等为载体，推出真正代表北京的标志性演出，同时创新首都剧场联盟功能，规划朝阳区和天桥文艺夜生活集聚空间，打造"东方百老汇"。

2. 尝试建设新型文化创意旅游综合体

文化创意旅游综合体是在城市综合体发展的基础上提出的，是一种新型的旅游模式，与城市综合体、旅游综合体密切相关。城市综合体主要指集商业零售、商务办公、酒店餐饮、综合娱乐、公寓住宅等核心功能于一体的多功能、高效率的综合体[1]。文化创意旅游综合体主要指在文化创意产业和旅游业融合的大背景下，由文化创意产业吸引物和旅游六要素（吃、住、行、游、购、娱）相结合而形成的新型旅游产业模式。在现实生活中，我们每个人都能够以不同的方式将旅游体验的不同要素进行组合，产生新的创意体验[2]。作为跨越产业边界融合而成的新型旅游模式，文化创意旅游综合体以市场为导向，以"创意"为内核，

---

[1] 郭小妮：《解析城市综合体——以"新加坡海滨商业旅游综合体港湾区"为例》，《福建建筑》2011年第11期，第4~8页。

[2] P. Cloke, "Creativity and Tourism in Rural Environments", *Tourism, Creativity and Development* 2007, 23 (4): 37-47.

对旅游资源的文化内涵进行深入挖掘,体现了高度的融合性、创意性和文化性,具有广阔的市场发展前景。北京具有丰富的人文资源,便利的交通条件,发展文化创意旅游综合体能够较好地满足游客获取知识讯息、提高文学艺术修养、体验创意生活等多方面的诉求。文化创意旅游综合体的发展也有利于北京旅游产业结构优化,旅游产业价值链延长,进而推动北京旅游产业的可持续创意发展。

3. 打造文化创意旅游功能区

北京发展文化创意旅游应该着重打造文化创意旅游功能区。以文化创意旅游综合体为核心,形成文化创意旅游发展区块。整合已有的什刹海-南锣鼓巷等文化创意旅游功能区。以标志性文化创意旅游项目为主体,增加文化创意旅游元素,发展形成若干新的文化创意旅游功能区。近期,可以以东城、西城两区为核心,以朝阳为重要辅助板块,大力发展文化创意旅游体验空间,从而使得北京城市旅游由点线式的游览区向完整连片的生活体验空间转变。未来北京旅游乃至文化和城建的管理工作中,东城与西城两区应当走向统一,打造文化创意旅游功能区。

4. 培育高端文化主题场所

文化主题场所居于北京文化旅游产品的塔尖地位,在北京旅游品质提升、文化内涵挖掘、附加值和综合效益提升过程中发挥着关键的带动作用。北京市文化主题场所和设施的发展大幅度地提升了北京旅游品质,提高了北京旅游服务水平,推动了北京市旅游业整体发展,促进旅游产业结构升级。北京市文化主题场所的发展与北京文化产业的发展,经济发展方式的调整,世界城市的建设,人民生活幸福感提高的要求相一致,一批有特色、高品质、有影响的文化主题场所将形成一个整体,共同构建北京城市的文化形象、商务形象、环境形象,并与现代服务业和城市生活广泛融合,因而其具有重要的开创性、引导性和实践性意义。

北京具有内涵深厚、体验丰富、管理规范、服务完善的代表性文化主题场所包含丰富的类型,大体包含:以文化为依托的主题文化场所,如皇城会、曲水兰亭等；以传统文化方面的专题研究交流为主要活动内容，或以个人作品为主题的艺术馆，如什刹海书院、韩美林艺术馆等；以某个文化元素为主题，在装修、设计、装饰及产品、服务上都会围绕主题进行，并且以打造精品为理念，提供高品质酒店服务的主题酒店，如颐和安缦酒店、长城脚下的公社和七叶香山等；以一个或多个文化主题为吸引标志的饮食餐厅场所，如梅府家宴、厉家菜等。然而，文化主题场所和设施依然具有很大的发展空间，文化价值仍然可以进一步挖掘。老舍茶馆这样挖掘较深入的代表还较少，以人民艺术家老舍先生及其名剧命名的老舍茶馆，在古色古香、京味十足的环境里，客人不仅可以欣赏曲艺、戏剧等精彩表演，同时可以品用各类名茶、宫廷细点和应季北京风味小吃。提高北京文化主题场所产品的质量、打造精品势必成为北京发展文化创意旅游的又一核心潜力板块。

八　发展政策研究

（一）北京建设世界城市的文化旅游路径

受全球经济影响和经济增长方式调整的影响，北京经济增长日益放缓，主导产业并不突出，金融优势也仅限国内。北京以世界城市为发展目标，必须有足够的发展空间和更高的环境质量。就目前的情况来看，北京在空间上不适应建设世界城市的需要，在经济实力、基础设施完善程度以及与外部空间联系方面，与世界城市差距明显。

但是，从文化资源，尤其从历史文化资源角度，北京与其他世界城市相比，具有显著的优势。其中，世界文化遗产数量为7处，远超其他城市。在北京的7项世界文化遗产中，除周口店北京人遗址观赏性较差以外，其余6项（包括大运河、长城、明清皇宫、颐和园、天坛、明清皇家陵寝）接待人数占到北京接待游客人数前20位旅游景点的80%以上。可以说，世界文化遗产成为来京旅游者主要的游览景点。与其他世界城市相比，北京在世界文化遗产方面占优势，北京作为一座历史文化名城，城市发展历史脉络清晰，突出体现了中国历史文化的精华，大量的古迹、遗存成为各个不同历史阶段的印证。正是凭借着首都和古都的

北京世界旅游城市建设研究

这种优势，北京吸引了大批的入境旅游者，北京古都旅游的垄断性和长期性是北京建设首选旅游目的地的强力支撑。

从改革开放开始，随着城市规划修编和首都功能定位的逐步明确，北京开始加快产业结构的升级和调整。1994年服务业比重超过第二产业，形成"三、二、一"的产业格局；1995年服务业比重超过50%，标志着北京市从全国重要的工业基地逐步发展成为以第三产业为主的服务经济城市。此后，北京市第三产业比重节节攀升。1998年超过60%，2006年超过70%，2010年达到75.1%，2018年达到81%。总体上说，产业结构的调整体现了现代世界大都市的部分特征。

随着北京产业结构的不断优化调整，现代服务业规模不断扩大，传统服务业得到进一步改造和提升，服务业在首都经济发展中的地位和作用不断提高。服务业成为支撑经济发展、优化产业结构的主导行业。目前北京第三产业的比重在全国稳居第一，实现了产业结构从工业主导型向服务业主导型的转变。根据产业发展规律以及首都经济发展特点，随着工业的高端化发展，现代制造业和高新技术产业加快发展。金融、科技服务、商务服务等生产性服务业发展进一步加快。现代服务业与现代制造业进一步融合发展，推动产业链条的高端化进程。产业结构升级的另一个内在原因是，北京市在全国率先将大力发展文化创意产业作为全市经济结构战略性调整的重点。2016年，北京文化创意产业实现增加值3581.1亿元，同比增长10.1%；占地区生产总值的比重达到14.0%。

综上分析，北京在建设世界城市的道路上，应当特别重视文化资源的利用和文化软实力的建设。龙永图认为，建设世界城市的软实力应包括：在世界上有极高的知名度，有深刻广泛的影响力，有独特的吸引力，有强大的亲和力。打造文化软实力：一是历史的城市文化。长城、故宫等全球知名的历史文化古迹都可以成为打造北京文化软实力的载体，我们要用现代手段来扩大这些历史文化古迹的影响力，发挥我们的创造力，打造北京的影响力。二是现代的城市文化。世界城市的现代文化就是要集中反映当代国际社会普遍公认的价值观念，北京奥运会已为北京建设世界城市必须具有的独特文化打下了坚实的基础。"人文北京、科技北京、绿色北京"三大理念全面集中地反映了社会公认的文化理念，正在成为北京现代文化的基础。三是城市的商业文化。要特别注意打造具有世界知名度的高端商务区，高端商务区是整个现代商业的高端文化载体。

（二）文化与旅游产业融合中政府的作用

通过分析这两大产业的融合点及融合途径，可以把两个产业的融合模式分为四种类型，在不同类型的融合模式中发挥不同的作用。

1. 横向扩展型

"横向扩展型"融合模式是指旅游业向其他产业扩展并与之融合，其他产业包括第一产业、第二产业和除旅游业以外的第三产业。由于游客的旅游需求多种多样，旅游动机也各不相同，因此要求旅游业必须不断挖掘其他相关产业可利用的资源，把其融入自身产业中，并开发出独特的旅游活动，如工业旅游、农业旅游等。在这种融合模式过程中，政府主要发挥良好的政策引导作用和资金支持作用。以山西平遥古城的建筑为例，将建筑打造为独特的旅游目的地离不开政府的大力支持和统一规划。在平遥古城建设起步阶段，山西省人民政府在考察当地地理环境的基础上，通过一系列的旅游政策引导和建筑资金投入，建成了如今独特的旅游住宿设施。例如城内的房屋、景点等，大多是用木头搭建而成的"客栈式"建筑，旅店门外还悬挂着红灯笼。这种创意性强的景点建筑是旅游业和建筑业的完美结合，它作为一种独特的旅游资源大大提高了旅游景点的吸引力。所以，政府的政策引导和支持、资金投入、因地制宜的规划，对推动"横向扩展型"产业融合模式的初步发展起着至关重要的作用。

2. 纵向延伸型

"纵向延伸型"融合模式指文化产业和旅游业打破了原有产业边界，通过产业间经济活动功能的互补和延伸，实现不同产业的融合，并使得原有产业拥有更新的附加功能和更强的竞争力。根据不同的延伸方向，可以分为以下两种：文化创意产业向旅游业"纵向延伸型"模式，旅游业向文化产业"纵向延伸型"模式。例如北京798艺术区，通过艺术创意人才的创作，把传统的、现代的、抽象的艺术文化等以独特的创意形式融入自身作品中，使其从一个破旧的工厂变成具有艺术文化气息的场所。随着其与旅游业的融合，798艺术区成为具有文化创意特色的旅游景点，吸引国内外众多游客前来参观旅游。在此过程中，政府主要发挥招徕人才作用、产业带动作用、市场宣传作用和民族文化保护作用。以《印象·刘三姐》为例，它的产生离不开政府的扶持。广西文化厅任命梅帅元为策划，并在张艺谋和许多文化艺术人才的努力下，把漓江美景、少数民族文化、边地民俗文化和艺术创作巧妙地融合在一起，创作出民族文化性强、创意性高的特色旅游品牌。《印象·刘三姐》创意旅游品牌的成功，吸引了大量旅游者前来广西旅游，带动了与旅游业相关的餐饮业、住宿业、交通业等产业的发展。所以，政府还可以通过培育示范型企业，发挥其政策引导作用，带动相关产业的发展。政府鼓励企业用创意性方式把文化资源转化成旅游资源，让游客在游览的同时，了解广西地方文化、民俗文化，提高旅游体验性。在此过程中，政府对文化产业和旅游业双边发展起着促进作用，并发挥着保护少数民族文化、民俗风情文化等作用。

3. 交叉渗透型

"交叉渗透型"融合模式指通过技术的创新和应用，并采取一定的方法，将文化元素融入旅游业中，或将旅游元素融入文化产业中。文化产业向旅游业渗透模式指通过对文化产业的技术进行改良和创新，淡化产业边界，以创意性方式把文化元素融入旅游景区开发中，并赋予其文化底蕴，使其具有旅游功能。例如美国迪士尼主题公园，其借助卡通动画创意形象，结合符合儿童心理的文化内容，以文化创意为平台，通过主题公园这种旅游形式提高了旅游者的参与性和体验性。旅游业向文化产业渗透模式指以旅游为平台，通过旅游景点的带动效应，开发出文化性强、创意性高的文化创意产品。以修学旅游为例，曲阜通过举办"孔子修学旅游节"这种创意活动，打造具有深厚文化内涵的文化创意产品。凡是与孔子文化有关的旅游景点，都可以创造出丰富的文化创意旅游产品，让游客在游览过程中进一步了解孔子文化的内涵。政府在"交叉渗透型"产业融合模式中主要发挥资金扶持、政策调整、布局规划等作用。以主题公园为例，在其早期开发过程中主要依靠个人或企业投资。而在开发后期，单独投资已经不能满足其对资金的需求，因此政府的资金扶持对其建设起到关键作用。政府要依据市场变化对产业政策做出相应调整，主要体现在适当降低地价、增加基础设施建设等方面。此外，在文化创意产业和旅游业资源整合及开发方面，政府也发挥着促进作用，如放宽融合企业贷款金额、减少融合企业税收等。另外，政府还发挥着调整布局规划的作用。政府在建立产业融合产品过程中，应综合考虑地理位置、地域文化等因素，鼓励企业建立与周围环境和地区文化相符的创意产品。

4. 产业重构型

产业重构型融合模式指把原产业的价值链进行拆分，再选出有增值效果的价值链进行重组，形成新的产业。以第41届上海世界博览会为例，在184天中聚集了240多个参展方，接待了7300多万人次参观者。上海世博会园区保留了部分原有古建筑物，并对其进行相应改良使之成为旅游景点，吸引了众多国内外游客参观。在此期间，世博会不仅带动了餐饮业、住宿业、交通业等其他产业经济的增长，还增加了约10万个就业机会。以奥运会为例，其需要强大的人力、物力、财力支持，因此决定了它必须依赖政府，所以政府起着主导作用。此外，政府还发挥着协调产业合作、带动相关产业发展、促进城市持续发展的作用。政府在保证奥运会顺利召开和奥运安全方面，发挥着至关重要的保障作用。奥运会的成功举办可以带动交通业、餐饮业等相关产业的发展，还能促进奥运举办城市的持续发展。例如，政府可以对奥运场馆进行创意性改良或扩建，将奥运文化和城市文化融入其中，使之成为一种独特的旅游吸引物，吸引后奥运旅游者前来旅游。

（三）政策建议

1. 创新体制机制

北京虽然新组建了文化和旅游局，并且发布了《关于推进北京市文化和旅游融合发展的意见》，但是文旅融合的行政体制与机制仍需进一步探索与明确。《关于推进北京市文化和旅游融合发展的意见》生动回答了"融什么、为谁融、怎么融"这个全行业共同关心的重大命题和现实课题，具有积极的示范作用与借鉴意义。然而，文化与旅游行政管理部门长期形成的行政隔阂与管理壁垒如何有效统筹以推进文化旅游资源保护与开发仍是亟待破解的命题。体制机制的创新与持续探索是实现北京市文旅融合可持续发展的基本保障。北京文旅融合已初现成效，21世纪的第三个十年已经来临，北京未来应进一步实施文旅深度融合。不断创新推进"文化+""旅游+"跨界融合，促进文旅产业与第三产业深度融合发展，培育夜间文旅消费市场与演艺品牌，加快大运河、长城国家文化公园的建设。

2. 保护与传承首都文化

北京拥有悠久的历史文化资源，这些具有北京特色的文化资源，不仅有着丰富的历史和研究性的符号意义，通过有效的发掘利用，更是北京经济社会发展和世界城市建设的强大动力，是北京市持续发展的一笔巨大财富。旅游让文化深入浅出、传播活泼，不再晦涩难懂，而最重要的是，旅游发展能够有效促进文化资源的保护和传承。通过发展旅游业，在合理的开发利用中去实施文化保护，才能更好地实现文化的动态式保护和活态化传承。因此，以旅游活动的开展和旅游产业的发展，来保护、传承和发扬首都文化，是文化保护与传承的重要途径。

在保护重点上，主要是北京老城区和郊区民俗文化、生态文化。在保护和利用形式上，应强调少开发、多利用，尽量保持文化遗存的原汁原味。如对于以二环内区域的北京文化遗存区域，可进行整体的文化旅游发展规划，强化对历史文化格局的整体保护，具体措施如：保持原有的棋盘式道路网骨架和街道、胡同格局；注重吸收传统城市色彩特点，在原皇城范围内强调青灰色民居烘托红墙黄瓦宫殿建筑群的传统色调；以故宫为中心由内向外分层次控制建筑高度，以保持旧城平缓开阔的空间格局；等等。而位于城郊县的文化景观，要依据其历史时间轴分别进行特色性的保护和开发。而对于非物质性的文化遗产，则应以各类民间文艺活动、文化旅游商品等形式，进行活态保护和传承。如发掘、整理传统的民间文艺活动项目，增加体现民俗风情方面的文化旅游项目；因地制宜举办各种具有地方和民族特色的旅游活动，开发美食馆、旅游点文化演出等活动；展销民间工艺制作，包装形成系列"北京礼物"，发展具有北京味的旅游商品。

3. 加强文化遗产的创意开发

文化遗产具有多样的形式，其包含的文化价值信息也十分丰富和复杂，包括历史、建筑与纪念物、思想、价值与信仰、艺术、生活习俗、传统节事，以及人为改造的自然景观等类型[1]。其价值包含了使用价值、历史价值、科学价值、艺术价值、经济价值、社会价值、情感价值、哲学价值等方面，是一个复杂的整体[2]。这种复杂性尤其体现在它所包含的精神层面的内容，例如关于生命的智慧与思考，以及对于现代社会生活的一些启示。这些无形的内容构成了遗产文化价值的重要环节，也为真正的整体性保护和利用好文化遗产提出了重要课题[3]。

北京文化遗产丰富，文化底蕴深厚，目前对于文化遗产地的开发多停留在表面的观光旅游上，对于其文化价值的挖掘不够深入，旅游产品创意不够，仍有很大的发展空间。虽然像南锣鼓巷、南新仓这样的开发项目具有成功典范作用，但是，北京丰厚的文化遗产还有很多，开发并不全面。如长城不仅仅可以实现"不到长城非好汉"的攀登愿望，还应该让游客通过参与、体验活动了解到古代人民的智慧以及其传递的文化价值。升级和盘活传统产品，扩大胡同游的体验内容、深度和空间，打造系列主题胡同，以"北京人家"和"皇城精舍"提升和锻造北京民宿品牌，加强推出"北京礼物"的文化创意版，进一步提升"秀北京"文化旅游演艺的品牌影响力，都是可以进一步深入挖掘的文化创意旅游发展方向。

---

[1] Jafar Jafari, *Encyclopedia of Tourism*, London: Routledge, 2000, p. 275.
[2] 崔敬昊:《北京胡同的社会文化变迁与旅游开发》，博士学位论文，中央民族大学，2003。
[3] 张松:《历史城市保护学导论》，上海科学技术出版社，2001，第147~151页。

4. 分级遴选和建设重点项目

从全市到各区县，应遴选并重点推进一批文化旅游项目建设。从全市角度，重点文化旅游项目主要包括以下几类：一是重点文化旅游主题区，如以故宫为核心、环绕四合院以及幽深的胡同为代表的老北京文化旅游区，以奥运公园和亚运村为核心、集中反映北京现代化形象的现代文化旅游区，以香山、八大处等为核心的西山文化旅游区。二是重大文化旅游建设项目，如长城文化旅游带，永定河、大运河等文化旅游走廊，后海、三里屯等休闲文化旅游区，CBD区域现代商务文化旅游区等。三是针对主要需求的几条主题线，如针对国际游客对北京和中国传统文化的探奇心理，组织以故宫、长城、钟鼓楼为代表的古建筑文化旅游线和以颐和园、圆明园、天坛、大观园等为代表的东方园林文化旅游一线。四是推进北京新文化旅游运动，推动北京文化创新，促进文化的娱乐化开发、时尚化展示和现代化发展，如引进一批交友婚恋、爱情纪念、选美选酷、形象设计和时装设计比赛等时尚浪漫主题的娱乐文化项目；发掘、梳理和整合富有地域特色的文化资源，开发特色旅游娱乐产品，重点打造一批精品节庆和文化演出项目；推进文化上墙、上路、上车、进村、入户、入社区，营造入眼皆是"山水田园诗""京味古风图"的文化环境和浓郁氛围。

文化旅游项目建设，规划、引导在政府，但实施和经营应落实到企业，主要包括顶天立地的大企业和铺天盖地的小企业。因此，一方面要"抓大"，培育骨干文化旅游企业，倡导宣扬北京文化，将北京文化元素深刻运用到其经营中并以此为指导。鼓励有实力的文化企业或旅游企业以资本为纽带，实行跨行业、跨所有制兼并重组，形成一批有影响、有品牌、有竞争力的文化旅游企业或企业集团，打造一批具有较强国际影响力的"文化旅游航母"。另一方面不"放小"，明确提出要扶持中小文化旅游企业，通过政府采购、信贷支持、加强服务等多种形式扶持中小文化旅游企业发展，形成富有活力的文化创意、设计服务、信息服务、艺术品展销、文艺演出等中小文化旅游企业群体，尤其是对北京老字号进行扶持。

5. 推进北京文化旅游产业融合发展

紧扣北京全国文化中心建设、2022年冬奥会筹办等中心工作，推动文化产业和旅游产业深度融合，增加高精尖项目、主导性的标志性项目等。推动文化、旅游、商业一体化发展，利用文化资源进行商业化改造。持续推动乡村旅游提质升级，延伸京郊旅游线路。紧扣古都文化、红色文化、京味文化、创新文化四大主题打造文旅融合新产品新业态。聚焦文化文物单位创意产品开发、夜间经济、"北京礼物"的升级换代，重塑北京文化旅游核心吸引力。以"双奥之城"的文体旅融合、研学旅游的文教旅融合、标志性文化商圈的文商旅融合等新型业态提升北京旅游的时尚魅力。将文化和旅游融合纳入全市重点工作，健全部门、市区联动机制，加大财政、资金、人才、土地等方面的支持力度，完善统计监测体系。

6. 以文化旅游为手段推动世界城市形象重塑

建设世界城市背景下，打造北京世界一流旅游城市，提升旅游目的地的形象，塑造文化旅游城市形象是北京文化创意旅游发展的重要方面。加强城市营销与环境建设是推动北京世界城市旅游形象重塑的重要手段。作为旅游目的地城市，北京应该加强城市的整体营销。加强品牌输出与资源整合，扩大北京的城市影响力。加强城市环境改善和建设，如雾霾的整治、夜景系统的打造、城市标志地标的建设等均具有重要意义，在北京市公务系统和公共服务系统中推出文化创意性视觉标识系统。

7. 注重创意人才培养

北京虽然拥有众多的文化科研教育机构，各类人才荟萃，但是北京文化创意旅游发展需要的创意阶层不仅要具备相关的专业知识，重要的是要具有创新意识、创新能力。由于北京市对于创意人才的需求量大，因此要加强文化创意旅游人才的培养。可以通过制定产业扶持政策、奖励业界精英、引导市属高校专业发展，以及支持整体营销等方式，确保北京在这一核心要素上占据全国的领先地位。

总体而言，北京需要从提升世界城市文化感召力高度认识文化创意旅游的发展。提升文化、规划和旅游等部门及业界对北京和中国文化的认知与自信。同时在发展中注意文化资本的固化，克服流动性带来的文化和资本风险。集中打造具有中国文化根植性的项目，打造具有标志性的文化创意演出、大型地标建筑。用创意的方式深入挖掘开发北京文化，用创意引领时尚生活的方式，实现北京旅游业的产业升级，加快世界城市的建设。

北京文化演出与旅游产业融合发展模式研究

吕 宁 吴新芳 江胜男*

一 引言

随着市场需求日益多元化，技术不断创新，旅游业与文化创意产业的边界逐渐模糊，文化创意产业延伸至旅游服务，具有旅游功能，而文化创意也为旅游业注入新的活力，逐渐渗透并融入旅游产品与服务中。两大产业之间出现相互渗透、相互融合、相互交叉的现象，形成一种新型的旅游业态——旅游演出产业。据统计，2018年北京共举办营业性演出24684场，较2017年增加了0.5%。全市演出市场票房收入达17.76亿元，增加0.59亿元，增幅为3.4%①。在实践中，文化演出与旅游业的融合效应显著，日益成为文化创意产业与旅游业融合发展的典范。而在理论研究中，学者们从不同层面、不同角度对文化创意产业与旅游业的融合进行了广泛的研究②，却较少专注于文化演出市场，将其

---

* 吕宁，北京第二外国语学院副教授，研究方向为旅游与休闲经济、休闲城市学、文化旅游等；吴新芳，浙江大学2019级博士研究生，研究方向为旅游休闲与旅游经济；江胜男，北京第二外国语学院2019级硕士研究生，研究方向为旅游休闲。

① 《2018北京演出市场数据公布，旅游演艺成为重要增长点》，长征天民，2019年1月10日，http://www.tianmin.com/news/xingyexinwen/20335585185.html。

② 焦世泰：《基于因子分析的民族文化旅游演艺产品游客感知评价体系研究——以"印象刘三姐"实景演出为例》，《人文地理》2013年第1期，第150~154页；方世敏、杨静：《旅游演艺游客感知影响因素及价值提升对策研究》，《旅游论坛》2012年第3期，第17~21页；吴修林、陈慧钧：《少数民族旅游演艺特色品牌的营造与提升——以张 （转下页注）

作为独立的细分主体,探讨其与旅游业的融合。在产业融合热潮、"旅游+文化"的背景下,分析文化演出如何更好地与旅游业融合,打造富有生命力的旅游演出,具有重要的理论与实践意义。

二 研究综述

关于旅游产业的融合,程锦等将其界定为"旅游产业与其他产业或者旅游产业内部不同行业之间发生相互渗透、相互关联,最后形成新的产业"[①],是动态发展的过程[②],该定义也是借鉴厉无畏、王振对产业融合的界定[③],得到了较为广泛的认可。旅游产业以其综合性强、关联度高的特性与不同产业或同一产业内部进行融合,融合领域涵盖第一、第二、第三产业,学者们就旅游业与农业[④]、动漫业[⑤]、文化创意产业[⑥]、会展业[⑦]等的融合进行了理论探讨和实证研究。其中,旅游业与文化创意产业的融合具有较为丰富的研究成果,在现实实践中两者也形成了较为全面的上下游产业链。在融合动因上,丁雨莲、赵媛提出旅游市场新变化是旅游产业融合的牵引力量,企业谋求合理利润是旅游产业融合的助推力量,政府制度环境优化是旅游产业融合的催化力量[⑧],信息技

(接上页注②)家界为例》,《求索》2011年第10期,第90~92页;周坤:《旅游演出产品开发论纲》,《重庆文理学院学报》(社会科学版)2012年第3期,第79~82页;刘艳兰:《旅游演艺的发展历程及其对旅游业的影响》,《科技广场》2009年第8期,第32~34页。

① 程锦、陆林、朱付彪:《旅游产业融合研究进展及启示》,《旅游学刊》2011年第4期,第13~19页。
② 张凌云:《旅游产业融合的基础和前提》,《旅游学刊》2011年第4期,第6~7页。
③ 厉无畏、王振主编《中国产业发展前沿问题》,上海人民出版社,2003。
④ 陈琳:《基于产业融合的农业旅游新模式研究》,硕士学位论文,华东师范大学,2007。
⑤ 李美云:《论旅游景点业和动漫业的产业融合和互动发展》,《旅游学刊》2008年第1期,第56~62页;董桂玲:《动漫业和旅游业产业融合的动力机制研究》,《经济研究导刊》2009年第32期,第40~68页。
⑥ 刘志勇、王伟年:《论创意产业与旅游产业的融合发展》,《企业经济》2009年第8期,第127~130页。
⑦ 庄清娥:《基于产业融合视角的会展旅游分析》,《铜陵学院学报》2008年第2期,第55~56页。
⑧ 丁雨莲、赵媛:《旅游产业融合的动因、路径与主体探析——以深圳华强集团融合发展旅游主题公园为例》,《人文地理》2013年第4期,第126~131页。

术的进步是助推力量①,但消费需求升级才是旅游产业融合的根本原因②。在融合路径上,范文静、唐承财提出通过技术与理念创新,促成旅游产业市场融合、业务融合、功能融合③。麻学锋等、袁骅笙均认为不同产业根据其特性,除了可进行市场融合、功能融合外,还可通过技术融合、资源融合与旅游产业融合出新业态,并通过"摸清市场""找融点"寻找资源、技术、市场、功能关联点,进行创新的步骤促成产业融合④。旅游产业融合可从不同角度分成不同类型,如表1所示。

表1 旅游产业融合类型

作者	依据	类型
张凌云⑤	产业融合阶段	产业渗透、产业交叉、产业重组
丁雨莲、赵媛⑥	产业融合方向	纵向融合、横向融合
杨颖⑦	产业性质	旅游业与其他服务业的融合、旅游业与非服务业(第一、第二产业)的融合
徐茜⑧;程晓丽、祝亚雯⑨;袁骅笙⑩	产业融合特点	渗透型融合、重组型融合、延伸型融合

---

① 张辉、黄雪莹:《旅游产业融合的几个基本论断》,《旅游学刊》2011年第4期,第5页。
② 肖建勇、郑向敏:《旅游产业融合:动因、机理与效应》,《商业研究》2012年第1期,第72~175页。
③ 范文静、唐承财:《地质遗产区旅游产业融合路径探析》,《资源科学》2013年第12期,第2376~2382页。
④ 麻学锋、张世兵、龙茂兴:《旅游产业融合路径分析》,《经济地理》2010年第4期,第678~681页;袁骅笙:《基于动力系统理论的文化与旅游产业融合发展策略》,《韶关学院学报》2013年第9期,第104~108页。
⑤ 张凌云:《旅游产业融合的基础和前提》,《旅游学刊》2011年第4期,第6~7页。
⑥ 丁雨莲、赵媛:《旅游产业融合的动因、路径与主体探析——以深圳华强集团融合发展旅游主题公园为例》,《人文地理》2013年第4期,第126~131页。
⑦ 杨颖:《产业融合:旅游业发展趋势的新视角》,《旅游科学》2008年第4期,第6~10页。
⑧ 徐茜:《文化创意产业与旅游产业融合的机理和路径探析——以成都为例》,《中华文化论坛》2015年6月,第118~122页。
⑨ 程晓丽、祝亚雯:《安徽省旅游产业与文化产业融合发展研究》,《经济地理》2012年第9期,第161~165页。
⑩ 袁骅笙:《基于动力系统理论的文化与旅游产业融合发展策略》,《韶关学院学报》2013年第9期,第104~108页。

续表

作者	依据	类型
尹华光等①	产业融合机制	延伸型融合、重组型融合、一体化融合
杨永超②	产业融合特点	延伸型融合、渗透型融合、整合型融合
薛兵旺③	产业融合特点	资源整合型融合、创意互动型融合、节事会展型融合
赵蕾、余汝艺④	产业融合特点	整合融合、吸纳融合、渗透或延伸融合、重组融合

综上所述，学者们对旅游产业与文化创意产业融合的相关研究已经形成较丰富的研究成果，探讨了旅游产业融合的概念、融合领域、融合动因、融合机制和融合模式。但在关注旅游产业与文化创意产业融合的研究中，较少将文化演出市场作为重要的细分主体，探讨其与旅游产业的融合问题，文化演出是文化产业与旅游产业融合的产物，是对应市场发展、符合研究规律的新事物。因此，进一步对文化演出与旅游产业的融合机理与发展模式进行研究，具有重要的理论与实践意义。

三 北京市文化演出与旅游融合发展现状

（一）北京市文化演出与旅游融合产品类型

1. 面向旅游者的旅游驻场演出产品

旅游驻场演出往往在一个固定剧场中长期驻演，节目内容多为展现北京或者中国其他地方特色的民俗文化，比如相声、杂技、地方剧、魔术等，观众多为旅游者。比如北京欢乐谷打造的《金面王朝》，剧场建

---

① 尹华光、王换茹、姚云贵：《武陵山片区文化产业与旅游产业融合发展模式研究》，《中南民族大学学报》（人文社会科学版）2015年第4期，第39~43页。
② 杨永超：《文化创意产业与旅游产业融合消费机制研究》，《学术交流》2013年第8期，第208~210页。
③ 薛兵旺：《文化创意产业与旅游产业融通效应与发展模式研究》，《西南民族大学学报》（人文社会科学版）2015年第1期，第168~171页。
④ 赵蕾、余汝艺：《旅游产业与文化产业融合的动力系统研究》，《安徽农业大学学报》（社会科学版）2015年第1期，第66~71页。

在欢乐谷景区旁边,主要面向旅游者;红剧场的《功夫传奇》主要面向入境旅游团队客人,在外国游客市场中具有很高的知名度;什刹海剧场驻演过北京风情功夫剧《什刹海》、大型原创音乐舞台剧《天佑神骏》;天桥杂技剧场面向旅游者推出杂技表演。还有其他众多剧场面向旅游者进行驻场演出。

2. 主要客源为北京市居民,次要客源为旅游者

此类旅游业与演艺业融合产品包括:话剧类演出,知名类型有孟京辉和开心麻花的话剧;民俗曲艺类演出,如德云社的相声表演;国粹演出,如正乙祠戏楼的戏剧表演;还有一些国营剧场中演出的音乐剧、舞蹈等。这些表演所面向的主要对象是北京市居民,以满足他们在日常生活当中放松、休闲、娱乐的需要;另外这些表演还作为旅游行程中的景点面向旅游者开放。

3. 具有景点性质的融合产品

北京的老舍茶馆,一楼是北京旅游咨询点,二楼是茶博物馆,三楼是表演剧场。老舍茶馆的二楼作为国家AAA级旅游景区对外免费开放。老舍茶馆既是旅游景点,又是演艺单位,发挥的作用是混合型的,不同于一般形态的旅游演艺产品[①]。

(二)北京市文化演出与旅游融合现状

1. 观众规模超1100万人次,旅游演出贡献最大

2018年北京市演出市场观众人数达1120.2万人次,增加44.4万人次,增长4.1%。其中话剧、马戏杂技魔术、儿童剧观众最多,合计517.6万人次,占观众总人数的46.2%;旅游驻场演出贡献最大,同比增加了24.1万人次。

2. 大中型剧场票房大幅增长10%,小剧场探索新商业模式

大中型专业剧场表现优异,票房收入达到8.54亿元,同比增长了10%;演出场次(6531场)与观众人数(516.2万人次)也有较大增

---

① 尹玉芳:《北京市旅游业与演艺业融合发展的现状及对策研究》,《河北旅游职业学院学报》2017年第4期,第48~53页。

长。其中，国家大剧院、天桥艺术中心、北展剧场票房收入增长均超千万元。北京市小剧场演出越来越受到年轻群体、亲子家庭欢迎，2018年共演出8149场，占全市演出场次的1/3。商业体、影院等进入文艺演出领域试水，丰富了小剧场类型，将为行业探索新的商业模式。

3. 文旅融合促进市场发展，旅游演艺进入品牌时代

经过多年努力，北京文艺演出在全国知名度越来越高，已成为"专业"的代名词，吸引了众多游客走入剧场。北京市文化和旅游局联合北京演出行业协会开展"秀北京"文旅演艺推广活动、发布《北京旅游演艺推介手册》等大力宣传北京文艺演出，取得良好成效。2018年全年旅游演出9651场，占整体演出市场的39.1%，观演人数增长7.9%，达到328.7万人次；已形成了戏曲品牌——北京梨园剧场、长安大戏院等，杂技品牌——中国杂技团、朝阳剧场等，曲艺品牌——德云社、老舍茶馆等。旅游演艺成为北京演艺市场的重要增长点。

4. 文化普惠格局初步形成，更多居民走进剧场

为营造浓厚的文艺演出市场氛围，培育演艺观众，北京市文化和旅游局实施北京市惠民低价票演出补贴、公益演出等政策，让更多居民走进剧场，低价享受优秀演艺作品；同时引导各区相关管理部门、演出团体、演出场馆开展惠民演出活动。文化普惠格局初步形成。以政府持续实施了7年的"北京惠民低价票演出补贴项目"为例，已累计补贴上万场演出，实际售出100元以下低价票近300万张，对市场产生了积极影响。票价降低带动上座率提升，2018年专业剧场上座率再次增加1.4个百分点，演艺市场呈现良性发展[①]。

四 文化演出与旅游产业的融合机理分析

2004年，《印象·刘三姐》的推出标志着我国旅游演出发展新阶段的到来。近年来，我国旅游演出市场发展迅速，但也遇到增速趋缓、市

---

① 《2018北京演出市场数据公布，旅游演艺成为重要增长点》，长征天民，2019年1月10日，http://www.tianmin.com/news/xingyexinwen/20335585185.html。

场竞争不断加剧、同质化严重、融合受阻等瓶颈①。关旭等提出旅游业与演艺业存在产品单要素融合与多要素融合两类融合路径，后者是产品、业务、资源、功能、市场等的融合②。人才创意、技术、资源、社会与产业因素是文化演出与旅游产业内生发展的驱动力③。因此，通过"文化驱动、创意驱动、产品驱动、消费驱动"形成四大内在"动力机制"，结合"市场助推、资本助推、技术助推、政策助推"形成四大外在"推力机制"，构建文化演出与旅游产业的融合机制，是促进旅游演出可持续发展的关键（见图1）。

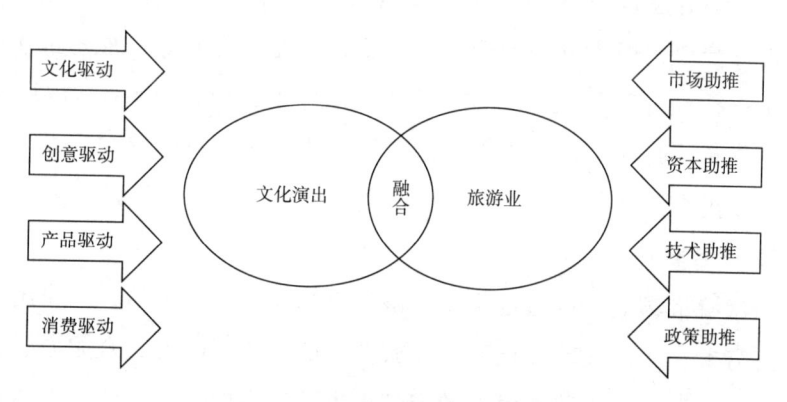

图1 文化演出与旅游业融合机理

（一）动力机制

1. 文化驱动

追求文化是文化演出与旅游业融合的灵魂，因此，从挖掘文化特色入手将从根本上推动文化演出与旅游业的深度融合。这要求旅游目的地在开发旅游演出过程中，正确认识当地旅游文化资源的独特性，

---

① 杨艺:《区域文化资源向旅游产品转化的研究——桂林旅游演艺产品的创新发展》，《安徽农业科学》2008年第27期；刘炳畅:《论天津市文化产业与旅游产业融合发展——基于天津市文艺演出视角》，《当代经济》2016年第7期，第70~72页。
② 关旭、陶婷芳、陈丽英:《我国大型城市旅游业与演艺业融合路径及选择机制——企业层面的扎根研究》，《经济管理》2018年第1期。
③ 黄炜、孟霏、朱志敏、郑立芳:《旅游演艺产业内生发展动力的实证研究——以张家界为例》，《旅游学刊》2018年第1期，第6页。

整合旅游资源，将当地特色文化元素融入文化演出的内容中，提升文化内涵，凸显文化创意，避免文化演出出现产品雷同、同质化严重的问题。

2. 创意驱动

旅游产业融合的本质是创新[①]，创意理念在文化演出与旅游业融合中，促使旅游产业链纵向、横向及跨区域延展，加快旅游产品的更新，增强其吸引力[②]。用创意挖掘旅游资源，加强资源整合。文化演出与旅游业的融合，依赖于旅游目的地的资源基础，依托于创意将旅游资源整合起来，弥补资源有限的劣势，实现"无中生有""有中生优"的效果。进一步地，用创意来创造旅游产品，促进产品更新。通过创意对旅游演出进行设计与开发，为旅游目的地增加旅游吸引物，丰富旅游产品；将创意、时尚元素引入以旅游演出为核心的周边旅游产品中，推动旅游演出配套产品的完善。

3. 产品驱动

在旅游市场上，可通过优化旅游演出相关产品的供给，从供给侧刺激旅游需求，从而推动文化演出与旅游业的融合。随着大众旅游、全民休闲时代的到来，旅游者对旅游产品提出了更高的要求，要求旅游产品文化特色更加凸显、参与体验性更强，因此需要在打造旅游演出相关产品中更好地满足旅游者的需求，将文化创意渗透到旅游资源中，产生新的旅游产品，才能获得更大的经济利益，推动旅游演出的更新，形成良性循环。

4. 消费驱动

旅游者对旅游产品的消费需求，将极大推动旅游产品的生产与供给。随着人们生活水平的提高，旅游日益成为一种大众化的生活方式，人们的消费能力不断提高。在消费内容上，人们更加倾向于精神和文化

[①] 杨颖：《产业融合：旅游业发展趋势的新视角》，《旅游科学》2008年第4期，第6~10页。
[②] 陈淑兰、刘立平、付景保：《河南省旅游产业结构优化升级研究——基于文化创意视角》，《经济地理》2011年第8期，第1392~1395页。

上个性化、体验化的旅游消费。旅游演出作为一项娱乐性、体验性强的旅游产品，能够满足旅游者的消费需求，成为旅游企业获取利润的重要组成部分。

（二）推力机制

1. 市场助推

旅游产业发展经历了从"跟着资源走"到"跟着市场走"的转型升级。旅游市场需求既引领着旅游业的发展方向，也推动着旅游业与其他产业的融合，扮演着助推者的角色。首先，市场需求是文化演出与旅游业融合的动力。旅游者的需求一直处于不断变化、不断升级的状态，随着收入提高、闲暇时间增多，旅游者的需求不断扩大，且日益多样化。旅游需求通过市场机制的作用，发展成文化演出产品，且不断演进。在市场机制所发生的集聚效应下，与文化演出相关的产业不断向文化演出集中，并吸收满足产业发展所需的资金、技术、人力资源等要素，形成旅游演出的产业链。其次，另一推动力来源于市场融合主体之间的竞争。文化演出与旅游业的融合发展，可突破产业间的条块分割，减少产业间的进入壁垒，降低交易成本，提高企业的竞争力。因此，文化与旅游企业谋求合理利润与保持持续竞争优势的追求成为助推两者融合的重要力量。

2. 资本助推

资本要素是促进文化演出与旅游业融合的必要因素，文化演出的设计与开发、技术的引入、人员的雇用、相关配套服务设施的建设等均需要资本的投入，需要资本投入为文化演出与旅游业融合奠定基础。我国旅游演出产品的资本投入非常大，投资额较高，总投资大多在1000万元以上，超过1亿元的演出项目也日益普遍。文化演出是资金密集型产品，需要大量的资本投入作为保障，这与文化创意的价值、新技术的引进和使用有关。对整个旅游市场来说，需要以资本的投入增量来带动旅游资源存量的发展。

3. 技术助推

技术要素是文化演出与旅游产业融合的重要推动力，旅游创新依托于一定的技术手段。在运用技术将文化演出与旅游功能相结合的过程中，应充分发挥技术对文化演出产品质量提升、产业链融合、信息交流与营销、服务管理、企业竞合关系的积极推动作用。在旅游演出的表现形式上，可充分运用现代高新科技，声光电综合集成应用技术，提高文化演出的技术含量；同时信息化能够提高文化演出与旅游业各个环节之间的沟通与合作，提高融合效率，推动旅游演出尽快进入市场，缩短旅游演出的生产周期；信息技术在文化演出与旅游业融合中的运用也能改变旅游演出的特性，如利用数字技术对文化旅游资源进行采集、整理，利用网络对文化演出产品进行展示、营销和展演等，都极大提高了文化演出与旅游业融合的整体品质与功能。

4. 政策助推

政府的管理制度与政策为文化演出与旅游业的融合创造良好的环境，是旅游产业融合的催化力量。一方面，政府制度环境的优化意味着政府放松对产业的管制。政府管制是形成产业壁垒的主要原因，管制的放松将推动相关产业之间的扩散与渗透，逐渐融合。另一方面，政府积极制定相关政策，对于文化演出与旅游业的融合具有促进作用。这种促进作用不仅体现为政府对文化旅游、旅游演艺的提倡，也表现在对知识产权进行保护的政策上，鼓励文化演出的创新发展，并协调好文化演出与旅游产业的行政管理机构的统筹工作，实现协调发展。同时，也体现在财政支持、投融资扶持、奖励激励政策上，鼓励文化演出与旅游业的融合。

五 文化演出与旅游产业融合发展模式

基于我国旅游演出的发展现状，本文分别从开发模式、拓展模式上综合探讨我国文化演出与旅游产业融合的发展模式，如图2所示。

（一）开发模式

1. S+P 模式

S+P（Scenic Spots+Performance）模式是"景区+文化演出"的组合，即景区依托型旅游演出，是我国目前较为成熟的旅游演出产品开发

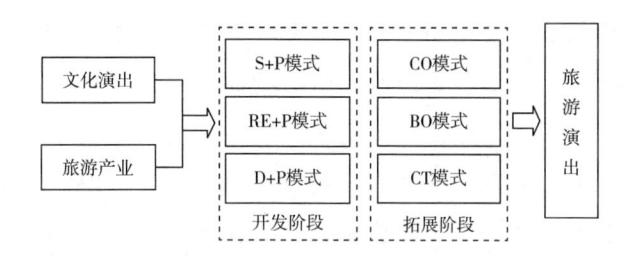

图 2 文化演出与旅游产业融合发展模式

模式。文化演出主要作为景区的配套旅游产品。S+P 模式的优势在于，文化演出可依托景区已有的资源，尤其是知名度与持续的客流量，形成稳定的市场空间，也可利用景区的公共与旅游服务设施，开发成本相对较低。反过来，文化演出也可为景区增加吸引物，丰富旅游体验，相对减轻旅游淡旺季的影响。S+P 模式的主要特点表现为以下三点。第一，文化演出一般外包给专业的演艺团体。由于文化演出专业性较高，景区自身无法承担，多与专业演艺团体合作。第二，与景区的文化主题相一致。文化演出依托于景区，在主题与内容上多与景区文化内涵一脉相承。第三，多为夜间演出，形成"白天看景、晚上观演"的旅游产品结构，完善夜间旅游活动。S+P 模式较适用于知名度较高的旅游景区和旅游城市，因其有较大的客流量，过夜游客较多，周边配套设施齐全，旅游演出的开发具有"锦上添花"的效果。运用 S+P 模式需充分利用景区已有的资源基础，借势营销，丰富周边旅游配套设施，与景区相互补充，形成旅游休闲产品组合。需要注意的是，S+P 模式并不是文化演出简单嫁接到旅游景区或转移演出地点，更重要的是需要针对景区的客源市场需求，结合景区的文化特色，打造与景区相融合的旅游演出。

2. RE+P 模式

RE+P（Real Estate+Performance）模式为"地产+文化演出"的组合，即地产依托模式。随着休闲度假游的不断发展，以"文化"为诉求的旅游地产日益兴盛，与普通地产不同，旅游地产更注重对文化的开发。地产是文化的载体，而文化是地产的灵魂。在 RE+P 模式中，文化演出依托的是文化旅游地产。文化旅游地产以文化旅游资源为核心，对区域内的文化与旅游要素进行整合包装，以某种载体集体展示给游客。为了获得规模效益，文化旅游地产从点到面产生集聚效应，通过核心企业的带动作用形成大范围的产业集聚，通过文化创意设计吸引投资商与消费者，形成文化旅游产业链，最终发展成文化旅游圈，如文化主题公园、文化产业示范园区、文化旅游村、文化博物馆等。RE+P模式的优势在于，可借助旅游地产已有的规模和影响力，获得更高的市场认知度。同时，文化演出的良性发展也能对旅游地产产生带动作用。文化演出动态呈现当地文化旅游资源，吸引外部投资者投资当地旅游业，从而带动旅游地产的开发，形成良性循环。RE+P模式更多受资本和文化创意驱动，文化主题性强，适用于市场较为成熟、区域内文化丰富、同类文化产品与企业集聚性强的文化旅游园区的开发。在运用该开发模式时，须立足区域差异化的旅游文化，设计多样化的文化旅游地产产品，在文化演出的设计中展现特色的文化创意，突出文化演出在推动旅游地产开发中的积极作用。

3. D+P模式

D+P（Destination+Performance）模式是"旅游目的地+文化演出"的组合，即目的地依托模式。相比依托旅游景区、旅游地产，D+P模式所依托的空间范围更广，以整个旅游目的地作为文化演出的开发对象。D+P模式所开发的旅游演出具有城市营销与旅游营销的双重作用，既可提高城市知名度，向外界传递与宣传城市旅游形象，又能吸引投资与消费市场，成为旅游目的地富有竞争力的旅游品牌。D+P模式使得文化演出不再局限于某一特定的景区、主题公园，可充分挖掘当地的文化与旅游资源，形成更加灵活的文化演出主题；且依托目的地所形成的文化演出，演出地点更加广泛，除景区、主题公园外，剧院、酒店、山水实景等露天场所均能成为演出的平台，面向的市场更加广阔。D+P模式要求文化演出凸显当地文化特色，结合旅游市场需求，打造旅游品牌，适用于具有较广阔旅游客源市场、自然风光优美、人文资源较丰富的旅游目的地。

（二）拓展模式

文化演出与旅游业的融合在落地到具体地域空间内后，还需要进行相应的经营与运用，根据我国旅游演出的发展情况，总结出以下三种拓展模式。

1. CO 模式

CO（Capital Operation）模式即资本运作模式，文化演出与旅游业的融合离不开资本的大力支持。文化演出作为资本密集型产品对资本要求较高，且需要对资本运作具有一定的经验。CO 模式适用于具有较雄厚资本、较丰富运作经验的旅游演艺企业，该模式能突破对旅游资源过度依赖的约束，通过资本的注入、创意的展现，创造旅游吸引物，将有形、无形的旅游资源转化成资本经营，产生资本的乘数效应，促进旅游演出的发展。《宋城千古情》即采用 CO 模式的典型，宋城持续性投资旅游演艺的硬件与软件建设。在硬件上不仅为《宋城千古情》演出量身打造剧院，投资千万元全面整改提升舞台演出设备，并坚持提升演出品质，遵循"一月一小改、一年一大改"的方针，每年投入改进节目的费用就高达 1000 万元[①]。同时，宋城积极进行资本运作，探索旅游与演出的深度融合。投资触角延伸至影视、文化创意产业，在旅游、演艺、影视娱乐的深度融合方面做出更多的探索，努力实现大文化产业之间的叠加效应，进一步发挥内容资源优势。此外，投资打造异地千古情，相继推出《三亚千古情》《丽江千古情》《九寨千古情》等，城市演艺项目加速向上海、北京等一线城市扩张，并计划在海外建设旅游演出项目。这一系列投资举措不断推进宋城现有演艺项目与其他文化产业、旅游业的深度融合，打造"演艺宋城、资本宋城和文化宋城"[②]。

2. BO 模式

随着旅游演出的不断成熟，品牌的重要性日益凸显，并日渐成为旅

[①] 罗曼丽：《大型旅游演艺产品品牌建设研究：以〈宋城千古情〉和〈印象·西湖〉为例》，《长春师范大学学报》2013 年第 6 期，第 66~68 页。

[②] 董鸣：《文化与旅游深度融合的经典案例——〈宋城千古情〉对文化产业发展的启示》，《当代贵州》2011 年第 13 期，第 29~30 页。

游演出市场竞争的主要手段，旅游企业、旅游目的地通过品牌建设及品牌延伸实现旅游盈利的可持续性。BO（Brand Operation）模式即品牌延伸模式，是指具有一定知名度与影响力的品牌形成后，再将这种成熟品牌的巨大影响力运用到相关产品或服务领域，争取更大的市场空间和消费群体。旅游演出的品牌延伸，即利用现有旅游演出品牌对潜在消费者的影响力，通过品牌延伸，增加并创新旅游目的地品牌产品，使得消费者可在不同旅游目的地享受同一品牌的旅游演出产品。BO模式的优势在于，能够借助原有品牌效应，在市场上获得较高的认知度，能够迅速推广，减少新产品进入市场的风险，降低企业经营成本。但该模式要求旅游目的地或旅游企业拥有强势品牌，被延伸产品与原产品之间具有关联性，通过一定延伸方式，将品牌的核心价值延伸到新产品中。旅游演出的品牌延伸方式包括产品延伸方式与延伸合作方式，既可借助原品牌推出新产品来拓展原产品线的范围，也可在旅游演出产业链点企业进行品牌延伸合作，采用特许经营、管理合同等方式。旅游演出的品牌效应可延伸到衍生产品的开发上，如房地产、食品、传媒出版等行业。由于品牌的确定和定位也需要与产品个性与目标市场相一致，品牌延伸的新产品也会对原有品牌产生影响，因此，需要在运用品牌延伸模式中注重对新产品的设计，对品牌的再定位。该模式适用于具有较成熟旅游演出品牌的企业或旅游目的地。张艺谋的"印象"系列则属于BO模式。《印象·刘三姐》作为我国首部大型山水实景演出，取得了空前成功，不仅获得了巨大的旅游收益，也获得了较大的影响力与知名度，为"印象"系列品牌延伸奠定了市场基础。在"印象"这条产品线下，已相继形成了《印象·丽江》《印象·西湖》《印象·大红袍》《印象·普陀》，借助"印象"的品牌效应均取得较好的市场反响。

3. CT模式

CT（Carnival Tour）模式即嘉年华巡演模式，是旅游演艺产品的一种重要运营模式，主要在国内外巡回演出，可同时采用驻场定点演出和巡演相结合的模式，但以巡演为主要形式。CT模式的特点在于，突破旅游演出对演出地点的依赖性，巡回演出的方式使得旅游演出具有流动性，主动接近旅游演出客源市场。驻场定点与巡演的结合能够充分利用旅游演出资源，减少旅游资源的闲置，也能减轻旅游淡旺季对旅游演出的影响。目前国内形成以《云南映象》为代表的巡演类旅游演出。《云南映象》是全国首部大型原生态歌舞作品，将原生的原创乡土歌舞精髓和民族舞经典进行全新整合重构，展现了云南浓郁的民族风情。2003年在昆明会堂首次公演，目前已经在国内正式演出3000余场，在云南、北京、重庆、成都、西安等地展开巡演，同时进军国际文化市场，在美国等十几个国家举行160余场演出。《云南映象》通过巡回演出的模式从云南走向世界，也为我国旅游演出走向市场探索出一种新运作模式。

六 对北京市文化旅游演艺产业的建议

基于文化演出与旅游产业融合的开发模式、拓展模式，结合北京旅游演出市场发展实践，对北京市文化旅游演艺产业的发展提出以下几点建议。

1. 文化为魂，创新为本

文化是旅游之魂，在文化演出与旅游产业的融合过程中，应注重文化元素向旅游产业的延伸、渗透，使旅游产品深挖本土社会、历史、民族和民俗文化，力求特色鲜明、文化底蕴深厚，这是打造优秀旅游演出的要素之一。同时，良好的创意也将是未来的文化演出与旅游产业融合的重要动力因素。未来更加需要良好的创意，使文化特征更加具体化、可视化、艺术化，使当地文化资源优势得以充分发挥。随着未来旅游演出市场的逐渐饱和，追求文化内涵、凸显文化创意将成为文化演出与旅游产业融合、打造优秀旅游演出的"突围"之路。

2. 轻资产运营

目前，资本的投入是文化演出与旅游产业融合的推力。促进两者的融合、打造旅游演出须在开发、策划、建设、后期运营等阶段投入大量的资金、人力，均是大项目、大制作，运营成本及风险较大。未来，文化演出与旅游产业的融合将催生更加成熟的服务于专业化旅游演出的创意、策划、运营管理等轻资产市场机构，以输出知识产权为服务，具有服务流程可复制、经营风险相对更小的优势。

3. 品牌化发展

在国内旅游演出市场快速发展的过程中，已经涌现了观印象、三湘印象、华侨城、宋城演艺等知名旅游演出企业，这些企业不局限于一个项目、单一行业的经营发展，而是着眼于打造知名旅游演出品牌。在文化旅游产业越来越受到重视的背景下，北京市旅游演出也将朝着国际化的方向发展，打造"国际品牌"也将成为我国旅游演出市场发展的重要目标，也是重要发展趋势。

• 旅游发展新业态篇 •

国内外夜间经济的发展、研究及对策

常梦倩 邹统钎*

一 引言

夜间经济已成为促进城市经济持续增长的重要来源。在国民经济的"三驾马车"中,2018年消费对我国经济增长的贡献率达到了76.2%,夜间消费在城市消费比重中逐渐提升。2018年7月各家电商共同提供的数据显示,大型商场每天18时至22时的销售额占比超过全天销售额的50%,到了晚间11点,移动支付达到全天最活跃的时间点。发展夜间经济不仅可以拉动生产和消费需求,还可以提高居民生活水平和城市资源的利用率,增加就业机会。伦敦夜间地铁(London's Night Tube)自2016年8月正式开通以来,创造了超过3600个新的夜间工作岗位和近1.71亿英镑的夜间收入。而澳大利亚在夜间时段雇用的人数占其全部工作岗位的25%。此外,发展夜间经济对城市文化的复兴起着重要的作用。30年来南京市将丰富的夜间设计与夫子庙—秦淮风光带相结合形成其夜间旅游的"金字招牌","夜泊秦淮"这一城市文脉也成为南京市具有重要价值的无形资产和竞争力。2019年元宵之夜故宫博物院的灯会活动不仅迎来了井喷式的客流,而且让一直沉睡的京城文物

---

* 常梦倩,北京第二外国语学院2019级硕士研究生,研究方向为旅游目的地管理与旅游规划;邹统钎,北京第二外国语学院教授,研究方向为旅游目的地管理与旅游规划。

"活"了起来。另外，因兼具创造性产业（Innovative Industry）与文化产业（Cultural Industry）的特性，夜生活产业为城市文化产业发展提供了有力的支撑与平台。台北的士林夜市、北京的王府井、上海的南京路、南京的夫子庙、成都的宽窄巷子等知名夜间旅游街区成为众多文创产业的聚集地。年轻人是夜生活的主力，这些城市在吸引着最具活力、思想多元并充满创造力的年轻人的同时，其文化创意产业也在蓬勃发展。国外的夜文化发展较为成熟且丰富多彩，比如英国伦敦的酒吧文化，此外还有药文化、烟文化、茶文化、彩色文化、咖啡文化、夜创作等。但我国目前缺乏独立且成熟的夜文化，需要进一步探索发展。

二 我国夜间经济发展现状

夜间经济在我国的发展自1990年初起步至今，无论南方或北方城市，均经历延长营业时间阶段、多业态的粗放经营阶段和集约化经营阶段。我国夜间经济已经由早期的灯光夜市转变为包括"食、游、购、娱、体、展、演"等在内的多元夜间消费市场，逐渐成为城市经济的重要组成部分。餐饮、购物等传统上以白天活动为主的服务行业逐渐向夜晚延伸，成为夜间消费结构中的重头戏。许多特色美食和风味小吃在城市划定的夜间餐饮区内集聚，形成如北京的簋街，成都的锦里、宽窄巷子等独立的24小时餐饮区。城市商业区中的品牌购物店也纷纷延长营业时间，并推出夜间休闲项目，一些集丰富业态于一体的24小时城市综合体如北京SOLANA、深圳壹方城等开始出现。酒吧、KTV、迪厅/舞厅、夜总会等营业时间以夜晚为主、白天为辅的现代服务行业开始逐渐走向本土化、规模化的发展道路。北京三里屯作为北京夜间经济的符号，从1995年第一家酒吧出现到2007年其方圆一公里范围内云集了北京60%以上的酒吧，三里屯酒吧街的店铺经营达到了高峰。随着酒吧文化的普及，在北京市其他地方相继出现了很多非常红火的酒吧聚集区域，如后海、工人体育场北路、朝阳公园、燕莎商业区、朝阳门外大街等。其中后海作为北京历史上达官贵人休闲娱乐的场所，如今依托其传统的建筑和宜人的自然环境成为继三里屯之后的酒吧火爆区域。此外，一些过去夜晚基本无人的文化类活动场所，包括各类博物馆、展览馆、美术馆、音乐厅、影视厅、体育馆等如今开始被开发为城市中活跃的夜间娱乐区域。广州、深圳、成都等城市纷纷推出夜游博物馆的活动，此外上海的"动物园奇妙夜"夏令营活动、北京海洋馆的寒假夜宿活动等夜间休闲项目均取得了良好的社会和经济效益。尤其是2019年上元之夜的故宫灯会将光影科技与皇城文化相结合，开启了文旅融合的夜游艺术盛宴。与此同时，随着人们消费需求和层次的不断升级，一些针对夜间旅游的专项产品逐渐走向成熟。南京"夜泊秦淮"的夜间旅游项目依托其"一江一河"的地理条件，以城市夜景灯光和两岸的地标性建筑为特色，将餐饮休闲、观光表演及互动娱乐融于夜间游船之上，同时结合游船码头的商街夜市，形成综合型的夜游产品。近年来随着两岸亮化工程的不断深入以及大型室内演艺、山水实景演艺等文化形式的加入，南京夜间旅游的这块"金字招牌"正在形成新的夜游亮点。

  我国城市居民消费习惯调查发现，夜间消费强于白天，东部消费远强于西部。60%的消费发生在夜间，北京王府井出现超过100万人次的高峰客流是在夜市，上海夜间商业销售额占白天的50%，重庆2/3以上的餐饮营业额是在夜间实现的，广州服务业产值有55%来源于夜间经济。夜间经济消费存在显著的东西分异，尤以北京与东南沿海最活跃。滴滴网约车数据显示：我国夜间消费仍然存在"胡焕庸线"，即夜间消费绝大多数集中在哈尔滨—北京—成都—腾冲一线以东；北上广深和珠三角部分城市及东部沿海城市佛莞厦为双高峰"不夜城"，存在18：00左右的晚高峰和21：00～22：00的夜高峰双高峰；武汉、福州和长沙等属大小峰"22点之城"，有明显的晚高峰和小的夜高峰；东部城市无锡、烟台，中西部地区泸州、绵阳和南充等属单高峰"夜深人静"型，出行集中在晚高峰，夜间出行极不活跃；东北城市为"日落而息"型，17：00～18：00有晚高峰，夜间22：00以后的活跃程度极低。滴滴大数据显示夜间出行前十城市是北京、佛山、深圳、东莞、上海、丽江、西安、泉州、厦门、广州。

夜间经济空间布局呈现以下规律。首先，夜间消费场所普遍集中分布在城市各级商业商务中心的核心地带。例如上海外滩、天津滨江道、广州的环市路等在原有城市功能布局的基础上引入一些夜间活动场所，使之继续成为城市夜晚的活跃区。而成都市则推动锦江夜消费商圈与天府锦城、宽窄巷子、锦江绿道等文旅项目相融合，增强城市夜间商业聚集的辐射力。其次，以自然或历史文化资源为依托的夜间旅游区域形成。杭州西湖在经历了近十年的大规模亮灯建设和综合保护工程后，如今已经形成以西湖为核心的夜晚活动区域；上海外滩在民国旧建筑基础上打造了世界顶级的酒吧驻地；南京的1912休闲街也是由一组民国时期的建筑群改造而成的。最后，集中在一些主次干道交接处的室外公共空间及高档住宅区域出现。该区域周边通常有各类深夜餐饮、娱乐、购物场所串联于其中。例如上海的南京路、淮海路和徐家汇三大商业圈，天津的时代奥城等。此外，夜生活场所呈现向"边缘城市"地带扩散的趋势。它们摆脱原来的诸如居住区或办公区等城市功能空间的阻碍，具有较大的空间和经营时间的自主性，便于集约化发展。

目前我国夜间经济发展仍存在诸多问题。第一，陷入概念误区，缺乏文化内涵。当前大部分城市的夜间经济建设，往往局限于对夜景灯光的打造，忽视夜景营造对相关产业的拉动作用以及对地方优势资源的整合作用，更忽视了文化这一重要内核。2018年5月1日晚，1374架无人机在西安夜空演绎光影盛典灯光秀，起初收割了海量流量，也收获了一片艳羡的惊呼声，但后来无人机表演失败事件通过网络传播让西安市的城市形象受损。夜间经济一味追求酷炫的科技，只能是"灯光秀"而不是"文化秀"。很多城市对夜间经济的认知不够全面，夜间经济的发展仍处于粗放阶段，不能及时更新换代。发展夜间经济仅仅把白天街头的游商、小商贩之经济行为在夜晚进行扩大化、组织化、合法化，却可能给周边居民的日常生活带来困扰，且容易引发食品安全、交通安全、环境安全等隐患，使城市管理难上加难。第二，产品供给单一，市场促销手段亟待提高。目前我国夜间经济产品主要集中于餐饮、购物、游船、灯光秀，而文化、体育、竞技、表演、康养之类的产品极度匮乏，业态单一，亟须开发商业夜游、主题公园夜游、演艺夜游、娱乐夜游、灯光秀、水秀、庙会、灯会、特种夜游、运动夜游、天文夜游、特种摄影等游客参与性、体验性与学习性强的夜间经济业态。"90后"与"00后"成为夜间经济的消费主力，因此夜游产品要有故事，做个性化的包装，找个性鲜明的网络红人推广，设计一个萌萌的卡通形象，为青春代言。故宫就是典型的例证。第三，忽视科学规划，配套设施落后。在城市中植入"空降"的夜间功能片区，如夜市一条街等夜间消费场所，而缺少对城市规划整体全面的预判和思考，造成一定的"水土不服"。例如，重庆的南滨路，在火爆的夜间经济背景下，交通拥挤、噪声污染、灯光污染对周边生活居民产生的干扰等问题开始显现；此外，受节日和降雪天气的双重影响，北京再次出现了夜间打车难题，在三里屯太古里、工体酒吧街、朝阳大悦城等区域，夜间时段即便加价也很难通过网约车平台叫到车，夜间交通设施不够完善，一些不法经营行为随之出现，存在黑车盘踞、占道、乱收费等诸多乱象，也出现了部分巡游出租车"黑车化"现象，严重影响北京城市的整体形象以及人们在夜间的正常出行。

面对我国夜生活产业发展中的新问题、新形势，夜间经济发展政策的有效引导对夜间经济的健康发展意义重大。2007年《中国优秀旅游城市检查标准（2007修订本）》第八项"城市的现代旅游功能"中第五条明确提出了"城市夜景与晚间旅游活动"的要求。2014年以后，各地政府频频出台促进夜间经济发展的意见、文件，对夜间经济发展的政策推动进入高潮。2017年10月31日，南京市人民政府办公厅下发《关于加快推进夜间经济发展的实施意见》；2018年3月29日，西安市正式发布《关于推进夜游西安的实施方案》；2018年11月，天津市人民政府办公厅发布《关于加快推进夜间经济发展的实施意见》。2018年12月19日召开的中央经济工作会议中提出"促进形成国内强大市场"，因此提振夜间经济、繁荣夜间消费，成为许多城市的共同选择。2019年济南市人民政府工作报告中提出，要建设一座具有独特韵味的"不夜城";2019年1月20日北京市人民政府工作报告中提到,将出台繁荣夜间经济促消费政策,鼓励重点街区及商场、超市、便利店适当延长营业时间。2019年7月12日,北京市商务局发布了《北京市关于进一步繁荣夜间经济促进消费增长的措施》,为加快推进北京市夜间经济发展,进一步繁荣夜间经济,提出在簋街、合生汇、食宝街等"夜京城"商圈和生活圈区域开展深夜食堂特色餐饮街创建工作等13项举措。2019年12月2日,北京市发布的《持续打造有品质有特色有温度"夜京城"冬季活动措施》提到,北京市将在巩固夏季夜间经济发展基础上实施七大措施丰富"夜京城"冬季消费供给,包括:开展冬季主题灯光秀、灯光节、灯会品牌活动;开展冬季夜间文化主题活动;博物馆、文化馆延时经营;开展冬季夜间体育健身活动;策划冬季夜间经济促消费品牌活动;持续打造冬季深夜食堂;加强冬季夜间经济宣传推介。

三 国内外研究现状及展望

(一)关于夜间经济的社会经济与文化影响研究

李经龙、张小林和马海波认为夜间经济有社会效益和经济效益两方面效益,在社会效益方面,可促进人际交往并满足人们的个性化需求、缓解失业、控制犯罪;在经济效益方面,其已成为城市新的经济增长点[1]。于萍提出夜间经济发展对于城市发展有以下方面的促进作用:完善城市旅游功能、弘扬城市传统文化;以夜间经济发展的组成部分夜景照明为例,认为可优化投资环境并促进相关产业发展、塑造特色景观[2]。靳泓和应文认为夜间经济的经济学意义有:满足人民群众日益增长的生活需求、打造城市魅力品牌[3]。盘和林认为"互联网+夜经济"

---

[1] 李经龙、张小林、马海波:《夜生活与夜经济:一个不容忽视的生产力》,《生产力研究》2008年第1期,第60、61、157页。
[2] 于萍:《夜间旅游与夜经济:城市发展的新动力》,《改革与战略》2010年第10期,第32~33、128页。
[3] 靳泓、应文:《重庆夜间经济分析研究》,《灯与照明》2017年第2期,第18~22页。

是激发消费的新活力①。曹新向通过对城市夜间旅游的分析和论述，指出发展城市夜间旅游对促进城市经济发展具有重要作用②。而卫志民认为发展夜经济所带来的种种后果都不能在总体上促进一个区域的经济增长，除非能够因为市场的扩大和在更大的范围内进行分工与协作而享受到规模经济效应和劳动生产效率的提高，否则即使这些促进夜经济发展的活动能够带来大量外来人口的消费活动，也不能够促进该地区生活水平的提高。但以上大部分研究仅以某个区域为例提出发展夜间经济的影响，并未提出新的系统性的夜间经济的影响评价体系。

（二）关于夜间经济的创新发展模式和政策保障研究

在夜间经济的创新发展模式方面，曹新向认为夜间经济发展应：统筹规划，打造特色的夜经济形象，培育"夜生活"消费主体，提升档次，丰富文化娱乐和购物产品，构建夜游主题园区，挖掘水域休闲娱乐，创新环境，优质服务③。李富冬提出夜间经济发展应注重专业人员的培训并应建立人才队伍④。王艳品、韩丽君和杨晖以石家庄为例提出夜间经济发展的建议：完善配套设施，优化夜晚环境、加强管理，提供优质服务⑤。胡书金和张英英提出夜间经济的发展建议：加强宣传，培养正确的夜消费意识和夜消费观念，消除社会偏见，设计适合夜间的旅游线路和项目⑥。祝振强提出城市发展夜间经济应注重升级换代⑦。但以上研究均基于某一区域的实际情况给出发展建议，未总结出有关夜间经济发展模式可推广的一般特点，未建立全面的发展模式体系，

---

① 盘和林：《夜间消费崛起驱动城市经济发展》，《小康》2019年第5期，第46页。
② 曹新向：《发展我国城市夜经济的对策与建议》，《经济问题探索》2007年第12期，第127~130页。
③ 曹新向：《发展我国城市夜经济的对策与建议》，《经济问题探索》2007年第12期，第127~130页。
④ 李富冬：《基于钻石模型的扬州夜经济发展潜力研究》，硕士学位论文，浙江师范大学，2012。
⑤ 王艳品、韩丽君、杨晖：《石家庄发展夜经济的瓶颈及对策思考》，《中共石家庄市委党校学报》2010年第6期，第32~34页。
⑥ 胡书金、张英英：《如何推进城市夜经济的发展》，《金融理论探索》2012年第4期，第76~77页。
⑦ 祝振强：《发展夜经济当思升级换代》，《中国劳动保障报》2014年7月25日。

也未结合当今时代特点,提出"互联网+夜间经济"的创新发展模式。

在夜间经济发展的政策保障方面,关于夜间经济政策的概念,经济政策(Economic Policy),指政府在经济领域所采取的政策,主要包括财政与税收政策、货币政策、贸易政策等,对于夜间经济政策目前没有明确的定论。政策分类是系统化研究夜间经济政策的起点,有利于推动夜间经济政策研究领域的深入发展,进而为夜间经济的改革发展和政策实践提供理论指导。1964 年洛伊在"权力场"(Arenas of Power)的理论框架下,提出"有三个在功能上相区分的公共政策类型:分配、规制和再分配政策"。对政府干预市场的文献进行研究,发现其发挥作用的功能主要有:为市场奠定制度基础、对市场结构及行为的规管、社会性规管、公共投资、抗经济波动、维护和促进发展、安全网、再分配和国家主义。

陶红茹、陶朝英、孙少云以石家庄为例提出夜间经济发展的政策建议:建立"政府、企业和民众"三位一体的夜经济发展模式,夜经济的发展应遵循市场规律,提升石家庄夜经济的文化内涵[1]。陈春林以辽宁省为例提出夜间经济发展的政策建议:规划为先行、政府做引导、环境建核心、政策作配套、交通打外围[2]。王恒、姚丹妮认为对夜间经济的发展,政府应切实加强监管力度[3]。但以上研究均基于某一区域的实际情况给出政策建议,未总结出有关夜间经济发展政策保障的可推广的一般特点,也未建立全面的政策保障体系。

面对我国夜生活产业发展中的新问题、新形势,夜间经济发展政策的有效引导对夜间经济的健康发展意义重大。本文整理了 1980 年至今包含全国人大、国务院、国家发改委、文化和旅游部以及地方政

---

[1] 陶红茹、陶朝英、孙少云:《石家庄市夜经济发展初探》,《中国商贸》2011 年第 12 期,第 225~226 页。
[2] 陈春林:《辽宁城市发展夜经济的思考和建议》,《辽宁经济》2013 年第 8 期,第 20~22 页。
[3] 王恒、姚丹妮:《优质旅游背景下的"夜经济"创新发展研究——以大连旅顺口区为例》,《鞍山师范学院学报》2018 年第 5 期,第 13~18 页。

府等多个部门独立或联合制定的夜间经济政策，发现我国繁荣夜间经济政策的引导主要侧重四个方面。首先，以活化城市文化为出发点，鼓励挖掘地方夜文化传统特色，扶持夜文化传统传承人，培养夜文化创意人才，吸引夜文化经纪人，助力塑造地方独特的夜文化。其次，在完善体制机制方面，建立居民、游客、政府共管机制；出台相关的鼓励企业开发夜间经济的政策，鼓励市场自主调节夜间经济的发展。再次，在夜间经济总体规划建设方面，高起点规划建设富有地方特色的夜间经济集聚区与特色商圈，丰富夜间经济业态。最后，在完善公共设施与服务方面，改善夜间照明，延长夜间交通，在夜间出行活跃度较高的商业网点、商务区等处，增加夜班公交线路、加密车次，助力平衡城市安全与活力。

（三）关于夜间经济的发展负面影响与防范机制研究

Tallon 等认为在夜间经济发展过程中城市中心区的混合使用，必然会带来一些新的问题，例如居住与噪声、各种不文明现象、犯罪等的冲突[1]；Judith Green 等从生态学的角度对夜间城市进行论述，认为过度的城市灯光造成严重的光污染，对生态造成严重的破坏[2]；Lee、Moon、Kim 对每个光污染类型的风险感知水平进行了分析，并提供了一个理论框架，切实反映光污染的风险沟通[3]；Dénes Száz 等从生态学的角度，分析了光伏太阳能电池板造成的光污染对生态的影响[4]；张金花和吴敏提出河北省夜间经济发展过程中已经出现户外夜市对附近生活区造成烟

---

[1] Andrew R. Tallon, D. F. Rosemary, Bromley, "Exploring the Attractions of City Centre Living: Evidence and Policy Implications in British Cities", *Geoforum* 2004, 35 (6): 771-787.

[2] Judith Green, Chloe Perkins, Rebecca Steinbach, "Reduced Street Lighting at Night and Health: A Rapid Appraisal of Public Views in England and Wales", *Health & Place* 2015 (34): 171-180.

[3] Myung-Hee Lee, Su-Kyung Moon, Young Chul Kim, "Effect of the Corneal Nano Structure on Light Transmittance", *Optik* 2017 (144): 647-654.

[4] Alexandra Farkas, Dénes Száz, Ádám Egri, et al., "Mayflies Are Least Attracted to Vertical Polarization: A Polarotactic Reaction Helping to Avoid Unsuitable Habitats", *Physiology & Behavior* 2016 (163): 219-227.

尘、噪声及垃圾污染等问题①。可见我国关于夜间经济发展负面影响的研究大多为基于某区域的研究且作为文章的补充部分简单列举，并未将其作为一个主体进行全面的阐述、原因探析。

（四）关于夜间经济的研究展望

以区域经济学、城市科学、管理学等基础理论为依托，融合、借鉴地理学、规划学等学科的理论和分析方法，在对当前我国夜间经济发展实践的问题进行系统分析的基础上，针对夜生活产业发展的新业态和新趋势，研究探讨繁荣夜间经济对城市社会经济、文化发展的重要意义，并以消费者夜间消费行为研究作为打破夜间消费思维定式的关键，以国外夜间经济发展的经验借鉴研究作为合理发展我国夜间经济的有力支撑，在提出我国夜间经济发展的创新模式及政策保障的基础上，探析夜间经济发展的负面影响，建立相应的防范机制。

本文认为夜间经济相关研究可从六方面进行深入，主要内容如下：第一，夜间经济的社会经济与文化影响研究分析，从社会经济影响、文化影响两个角度分别制定测量模型和结构模型，通过系统动态分析、蒙特卡罗模拟等相关方法，对夜间经济的影响进行量化评价；第二，国外夜间经济发展经验借鉴，从欧美澳等国家的视角分析其夜间经济发展的特征、政府指导政策、业态运营模式，从而形成对我国夜间经济发展阶段的相对定位和实践经验；第三，中国夜间市场消费行为研究，借助大数据技术，通过对消费者夜间城市交通数据和网络评价数据的分析，得出城市居民夜间娱乐休闲活动的总体特征与时空特征；第四，中国夜间经济的创新发展模式与政策保障研究，基于国外经验和我国经济、政策环境，结合我国夜间经济实践中的不足和消费者夜间消费的特征，系统性地提出符合世情、国情、行情的夜间经济创新发展模式；第五，中国夜间经济发展政策的研究，从分析我国夜间经济发展政策的演变入手，剖析制度的供给主体、执行主体和需求主体的供求均衡关系，并对现行

---

① 张金花、吴敏：《河北省城市"夜经济"之价值研究》，《邢台职业技术学院学报》2014年第4期，第78~79页。

的夜间经济政策进行分类，构建夜间经济发展中政府作用机制的概念模型，提出对夜间经济发展政策的建议；第六，夜间经济的发展负面影响与防范机制研究，基于国内外的研究现状与国内当前夜间经济发展的现存问题，整体梳理夜间经济发展的负面影响，并结合我国国情建设夜间经济发展的风险防范体系。

以发展夜间经济推进城市文化复兴和经济持续增长为突破点，以服务业政策演变的过程与机理分析为基础，根据国内现状与国际经验，从消费者夜间消费行为的意愿与特征出发，构建我国多维度、深层次的夜间经济发展目标模式和实现路径，从而推动城市文化的复兴与经济的可持续发展。实现：丰富中国夜生活产业与夜间经济治理的内涵、理论及体系架构；揭示中国城市居民夜间娱乐休闲活动的总体特征与时空特征；揭示夜间经济发展政策的演变机理与作用机制；构建夜间经济发展的评价体系；构建我国多维度、深层次的夜间经济发展目标模式和实现路径。

四 我国发展夜间经济的对策建议

（一）规划先行

未来城市的发展将由生产型向休闲型转变，夜间经济的休闲性符合未来时代和未来城市发展的趋势，将有长远的发展前景。目前，"夜间经济"正融入更多文旅元素，"紫禁城上元之夜"，实现了体验沉浸式文化夜游。文化旅游，正成为城市"夜间经济"新增长点。国内外发展夜间经济的共同之处是鼓励发展与有效管理相结合，以挖掘城市精神文化内核作为着力点，满足市民与游客精神文化层面的需求，通过促进安全、包容和尊重来平衡游客的涌入和居民的需求。

我国应以活化城市文化为出发点，出台繁荣夜间经济政策，借鉴伦敦酒吧文化经验，积极挖掘地方夜文化传统特色，扶持夜文化传统传承人，培养夜文化创意人才，吸引夜文化经纪人，塑造地方独特的夜文化（激情、创造、陶醉、浪漫、亲近），鼓励24小时营业，推动夜间消费平民化，培育夜间经济市场。

高起点规划建设富有地方特色的夜间经济集聚区与特色商圈，丰富夜间经济业态。鼓励重点街区及商场、超市、便利店延长营业时间，积极促进夜间产品多元化，发展"夜间经济区"。在城市老城区，或者居民较少的独立区域，配备完备夜间设施，引入歌剧院、剧院、博物馆、美术馆、商业性画廊、电影院、酒吧、餐馆等业态，形成较为独立的商业生态。积极开发河流、湖滨、海滨、运河水秀，主题光影秀，声光电大型演出等夜游项目，丰富文化、体育、竞技、表演、康养之类的产品，形成夜间经济集群。

推动文化与科技融合创新，塑造浸入式文化体验空间。提升夜间经济活动的科技含量与文化内涵。实现从"重内容"到"重体验"的情感转变。通过灯光、置景、多媒体等各种渲染手法，依托自然文化景观，辅以 AR/VR 技术，为游客打造多角度的场景化环境，让游客在旅游体验过程中，拥有多维度的沉浸式体验空间。以文化为主线，依托水幕、激光、投影、建筑照明、火焰、烟花、雾森等特效，给观众带来震撼的视觉和听觉享受。

完善公共设施与服务，平衡城市安全与活力。改善夜间照明，延长夜间交通，在夜间出行活跃度较高的商业网点、商务区等处，增加夜班公交线路、加密车次，方便市民出行。建立居民、游客、政府共管机制，创建和谐夜间经济。

（二）推动夜间消费文化时尚化，壮大夜间消费群体

国务院办公厅印发的《关于进一步激发文化和旅游消费潜力的意见》提出大力发展夜间文旅经济，促进夜间文旅消费。发展夜间经济，市场是基础，产业政策是重要推动力与保障。中国的夜间经济有着古老的历史，北宋时期都城东京取消夜禁制度、打破城坊制度、延长营业时间，夜间文化、精神生活成为时尚，市民的夜间生活呈现一派繁华景象。创新夜间经济政策，引导夜间消费文化时尚化，将有效激发文旅消费潜力。

以吃喝为主流的夜间消费时代已经成为过去，以文化、运动、成长、交流为主导的夜间消费时代到来了。

1. 培养夜间经济 KOL，引导夜间消费成为文化时尚

夜间消费的群体以青年为主，只有文化时尚才能引领夜间经济的未来。培养优秀的夜间经济 KOL（关键意见领袖：Key Opinion Leader）对激发或强化消费者夜间消费意识具有重要推动作用，这类人群拥有更多、更准确的夜间经济相关产品信息，被夜间消费群体所接受或信任，对夜间消费群体的购买行为有较大影响力及推动力。在夜间经济 KOL 的挖掘方面，各城市可通过外部邀请或内部培养或两种方式结合来展开，通过夜间经济 KOL 着重培养消费者夜间消费文化时尚化意识。

各城市在大力推动夜间经济发展的过程中应充分认识到，夜间经济不仅仅是娱乐消遣活动，更应是人际交流与文化创造的时间及空间：年轻人在夜间的社交更频繁，相当一部分作家等艺术创作者更喜爱在夜间进行作品创作。引导夜间消费成为文化时尚是城市发展夜间经济的重要任务。

2. 大力发展各种文化主题俱乐部，培养夜间消费者社群

在城市集中开拓夜间经济活动的地标、商圈区域等，组织开展文化灯光节、旅游演艺、体育赛事、全民运动会、文化艺术展览、主题茶话会、夜间圆桌论坛等夜间主题活动来扩大消费群体，引导夜间活动文化时尚化；鼓励发展以创意、艺术、体育等为主题的俱乐部，利用群体对特定主题的情感归属来增强其与夜间经济的连接，逐渐培养出多批夜间消费者社群。

3. 加大夜间文化消费便捷及优惠力度

各城市可结合实际情况，通过景区主体实施夜间门票减免、演出门票打折等优惠政策，吸引游客这一重要的夜间消费群体；政府可设立夜间经济专用账户来补贴相关的商家，增强商家的积极性主动性，推动夜间经济文化建设；发行夜间消费专属银行卡并给予特惠商户折扣、消费分期等用户优惠权益，提高民众夜间消费的支付能力，降低夜间消费门槛。以青岛为例，其推出"三看一共享"文化惠民活动，依托"一卡一云一平台"，即发放文化惠民卡、建设惠民社群云、搭建文化消费公

共服务平台，整合影院、书店、剧院、文化培训机构等文化消费资源，对参与看电影、看书、看演出、参加艺术培训的市民给予最高50%的补贴。政府针对夜间文化消费推出系列惠民活动，将有效引导消费者的消费内容及时间空间，对促进夜间文化消费时尚化具有重要意义。

（三）推动夜间消费产品时尚化，打造时尚"必+"系列产品

1. 完善产品内容层次

（1）打造夜间平民文化消费产品，充分有效汇聚夜间人气

夜间经济的发展不能仅依托于高档或奢侈场所，其目标消费群体也不应仅仅包含高收入人群。打造夜间平民文化消费产品一方面丰富了夜间消费平台的种类，为中低收入人群提供夜间消费服务，提升老百姓的文化体验；另一方面可有效地扩大消费群体，直接带来汇聚夜间消费人气的效果。

（2）打造目的地"必+"系列产品，凸显地方文化特色

依托各城市特色文化等资源，以消费者需求为导向，打造城市夜间消费的"必看""必玩""必吃""必买"等"必+"系列产品，用创意时尚的方式展现城市的文化特色，构建城市夜间消费的文化新地标，促进城市夜间消费文化时尚化。

2. 丰富产品空间属性

（1）夜间经济空间综合化，促成聚集效应与规模经济

在夜间经济产品的空间形式建设方面，以促成聚集效应及规模经济为出发点，建造大型综合商业体，内容可涉及文化艺术创造空间、餐饮、娱乐、体育健身、主题俱乐部等板块，打造一站式服务平台，充分聚集人气。

（2）夜间经济空间室内化，推动实现四季常态化发展

夜间经济发展过程中，天气等因素严重影响消费者在夜间出行的意愿及便捷程度，其中季节的变迁尤为明显。为促进城市夜间经济实现四季常态化发展，打造室内化的夜间产品是必经之路，各城市可设计室内文化城、艺术馆、美食城、体育馆、娱乐城等主体，促进夜间经济实现"最持续"运营。

(3) 夜间经济空间体验化，升级游客游览体验质量

随着各城市对夜间经济发展的推动，一些博物馆、商业街、步行街、灯光秀、夜间游船等成为广受游客喜爱的夜游空间（产品）。为保证夜游产品的持续发展并持续绽放活力，需要建设可供游客亲身体验的夜间经济发展空间，升级游客游览质量，增强产品吸引力与生命力；更需要立足于城市特色文化，打造有文化内涵的夜游产品，从供给角度推动夜间消费文化时尚化进程。

3. 夜间空间时尚化，实现夜间经济持续发展

(1) 亲近消费者打造时尚生活圈

城市夜间经济作为消费型的第三产业，应布局在人群聚集且配套设施完善的地方，并以人为中心、以时尚化为导向进行规划。一方面应面向数量庞大、拥有稳定收入的青年白领群体或高收入人群，围绕城市的商务办公区和高档居住区进行布局，为城市居民提供释放压力的夜间"庇护所"与"补给站"，如世界上最好的酒吧、鸡尾酒会和夜总会等大多集中在纽约中城区、伦敦西部的 SOHO 地区、巴黎的 16 区等车水马龙、富商集聚的地区。此外，还要通过融合音乐、影视及文化创意等元素打造不同主题的夜间时尚商圈，丰富深夜活动场所，借助夜间公共交通"线"连接其周边的深夜经营"点"，形成具有规模和影响力的现代化夜间生活"圈"。另一方面应主要面向城市中的中低收入人群，在城市的边缘区或城市环线周边进行布局，借助地价低廉、用地限制少等优势，打造能够覆盖餐饮、娱乐、购物、休闲、健身等多方面具有综合体验性的夜间娱乐城。在柏林，被称为废墟狂欢的 Kraftwerk、Berghain 等夜间俱乐部在经过经营者们的精心改造后，已由地窖、火车货运场、发电厂等废弃场所变为备受欢迎的锐舞者天堂。

(2) 围绕遗产地打造时尚夜游圈

目前，遗产地的开发与开放普遍集中在日间时段，服务对象主要聚焦于旅游者，但随着大众消费与生活方式的改变，城市居民与外地旅游者对夜间旅游的需求不断上升。一是依托城市的自然资源，以静态的旅游景观为主，辅以夜间灯光、休闲娱乐等功能，与动态的现代城市景观

相连接。如杭州西湖、南京秦淮河、上海外滩等地通过游船或游步道等方式让游客体验夜色下的旅游景观，获得一种与白天完全不同的感受。二是在历史街区、城墙沿线等文化遗产周边结合文化创意空间进行布局，将分散的夜间旅游产品集中串联起来，打造城市夜间经济发展的特色文化名片，推动夜间消费时尚化进程。

夜间经济发展应注重因地制宜，处于不同发展时期的地区应根据自身条件恰当选择相关政策，充分结合当地文化特色，实现夜间经济常态化、持续化发展，推动文旅消费升级。

北京夜间旅游发展模式研究

范业正 塔 娜[*]

随着现代城市社会经济的发展和夜间生活越来越繁华，夜间旅游深受市场欢迎，城市夜间经济比重不断加大。为了促进夜间旅游休闲的发展，各地政府陆续出台夜间经济相关政策，体现了政府对夜间旅游的重视。随着社会发展，传统的旅游产品和旅游形式已无法满足游客多层次的需要，如何更好地利用夜晚时间进行休闲娱乐，如何开发多样化的夜间旅游产品，都值得进一步研究。

一 夜间旅游概念

（一）夜间旅游

"夜间旅游"这一名词最早见于新闻之中，是在2000年前后对各地一些旅游项目推出夜间参观时段以及夜市的开设等进行的报道中，学界并没有对"夜间旅游"给予清晰界定。广义上来说，夜间旅游包括了"旅游""娱乐""休闲""游憩"等内容。一方面，夜间旅游是特定时段的旅游，在概念上与旅游的概念有相通之处，但更加注重夜晚休闲生活以及活动的旅游体验性。另一方面，从全域旅游发展视角来看，游客与居民共同参与的夜晚休闲活动很难截然分开。基于以上两方面的考量，本文对夜间旅游做如下界定：夜间旅游是指从日落到日出时段内，有游客参与并以休闲娱乐为主体的文旅活动，也是与居民夜晚休闲

---

[*] 范业正，北京第二外国语学院副教授，研究方向为旅游开发与规划；塔娜，北京第二外国语学院2018级硕士研究生，研究方向为旅游地理与旅游规划。

生活融合的旅游类型。

(二) 夜间旅游产生原因

近年来，随着人们生活节奏不断加快，夜景照明不断改造和建设，夜间外出游玩的可能性不断加大，夜间外出散步、观景、观看表演和去酒吧消遣已经成为一种生活常态。夜间旅游是社会经济发展到一定阶段的产物，它反映出经济发展水平和消费水平的提升，是旅游业迈向高质量发展新阶段的标志。故宫夜游的火爆，既是传统景区依托文化挖掘和创意策划创新发展的结果，也反映了人们对夜间旅游旺盛的需求。

根据《夜间旅游市场数据报告2019》数据，国内旅游平均停留时间为3天，愿意连续3晚体验夜游的受访者占比达到26%，选择2晚的受访者占到53%，不愿出游的受访者仅占2%，人均夜游停留时间为2.03晚。说明游客夜游意愿强烈，夜游需求广阔，市场潜力巨大。

有关夜间旅游的产生和发展，有以下几个原因：

第一，旅游方式转变。旅游者的消费需求从简单的观光游转变为休闲游，且注重旅游产品的文化内涵，物质需求得到满足后转为对美好生活的追求和向往。第二，夜生活需求增加。社会的快速发展产生了一系列生活压力，刺激了当地居民夜间休闲和放松的生活需求。第三，夜间经济对总体经济有贡献。夜间经济能够在一定程度上反映地方的经济、文化发展状况。城市需要通过夜间经济拉动经济发展。第四，夜间旅游带动相关产业发展。夜间旅游可以促进旅游业的发展，增加旅游业收入，带动相关产业共同发展。第五，国民可支配收入增加。随着我国经济的快速发展，国民可支配收入不断增加，可用于旅游活动的支出增加。第六，睡觉时间延后。现代生活压力的增加导致工作时长增加，加班成为生活的一部分，下班时间后延，相应地，睡觉时间不断后延。这些因素对夜间旅游的兴起起到"推力"、"拉力"和"促进"作用。

基于以上几点，本文在曹新向[①]总结的夜间旅游产生的动力机制基

[①] 曹新向：《发展我国城市夜间旅游的对策研究》，《经济问题探索》2008年第8期，第125~128页。

础上，进行修改和完善，得到夜间旅游的产生机制（见图1）。

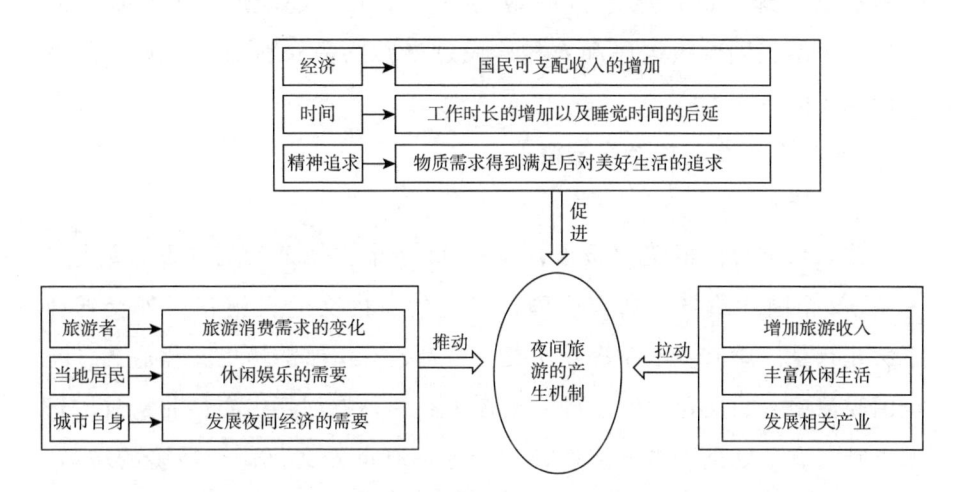

图1 夜间旅游的产生机制

（三）夜间旅游业态组合

一般认为，旅游产品是通过对旅游资源进行开发和策划，提供给旅游者的旅游活动与服务的组合，即旅游目的地向游客提供的旅游活动与服务的总和。

夜间旅游产品是通过创新策划和规划设计，为游客和当地居民开发的适合夜间消费的特色休闲旅游活动与服务。

根据夜间旅游产品的业态特征，可以将夜间旅游划分为休闲型、娱乐型、商业型、演艺型四种类型。夜间旅游打破了常规的工作时间，并与夜生活融合，从而呈现具有夜间特色的旅游活动和氛围。

二 北京夜间旅游现状分析

随着社会、经济的高速发展，日间的旅游活动已经无法满足现代游客的需求，因此，夜间旅游迅速占领大众旅游市场，并成为旅游发展的热点话题和旅游创新发展的着力点。一些现代企业的"996"工作模式使得夜间旅游和休闲推动了大城市商业经济的发展。成功的夜间旅游产品能够延长游客在旅游地的停留时间，拉动游客和市民的夜间消费，从而带动当地消费经济发展，成为旅游目的地的吸引物和招牌，为旅游目的地积累口碑，也是旅游目的地的重要名片。《旅游抽样调查资料2017》显示我国城镇居民和农村居民过夜游花费分别是"一日游"花费的 4.4 倍和 3.5 倍。

（一）北京夜间旅游发展概况

1. 背景依托

北京是重要的枢纽型城市，设有 22 条市内轨道交通线路、5 个火车站、2 个国际机场，拥有全国最发达的室内交通设施和市外交通体系；北京是一座有着三千多年历史的古都，有深厚的历史文化底蕴，是全国政治中心、文化中心、国际交往中心、科技创新中心；北京旅游资源丰富，有 7 处世界文化遗产，是全球拥有世界文化遗产最多的城市；北京 2018 年全市居民人均可支配收入为 62361 元，有良好的经济基础；北京 2018 年拥有公共图书馆 24 个、博物馆 179 个、影院 238 家，有丰富的文化资源[①]。这些资源基础是北京发展夜间经济、夜间旅游的重要优势。

2. 发展现状

北京夜间经济需求旺盛、消费水平突出、发展潜力巨大。北京夜间旅游消费占游客旅游总支出的比例超过 50%，百货商厦 18 点以后的营业收入，占到全天销售额的 40%～80%。北京王府井出现超过 100 万人次的高峰客流是在夜间[②]。

3. 政策支持

国务院办公厅 2019 年发布《关于进一步激发文化和旅游消费潜力的意见》，提出"发展假日和夜间经济"及"大力发展夜间文旅经济"；同年 7 月，北京市商务局制定出台《北京市关于进一步繁荣夜间经济促进消费增长的措施》，推出十三项措施发展夜间经济，在北京市政府的

---

① 《北京市 2018 年国民经济和社会发展统计公报》，中国统计信息网，2019 年 3 月 29 日，http://www.tjcn.org/tjgb/01bj/35844_8.html。
② 徐铭：《横店夜间旅游发展策略探析》，《旅游纵览（下半月）》2015 年第 4 期，第 104～110 页。

大力支持和引导下，将夜间旅游从自主经营、布局分散、基础设施薄弱引向科学规范的稳步发展，夜间旅游因为对人民休闲生活的意义和对经济发展的带动作用得到了政府的高度重视和多维支持。

（二）北京夜间旅游的发展特征

1. 多业态融合

北京夜间旅游业态日益丰富，为游客提供了新的消费选择。休闲体验、娱乐活动、餐饮购物、文化演艺等多种业态成为北京夜间旅游发展的新力量，既有经典老字号、非遗博物馆，也有网红精品店、文艺酒吧，通过不同业态、业种的搭配设置，夜景、夜游、夜娱、夜购、夜食这些构成夜间旅游的重要元素都成为北京夜生活和夜旅游的新亮点。

2. 多维度创新

政府的创新引导、基础设施的创新配置是北京夜间旅游发展的基本环境，老北京文化、胡同文化、紫禁城文化是北京夜间旅游发展的创新内涵，新时尚、新科技的融合是北京夜间旅游发展的创新动能，创意策划碰撞老北京民俗文化为北京夜间旅游发展提供新路径。北京夜间旅游多业态组合的发展模式是创意策划嵌入发展的典型。

3. 多品牌渐显

北京通过开发系列夜间旅游产品、旅游活动，打造新的夜景名片，助力北京夜间旅游品牌的出现。故宫"上元节"、后海、南锣鼓巷、景山公园"夜赏牡丹"、北京欢乐谷"夜场"等品牌知名度已初步显现，成为北京夜间旅游的热点和亮点，也是全国夜间旅游发展的经典案例，其发展模式可以为全国城市的夜间旅游提供借鉴。

三 北京夜间旅游的发展模式

（一）休闲型夜间旅游

1. 休闲节事活动——以故宫"上元夜"为例

2019年正月十五元宵节故宫博物院举办了"紫禁城上元之夜"文化活动，这是故宫博物院自建院以来第一次在夜晚对公众免费开放，也是故宫博物院第一次在夜晚被万千灯光装扮点亮，是紫禁城夜景的完美展现。

故宫的首次夜间主题休闲活动就获得了社会的广泛关注，预订票放出立刻被抢空，故宫的官网也因抢票出现崩溃的状况，很多游客为了获得门票感受故宫的夜晚魅力，愿付2000元抢购黄牛票，这些现象均体现出故宫的夜晚活动对游客有着强烈的吸引力。这既是对故宫夜游的渴望也是对夜间旅游的浓厚兴趣和深切期盼。

故宫夜游除了像日间一样欣赏宫殿等古建筑、了解历史文化外，还可以欣赏到美轮美奂的灯光表演。故宫将《千里江山图》等珍贵画作以古建筑为载体，利用艺术灯光投影的形式进行图画再现。通过灯光造景的氛围营造、光影变幻的灵动手法，将文物的故事在故宫重新书写，既是文物活化的创新方式，也是对故宫历史的深刻解读。在欣赏灯光艺术的同时，游客还可以登上城墙，俯瞰夜晚紫禁城的肃穆与繁华，新的故宫形象庄严不失时尚灵动，即使在故宫外也可以看到故宫城墙被红灯点亮千米。

故宫夜间旅游的成功不仅因故宫有着600年深厚文化的沉淀和积累，还因为这次活动是对故宫形象的另一番解读，展现了一个鲜有人知的故宫，更展现了一个值得重新品味的故宫，而灯光演艺的表现手法是故宫夜游的核心吸引物之一，这是故宫开启夜游的切入点，是打开故宫夜游的钥匙，合适的主题和活动是故宫夜游成功的关键。故宫夜游的成功将故宫的文化影响力推到新一高度，将夜间经济、夜间旅游的市场需求推向极点，也推动了夜游市场的迅速发展。

2. 滨水休闲综合体——以什刹海为例

什刹海是集老北京胡同、四合院、酒吧街、后海于一体的滨水休闲综合体。后海的酒吧街是北京著名的文艺青年集聚地，酒吧文化、Live演唱充满了后海的大街小巷，酒吧作为夜晚生活娱乐休闲场所，是夜间旅游重要的业态组成部分。后海夜景具有其独特的魅力和风情，乘坐夜晚游船游览可以感受北京的慢节奏、慢生活，是北京夜晚休闲活动的极佳选择。沿后海而建的老北京胡同，其文化内涵和民俗风情是对北京生活的真实诠释。北京市对什刹海进行了统一的修建和腾退，在保护历史文化街区的同时将酒吧这一时尚业态巧妙融合，在保护的基础上发展，打造出集商业、文化、旅游多功能多业态于一体的滨水休闲综合体。

3. 休闲型夜间旅游发展模式

夜间旅游是休闲生活方式之一，也是城市休闲生活的展示窗，是城市的名片，是体验休闲旅游产品的优质选择。夜晚这一段闲暇时间的旅游，能够迎合大众休闲生活的需求，为游客和市民提供了更大的选择空间，这对于旅游业的长远发展、人们休闲生活的改善具有深远的意义。

休闲型夜间旅游发展模式要考虑到休闲基础设施的完善，良好的基础设施是实现休闲旅游的前提，同时还应注意休闲氛围的营造。基于景区、公共空间、滨水区域等空间载体，以节事活动、历史文化、休闲元素为内容核心，借助夜晚悠闲舒适的天然氛围，形成独具特色的休闲型夜间旅游。

（二）娱乐型夜间旅游

1. 典型案例——以欢乐谷主题公园为例

2019年10月至11月，北京欢乐谷借助万圣节举办了万圣节主题活动"假面糖果节"。欢乐谷根据7大园区主题打造各具特色的主题体验馆，引入IP文化，打造新的主题形象，以游戏为核心IP，将《第五人格》《新倩女幽魂》游戏打造成主题鬼屋，吸引喜爱游戏的游客，借游戏主题亲近游客，用游戏IP撑起活动内容，推出了"糖果街""深夜尸堂""惊魂学怨""异域魔窟""子夜照相馆"五个主题鬼屋，将万圣节与欢乐谷的主题深度融合，以节日之名推出新主题产品、主题活动，对欢乐谷产品进行低成本、小范围的更新升级。

欢乐谷引入AR技术，打造沉浸式游戏体验，即在屏幕上把虚拟世界套在现实世界中并进行互动，通过故事情节串联游戏内容，在模拟空间进行实景游戏，令游戏体验更加真实、刺激。此外，欢乐谷还推出"黑暗料理"、节庆主题商品，实现吃喝玩乐一体化，在满足娱乐需求的同时提供配套服务，为核心吸引物提供附加价值。

2. 娱乐型夜间旅游发展模式

娱乐型夜间旅游发展模式集夜间观景、游乐项目、节事活动、文化演艺、餐饮购物等于一体，多种类型的体验活动是吸引游客、聚集人流的核心引擎。娱乐型夜间旅游活动以配套服务为支撑，以灯光造景为手段，以体验活动为核心竞争力，借助主题活动、文化 IP 打造娱乐至上的旅游产品。

(三) 商业型夜间旅游

1. 典型案例——以南锣鼓巷为例

南锣鼓巷是老北京胡同的代表，距今已有 700 余年的历史，是最具老北京风情的街巷之一，也是迄今为止保护最完整的四合院区。南锣鼓巷经历了元、明、清三朝历史，各类府邸、宅院遍布街区，整体布局呈现棋盘式格局。主街道是现代时尚商铺，街巷里是历史古建筑，南锣鼓巷古今交汇，历史与时尚在这里碰撞创新，成为北京的时尚休闲地标。根据马蜂窝的大数据统计，南锣鼓巷是北京最热门的景点之一，夜间旅游与日间旅游一样火爆，北京特色美食、特色文化产品、创意体验店等多种业态融合，历史风华与现代文明相得益彰，加之南锣鼓巷的文化底蕴，使游客有较好的娱乐休闲感受。

游客的喜爱与认可对南锣鼓巷来说是来之不易的，和其他许多旅游商业街区一样，南锣鼓巷也曾受到过度商业化的破坏，但东城区政府很快就意识到这一问题，随即联合南锣商会进行整改：对外进行外立面改造，梳理地下管线，重建主路，使每一家商铺的外观和内装都达到游客愿意拍照打卡的程度，在装饰美感上俘获游客芳心；对内进行业态改造，对脏乱差的商铺进行升级改造，将普通的小吃摊、饭店、商铺改造成民俗文化馆、文创精品店，在基本服务的基础上赋予其文化内涵，建成"老物件博物馆"，邀请非遗传承人入驻，不定期举办"非遗公益大讲堂"，在非遗展示的同时科普非遗知识，为游客提供文化体验活动。南锣鼓巷兼顾装饰硬件和文化软件，外在美与内在美并存，成为北京夜晚娱乐休闲的最佳选择。

2. 商业型夜间旅游发展模式

商业街区型夜间旅游项目是基于城市商业步行街的主要活动模式，也是夜间消费的主要场所。通过打造集各种各样的零售、餐饮等业态于一体的综合性商业休闲中心，以满足旅游者特色消费和多样服务的需求。

城市商业街区（CBD）也是城市中心休憩区（RBD），是以餐饮、娱乐、康体等为主题的大型商业化街区，是现代商业与城市活动的整合。市民与游客的夜间活动大都集中在城市的商业街区，这些街区是城市旅游的名片，实现商业街区夜间旅游的良好发展需要结合其浓郁的传统文化特色背景，将时尚、生活、文化要素完美融合，对市场定位精准无误。关注餐饮娱乐、解说系统等其他配套设施与活动，形成较为完善的旅游服务体系。提供日常生活服务和旅游服务，打造合适的管理运作模式，依托传统主题活动、老字号品牌、新型街区项目来增加街区的吸引力和竞争力，塑造独特的商业街区品牌。

（四）演艺型夜间旅游

旅游演艺已经成为文化和旅游融合发展的重头戏，北京演出行业协会《2018年北京演出市场数据统计》显示，我国旅游演艺市场迎来新的高速发展时期，受益于文旅融合发展，2018年北京全年旅游演出9651场，占整个演出市场的39.1%，观演人数达328.7万人次，票房收入达2.26亿元。

沉浸式娱乐主打剧情的场景体验，以沉浸式戏剧为代表，起源于英国，受到美国百老汇文化沉淀的滋养，经环境式戏剧过渡而来。注重科技带来的场景体验，以各类沉浸式体验为代表，共同点都是轻剧情、重场景体验。

1. 灯光表演——以景山公园为例

景山公园近几年推出夜游赏花新模式，伴随景山公园牡丹季招牌活动，除日间赏花外，打造全园夜赏，引入六大类近700盏LED灯，实现夜赏牡丹的奇妙体验。景山公园划分为四个主区域，在其中打造不同的景观效果，是公园夜游灯光秀的新玩法。

公园四个区域分别是菏泽牡丹种植区、国色天香区、木海观鱼区、文化艺术长廊区。菏泽牡丹种植区以菏泽牡丹为核心吸引物，运用大量洗墙灯、染色灯装扮点亮，用灯光效果变换色彩，突出牡丹的优美形态，夜幕与灯光的共同作用使牡丹别有风味，让人们获得与日间观赏明显不同的感受。国色天香区是古建筑与牡丹巧妙结合的区域，这一区域借助古建筑的古风古韵展现牡丹国色，以观德殿红墙为主背景，辅以绿树黄瓦的园林景观，照明采用防水图案灯，投影牡丹，水中锦鲤游动，诗词倒影相伴，为国色天香区的牡丹夜赏增加了几分诗情画意。木海观鱼区设置环形防水带，灯光效果更为柔和、立体，运用灯光技术使游客拍摄金鱼时设备不再入镜，照片效果更好，鱼的灵动也表现得更加鲜明。多品种锦鲤使木海更具观赏价值，同时，设置十组观赏台背景，包括四合院、宫廷建筑、御园园林等主题，为游客打造拍照互动区。文化艺术长廊区展示历代书画名家的绘画作品，以花鸟鱼虫等自然景观为主题，重点展示牡丹与金鱼相关画作，例如黄居寀的《牡丹写生图》以及沈孟坚的《牡丹蝴蝶图》等，与景山公园的整体主题与布景相呼应，将中国画利用新科技互维感导进行二次展现，运用灯光效果营造创意艺术画作，增加夜赏牡丹的文化体验。

除景观欣赏外，公园还设置了文创展卖区，以公园春季文化为主题，打造文创商品联展，对公园不同的主题区域进行文化产品创作，打造一园一品牡丹、木海观鱼等主题文创产品，将景区景观文化与特色产品进行无缝对接，同时联合北京非物质文化遗产相关机构，打造文化遗产展位，在售卖文创产品的同时展示非遗文化、手工艺术，为游客提供传统手工艺品制作体验。

景山公园利用牡丹观赏这一品牌打造夜游主题，运用不同效果的灯光秀烘托氛围，结合园区建筑、景观特色，打造不同主题的观赏区域，用历代花鱼诗词、画作增加文化内涵，辅以特色文创品的互动售卖，使公园夜游达到前所未有的高度。

2. 文创演艺——以系列"沉浸式"演艺为例

（1）沉浸式情景艺术展

《幻城》是沉浸式情景艺术展，以西藏坛城（曼陀罗）为故事原型，利用游戏模式打造全新的沉浸式艺术展，将坛城文化的"地、水、火、风、空"的宇宙观念进行艺术转化，用科技手段实现沉浸式交互体验，利用体感 Mapping、VR、AR 等技术塑造交互情景，打造"忘桥"数字交互灯光隧道和坛城主题展厅，让游客在游戏中体验跨越时间和空间的生命旅行，在时代交错间感受镜像之城，了解坛城历史，感受艺术展的独特魅力。

（2）沉浸式舞台剧

《我+北京》是沉浸式舞台剧。德国表演艺术家昆黎安和葛唐礼在北京驻留考察三个月，收集关于北京的历史和故事，选取中国古代神话中的哪吒故事为背景主线，打造沉浸式声音视觉表演"我+北京"，在这一表演形式中，观众不再是坐在座位上观看，而是通过耳机接收录音，作为参与者并以主人公视角体验表演，表演每轮 12 分钟，每轮邀请 12 名观众参与，在参与中体验故事张力和戏剧魅力。

（3）沉浸式互动情景剧

《游·无间》是一场沉浸式互动情景剧，观众不再坐在固定的地点，而是要参与其中。故事多线展开，剧场内的每一个 NPC 都有很好的表演功底，将游客带入剧情中，剧情会设置许多秘密任务、开放式多角色让游客体验，同时，观众需要走红毯、在签名墙上签字、参加酒会，并且可以自取酒水和甜点，按照剧场要求，在安全和合理的前提下，观众可以自由发挥，书写故事走向，塑造故事结局。

（4）沉浸式体验馆

"抖 moomoo"是以森林精灵 Mr. Moo 的梦境为故事背景，融合艺术、影像、时尚、公益等内容打造的沉浸式艺术体验馆，设置"遗忘""太空兔""不打扰""你好动物们"等主题区，通过布展主题区讲述梦境中的小故事，设置拍照、视频录制场景，利用抖音、直播等多媒体方式，用最流行的记录方式为游客记录体验全过程。

（5）沉浸式游戏馆

沉浸式互动游戏是以电影、游戏、小说等内容为核心创作背景设置的具有趣味性、挑战性、悬疑性、刺激性的情景式推理游戏，这是一种多人游戏模式，需要团队配合共同推理解谜，找到游戏线索推动剧情发展，最终完成所有闯关任务游戏才算结束。游戏主题可以涉及古今中外甚至神话传说。玩家被完全带入游戏场景，从故事发展的角度进行缜密推理，通过对场景的全面探查找到线索，保持精神高度集中，集合团队智慧共同协作，在规定时间完成所有游戏任务，获取游戏奖励。这个过程是一次沉浸式游戏体验。

（6）沉浸式博物馆

2019年8月，新街口街道上线了北京市第一家线上博物馆，可以通过互联网随时随地在线了解老北京胡同的前世今生，新街口街道拥有元代胡同群和故居，具有丰富的历史文化。线上博物馆通过AR技术，让游客实现在线逛胡同的沉浸式体验，身临其境地感受老北京胡同游，可以放大局部观看细节，可以在线听语音讲解，可以了解古建筑知识、胡同历史文化。线上博物馆还设置了开宝箱的游戏任务，在游戏过程中了解胡同文化，学习胡同、四合院的历史，可以提出疑问等待留言回复，还可以通过场景复原穿梭百年回到历史长河，体验古人生活场景，感受历史的魅力。

3. 演艺型夜间旅游发展模式

演艺型夜间旅游是通过一系列体验、活动、表演来实现娱乐大众、满足人们的精神需求和对美好生活的追求的主题活动。

随着国内旅游业的快速发展与大众休闲娱乐需要的发展，具有参与性和体验性，内容丰富、形式多样的新兴文化演艺项目，开始受到大众的追捧和喜爱。旅游演艺作为一种既能体现地域文化背景，又具有广泛市场需求的旅游产品，受到了大众的高度认可。

灯光秀是将声、光、电进行融合共创的艺术表现形式。科技的不断进步使得灯光秀的表现形式丰富多样，演艺内容的表现需要灯光秀的技术作为支撑，而合适的表现方式是艺术表现成功的关键，因此，在使用灯光时除了考虑技术手段，更要考虑表演内容的文化内涵，考虑故事的创作背景和再现的合理性、科学性，同时将灯光装置、表现所带来的负面效果降到最低，用灯光将文化活化，营造良好的环境氛围，为演艺效果加分。

演艺型旅游产品以娱乐文化和艺术文化为载体，游客通过参观和参与来获得精神上的满足和身体上的放松。演艺活动创新设计的关键在于文化的挖掘和品牌的建立，在崇尚感官刺激、个性与特色的现代社会，演艺型夜间旅游产品活动只有通过树立特色鲜明的主题和良好的市场口碑，才能赢得市场认可，具有区域市场竞争力。

四 总结与讨论

夜间旅游是休闲生活与夜晚旅游活动融合的休闲旅游方式，体现了人民美好生活需求的新潜力，更体现了城市发展的新动能。随着国民可支配收入的增加，加班及睡觉时间点的后延使得休闲娱乐时间向夜晚延伸，夜间休闲和旅游消费成为新的选择偏好和消费习惯。夜间旅游能够带动相关产业的发展，也为文化传承和发扬、文创娱乐活动以及科技创新提供了新的时间载体和发挥空间。

北京发展夜间旅游延长了游客的停留时间，为过夜游创造了更多的选择和可能性；增添了城市新的空间内涵，将城市休闲和旅游资源进行优化融合，日间功能与夜间功能相互补充，发挥出最大的休闲旅游效能；创新了业态组合形式，为旅游产品、休闲产品、娱乐活动提供了升级换代的条件，为新事物、新科技与新旅游创造了新的结合点；创造了北京经济新的增长点，能刺激消费需求，完善产业结构；有助于满足人民对美好生活的向往和追求，满足游客的审美需要和情感诉求。

梳理总结大部分北京夜间旅游发展的良好典型，可以将北京市夜间旅游根据业态组合类型划分为休闲型、娱乐型、商业型、演艺型，不同类型对应不同发展模式，选择适合的发展模式是夜间旅游发展成功的关键，对北京夜间旅游发展模式的探讨能够为其他城市夜间旅游发展提供新参考。

2022年北京冬奥会大型文体活动合作机制研究

邹统钎　赖梦丽　关秋红*

一　引言

早在20世纪80年代中期，中国就提出了京津冀一体化发展策略，经过30多年的发展实践，从"京津冀经济一体化"到"京津冀都市圈"，京津冀三地并未出现与长三角、珠三角等城市群相似的趋同化发展，反而呈现差距不断扩大、核心区不断收缩、各种经济要素向核心区单向聚集、"环京津贫困带"落差逐步加大的局面。十八大以来，国家对这一问题高度关注，2014年2月26日习近平总书记提出实施京津冀协同发展战略，京津冀协同发展与"一带一路"建设、长江经济带发展成为我国新时代区域协调发展的三大战略。

基于推动京津冀一体化发展，2013年10月31日，习近平总书记主持召开中央政治局会议，做出北京携手张家口申办2022年冬奥会的决定。同年11月初，北京、张家口正式向中国奥委会提出了申办2022年冬奥会的申请。在中国奥委会、北京申奥委、北京市政府、河北省政府、张家口市政府及相关部门机构的共同努力下，历经一年零八个月，

---

* 邹统钎，北京第二外国语学院教授，中国文化和旅游产业研究院院长，研究方向为旅游目的地管理与旅游规划；赖梦丽，北京第二外国语学院2017级硕士研究生，研究方向为旅游目的地管理与旅游规划；关秋红，北京第二外国语学院2017级硕士研究生，研究方向为旅游目的地管理与旅游规划。

北京与张家口在2015年7月31日赢得了2022年冬奥会的举办权,正式拉开了北京、张家口跨区域合作举办冬奥会的序幕。

二 主要障碍

虽然经过数年的研究和实践发展,京津冀三个地区在区域经济合作方面已取得了一定的成就,但就现实而言,区域之间发展不平衡、不协调的现象依旧突出,京津冀三地市场、行政等壁垒仍然存在,统一要素市场发展相对滞后,协同发展还存在诸多体制机制障碍。

1. 行政区划壁垒的存在,阻碍区域间协同发展

在我国现行体制下,地区的经济发展一般由地方政府主导,具有很强的行政分割属性,同时带来了较强的地方竞争。典型弊端表现在"分灶吃饭"的财税体制上,强化了地方政府的利益本位主义,地方政府会积极吸纳创新资源流向本区域,阻止创新资源与要素外流。2022年冬奥会由北京、张家口两个不同行政区域、不同行政级别的地方政府联合举办,虽然两地政府各自承担的职责边界在冬奥会总体发展方案中已有体现,也举行了由冬奥组委组织的联席工作会议,用以解决冬奥会筹办过程中的核心和突出问题,但在实际工作中,因为长期以来存在的行政区划壁垒,地方政府均会优先考虑本地享有的冬奥会举办红利,积极通过行政手段和给予土地、投资、税收等方面的优惠政策,吸纳冬奥会相关产业资源流向本区域,在一定程度上阻碍了区域之间要素流通和协同发展。

2. 地方经济发展不平衡,增加区域间合作难度

由于各种经济资源不断涌向北京和天津,京津冀三地出现"断崖式"的发展差距,主要体现在河北与北京、天津的经济发展和居民收入的差距。2010年河北人均GDP分别为北京的38.8%、天津的39.3%,2018年河北人均GDP分别为北京的34.14%(↓)、天津的39.83%(↑),2018年河北全省居民人均可支配收入分别相当于北京的37.60%、天津的59.35%。中国作为一个冰雪运动、冰雪产业基础相对薄弱的国家,要充分发挥冬奥会市场号召力和影响力,需要地方政府投入巨大的人力、物力、财力去进行一系列的市场开发、产业培育、场馆建设、人才培养等工作。由于北京城区、延庆区、张家口市三地之间经济发展水平悬殊，在合作举办冬奥会过程中，张家口市乃至河北省在开展相关工作或者解决相关技术难题上要落后于北京市，区域之间有效推进合作的难度进一步加大。

三 大型文体活动区域合作案例分析

基于国内外举办大型文体活动的成功实践，国内众多学者研究认为大型赛事、大型展会以及大型节事活动的运作模式主要有三类，即政府主导型运作模式，市场主导型运作模式，以及政府统筹、市场化运作、社会多方参与模式（即政府市场结合型模式）[1]。

（一）政府主导型运作模式——中国东盟博览会

1. 合作概况

中国—东盟博览会（China-ASEAN Expo）是以中国—东盟自由贸易区（简称"中国—东盟自贸区"）为依托，由中国和东盟10国经贸主管部门及东盟秘书处共同主办，广西壮族自治区人民政府承办的国家级、国际性经贸交流盛会，是一个典型的由政府主导，多国合作举办且长期在一地举办的大型展会活动[2]。

东博会合作方以中国—东盟10国政府经贸主管部门及东盟秘书处为主，采用"博览局"模式，常驻一个办展城市，设立常设工作机构"广西国际博览事务局"，内设10个部门，对外称"中国—东盟博览会秘书处"。

2. 合作机制

为了顺利推动展会的持续经营举办，保持双方长期合作的工作安排和业务往来，在2005年举办第二届东博会时，中国与东盟10国共同建

---

[1] 邢尊明：《我国大型体育赛事优化管理理论与实证研究》，硕士学位论文，福建师范大学，2008。
[2] 陈洁莹：《服务国家政治外交战略的政府主导型展会促进城市发展的实证分析——以中国—东盟博览会为例》，《科技和产业》2018年第3期，第1~7+49页。

立和完善了六大共办机制，即"十一国共同主办的三级工作机制，东盟国家本国跨部门协调机制，东博会高官会议、联络官会议等磋商机制，招商招展机制，与中国—东盟10国商协会合作机制以及邀请东盟国家领导人和经贸部长参会机制"。其中与中国—东盟10国商协会合作机制体现了政企方面的合作。六大共办机制涉及各个国家级政府部门、国家领导官员层面的合作沟通工作机制。

在此基础上，顺应办展时势，拓展办展领域，东博会于2005年适时推出了"魅力之城"专题机制，由中国及东盟10国自主选择具有代表性的城市，作为本国的"魅力之城"参展，综合推介城市在经济、文化、教育、科技、旅游和社会发展等方面的合作商机。2007年推出主题国机制，东盟国家按国名英文首字母顺序依次出任主题国，展会期间重点展示主题国举办的丰富多彩的活动及国家形象。2014年设立"特邀合作伙伴机制"，根据有关国家的申请和筹备情况，由东博会秘书处代表东博会各共办方邀请中国和东盟以外的RCEP成员国[①]和"一带一路"沿线国家担任"特邀合作伙伴"，东博会从服务"10+1"向服务RCEP及"一带一路"沿线国家拓展，推动中国和东盟作为一个整体与区域外国家的交流，从而创造更多的商机。

3. 合作评价

从大型展会组织来看，东博会以搭建政商合作平台和渠道为主，设置"博览局"常设机构，组织架构明显，共办机制突出，职责分工明确，沟通时间成本相对较低，有利于维持博览会的持续有效运营，加强区域之间的关系黏性。但东博会常设机构"广西国际博览事务局"全年工作重点围绕一年一度的博览会开展，事业单位性质突出，主要依靠中央和自治区人民政府财政支持，专业化、市场化运作能力的锻炼机会不多，利益创造能力较弱，优质业务规模量化拓展成果相对较差。这样的区域间合作，也容易受国际政治环境的影响，存在一定的风险和威胁，在利

---

① 区域全面经济伙伴关系（Regional Comprehensive Economic Partnership, RCEP），即由东盟十国发起，邀请中国、日本、韩国、澳大利亚、新西兰、印度共同参加（"10+6"），通过削减关税及非关税壁垒，建立16国统一市场的自由贸易协定。

益分配方面往往存在以强带弱、以资本维持国际政治关系的意味。

综合以上分析，可知政府主导型运作模式一方面能够保证赛事、展会等活动长期持续进行，一定程度上能够带动该事件相关的行业产业发展，调整和优化产业结构，实现城市的整体品牌营销，另一方面这种模式也存在着明显的缺陷，例如政府耗资巨大容易造成资源浪费，在行业间形成不公平竞争，政府管理范围过宽、过严，同时缺乏专业人才导致政府运作困难、整体经济效益不明显，容易因为活动的举办给地方财政带来负担。

（二）市场主导型运作模式——欧洲足球锦标赛

1. 合作概况

欧洲足球锦标赛（European Football Championship，UEFA），简称"欧洲杯"，是一项由欧洲足联成员国参加的最高级别的国家级足球赛事，至今已举办十五届。主办单位是欧洲足球协会联盟，属于国际足联底下六大洲的足球联会之一，负责管理欧洲区各项足球事务，并代表欧洲的足球机构。

2000年的欧洲杯，首创多国多城市举办大型体育赛事的模式[①]，当时由荷兰和比利时两个国家共同承办，随后在2008年、2012年、2020年的欧洲杯中又相继采用了此种模式，其中2008年由奥地利和比利时联合承办，2012年由波兰和乌克兰联合承办，2020年由荷兰的阿姆斯特丹、阿塞拜疆的巴库、西班牙的毕尔巴鄂、罗马尼亚的布加勒斯特、匈牙利的布达佩斯、丹麦的哥本哈根、爱尔兰的都柏林、苏格兰的格拉斯哥、英格兰的伦敦、德国的慕尼黑、意大利的罗马、俄罗斯的圣彼得堡等12座城市联合承办。在承办国内又由不同的城市联合协办，在极大程度上减轻了承办地区的财政投入资金压力，同时又有效地利用或升级已有的大型球场。在欧洲杯多国多城市举办模式中，合作主体包括欧洲杯竞赛委员会、欧足联、举办国足联、举办国政府、举办城市政府。合作的利益主体包括上游的赛事组织方；中游的掌控球员和教练的足球

[①] 张雷、陶于：《从欧洲杯看多国多城市举办大型体育赛事模式的发展》，《辽宁体育科技》2009年第1期，第4~5+13页。

经纪公司或职业经纪人,以及直接参与竞技足球比赛的各个足球俱乐部和电视、新闻媒体;下游的赞助商和球迷。

2. 合作机制

相比其他体育赛事,欧洲杯举办具有成熟的市场运作机制和模式。欧洲杯以欧足联作为主要的运作组织机构,由欧足联设置的最高执行机构——欧足联执行委员会,负责协调欧洲各个国家、协会、俱乐部等利益相关群体共同组织合作举办欧洲杯,为每个国家发展筹资、提供专家援助和指导[1]。欧足联拥有欧洲55个足球协会成员,是一个由协会组成的协会,这些足球协会成员分布在欧洲各个国家,在这些国家的足球领域拥有举足轻重的地位,欧洲杯就是依靠这些足球协会运作发展起来的。欧足联与其成员协会之间相互合作,欧足联提供资金、指导等援助服务,协会成员则提供有助于欧足联决策的信息输入和反馈,在欧洲杯举办期间提供相应的安保服务、志愿者服务。欧洲杯举办城市则主要是为赛事的举办提供相应的基础设施和服务保障。

3. 合作评价

欧洲杯首创多国多城市举办大型文体活动的模式,基于区域内体育产业已发展到一定高度之后,部分地区赛事市场已趋于饱和,需要寻找更多的球迷市场和商业推广机会,开始寻找拓宽合作的区域。在高度市场化运作背景下,欧足联已发展成为一个拥有强大财力、人力、物力和实力的协会机构。在具备非常成熟的赛事运营经验与较高赛事管理效率的基础上,举办欧洲杯等赛事,从中获取门票销售、广告、食品饮料销售、旅游、赞助以及新时代的电信和新媒体服务等高额高利润收入,让欧足联在探索市场和吸引投资方面具有绝对的号召力。所以,欧洲杯在举办中并不缺乏其他大型文体活动普遍认为是财政压力的资金以及专业型办赛人才。在区域合作过程中,合作的内容更多的是赛事本身以及球迷市场,合作深度并不深,合作领域并不多。

---

[1] Lan Yeoman, John Buswell, "Sport and Leisure Operations Management", *Thomson Learning*, 2005.

综合以上分析可知，市场主导型的运作模式是指大型文体活动的举办通过市场化的方式来运作，由市场进行资源配置，一方面能够吸引社会多元化投资，在极大程度上减少了政府财政支出，经济效益明显；另一方面能够招揽聚集专业型人才，承办符合市场需求的赛事产品。该种模式也存在一定的缺陷：首先，市场化运作的大型文体活动，容易过于追求经济利益，从而会导致过度商业化行为，抑制大型文体活动发挥普及大众的教育功能以及相关的社会功能；其次，企业公司经济实力有限，联合其他社会力量后，为了追求利益最大化，在合作过程中容易产生矛盾，难以保障赛事活动的顺利举办。

(三) 政府市场结合型模式——2002年韩日世界杯

1. 合作概况

2002年韩日世界杯（2002 FIFA World Cup），即第17届世界杯足球赛，是历史上首次由两个国家联合主办的世界杯。比赛于2002年5月31日至6月30日，在韩国境内和日本境内举办，涉及两国20座城市。

韩日世界杯合作主体为日本、韩国两个拥有独立主权的国家政府，相对于一般区域之间的政府合作，跨国政府合作本身就会存在一系列的困境和难题。即使在国际足联统筹协调下，两国政府也坚持从各自政治立场和利益诉求出发，分别成立了世界杯组委会和相应的组织机构，即在日本设立有日本世界杯组委会，在韩国设立有韩国世界杯组委会，两国之间的合作事宜通过双方高层定期会议协调实现。

2. 合作进程

日韩联合举办世界杯并非两国申报举办的初衷，其间经历了一个漫长的竞争和博弈过程。早在20世纪80年代末，日本就开始了筹备申办世界杯的各项工作，而韩国则是在日本筹备申办工作开展很长一段时间后，才开始准备相应的申办工作，起初两国均以本国独立举办为意愿，对主办权的争夺局面相当激烈。在经济实力上，日本优于韩国，在足球实力上，韩国要优于日本，独立承办世界杯都存在明显的短板。经过国际足联内部以及日韩两国之间数年的政治博弈、利益协商后，直到

1996年5月31日，在瑞士苏黎世举行的理事会议上，各个理事代表口头表决一致决定，2002年第17届世界杯足球赛将由日本与韩国联合主办，此前围绕主办权日韩两国历时多年的激烈争夺，也到此戛然而止，正式迈向合作举办世界杯之路。

3. 合作评价

从大型文体活动组织和区域合作两个层面来看，基于长期的历史因素和主办方、承办方、参赛方的多方博弈，日韩合作举办2002年世界杯，存在非自愿的隐衷，各自成立组委会，也未形成有效的联合协调工作机制。在合作过程中，双方以追求各自利益最大化为目标诉求，产生一系列非良性竞争，产生了举办成本过高、场馆资源浪费、民众隔阂加剧等消极影响。

从世界杯举办本身来说，日韩虽然在合作成效上不尽如人意，但也均获得了国家品牌形象提升、足球产业发展增速等积极成果，从投入产出比较分析，2002年韩日世界杯总投入65亿美元，产出346亿美元。韩国世界杯组委会指出，主办世界杯赛事，为韩国带来8800亿韩元收入，并制造35万个职位。日本电通广告公司指出，世界杯可为日本带来3000亿日元收入。可见，举办大型文体活动在促进城市发展方面确实有积极的作用。

四 2022年冬奥会京张合作机制建设

（一）构建联合工作组织机构

目前，国内大型文体活动的承办组织一般由省市级政府担任，从赛事活动资源配置来看，主要采取"政府主导、市场运作、社会参与"的组织管理模式[①]，通过政府牵头成立专门的组织协调机构，由组织机构全权负责申办、筹办、举办的各项工作，成员由体育部门及政府相关部门人员组成。2022年冬奥会的主办方是国际奥委会，承办方是北京

---

① 刘荣、赵光洲：《大型体育赛事的运行模式与营运管理研究》，《河北体育学院学报》2007年第1期，第4~6页。

市人民政府、国家体育总局、张家口市人民政府。

基于北京冬奥会跨区域举办管理的复杂性和艰巨性，由国务院批准改制成立北京冬奥组委，下设工作领导小组和16部、2中心，人员由各级各地区政府部门借调人员、社会招聘专业人员以及志愿者组成。北京冬奥组委作为独立事业法人，对内既是承办冬奥会和冬残奥会的组织机构，也是冬奥会工作领导小组的办事机构，负责组织、协调冬奥会和冬残奥会全部筹备和举办工作，对外向国际奥委会负责，接受由国际奥委会成立的北京2022年冬奥会协调委员会监督指导。同时，在河北省人民政府、张家口市人民政府、崇礼区人民政府、延庆区人民政府统筹下分别成立了省市区级的冬奥会工作领导小组，领导小组下设办公室，即河北省冬奥办、张家口市冬奥办、崇礼区冬奥办、延庆区冬奥办。各冬奥办主要职责是按照省市区级政府和冬奥会工作领导小组的安排部署，协调有关政府部门单位，开展辖区内的各项冬奥会筹办工作。

（二）构建整体统筹规划机制

区域合作举办大型文体活动过程中，地方政府一般分开承担行政区域内的基础设施建设、场馆设施建设、交通组织管理、安全保障服务、公共环境治理等职责任务，这就有必要从顶层设计层面考虑，制订筹办举办工作计划，编制总体实施规划方案，明确合作的共同目标、职责分工、合作内容、运营模式、利益补偿、产业培育、法律机制、监督管理等，确保各合作主体在战略层面与实操层面达成合作共识，保持合作理念一致、合作权责清晰、合作途径有效。

在第24届冬奥会工作领导小组统筹决策下，由北京冬奥组委牵头，根据国际奥委会与北京市、张家口市签订的《主办城市合同》规定的35个重点领域，制定了冬奥会筹办总体规划，形成《冬奥组委2022年冬奥会筹办工作任务分工方案》，明确了路线图和时间表，以及10个方面102项工作任务的分工安排，涉及北京冬奥组委、北京市人民政府、河北省人民政府、张家口市人民政府，还包括国家发改委、生态环境部、文化和旅游部等40多个中央部委。此外，由北京冬奥组委组织相关部委成员单位，定期召开全体会议或项目审议会议，就冬奥会筹办重大事宜，包括规划计划安排、赛事服务保障、赛事市场开发、基础设施建设、冰雪运动推广、冰雪产业培育等方面进行专题决策沟通交流。同时根据具体筹办情况，组织冬奥组委各部（中心）、国家体育总局、北京市及河北省相关部门的工作人员召开项目成果分享会或进行专题培训会议，保持三个赛区之间政府部门统一思路步伐，同步推进实施。

（三）构建"市场化开发"的动力机制

在大型文体活动市场开发中需要凸显有形资产和无形资产带来的商业价值、社会价值、品牌价值以及附加价值等，特别是大型文体活动的本体资源（如冠名权、特许权、专有权、赛事节事活动项目等），载体资源（如场馆广告、户外广告等），媒介经营资源（如媒体经营活动、媒体文化等），以及吉祥物标志、纪念商品、邮票、现场观看用品、当地特产等衍生产品。

尽管此次冬奥会以节约办赛为核心理念，市场开发不以赚钱为目的，但依旧需要重视市场机制的作用和利润最大化的动机，寻求市场投融资、社会捐赠、自愿服务、运动博彩公益金、大众体育消费等多方支持。此次冬奥会财政预算充分体现了节俭办赛的申办理念，赛事预算花费约为15.6亿美元，政府补贴占6%，包括基础设施预算、赛事运行组织预算。其中包括竞赛场馆和非竞赛场馆在内的场馆基础设施建设预算，约为15.1亿美元，将有65%来源于社会投资，其中社会投资部分，统一采取"赞助计划、特许计划、票务计划"三大市场开发计划。从赛事场馆及基础设施建设项目的投融资渠道看，北京冬奥会主要采用了政府财政拨款、社会资金（包括PPP模式、企业直接投资）两大方式，以政企合作为主，由北京冬奥组委会及北京市政府、河北省政府对场馆设施进行统一规划后，各个赛区相关的城乡规划部门、发展和改革委员会、重大项目建设指挥部办公室等负责招标，引导场馆的投资建设和运营管理。

（四）构建"多中心+分散式"的赛事空间格局

大型文体活动跨区域空间合作，需要根据赛事项目所需的场馆场地特点、自然气候条件、筹办举办经验、交通时距状况等，以最优方式进行分工布局,实现更大范围、更广尺度的资源整合发展格局。2022年冬奥会计划使用26个场馆,包括13个竞赛场馆、3个训练场馆、3个奥运村、3个颁奖广场、3个媒体中心、1个开闭幕场馆。

根据冬奥会筹办总体规划,在冬奥会赛事空间布局上,基于北京、张家口两地地形条件、资源禀赋、优势特色,采用"多中心+分散式"布局方式,划分三个赛区建设相对集聚的场馆群,形成"冰+雪"空间布局以及冰雪产业水平分工格局。北京赛区以举办冰壶、冰球、滑冰、短道速滑、花样滑冰、速度滑冰等"冰"上项目以及开闭幕式为主,共设置6个竞赛场馆、3个训练场馆、1个奥运村、1个颁奖广场、1个媒体中心、1个开闭幕场馆。张家口、延庆专注于"雪"上项目,其中延庆赛区以举办高山滑雪、雪车、雪橇等"雪"上项目为主,共设置2个竞赛场馆、1个奥运村、1个颁奖广场、1个媒体中心,张家口赛区以举办滑雪、冬季两项、单板滑雪、自由式滑雪、越野滑雪、跳台滑雪、北欧两项等"雪"上项目为主,共设置5个竞赛场馆、1个奥运村、1个颁奖广场、1个媒体中心。

(五)构建"立体互补式"的综合型互联交通体系

跨区域举办大型文体活动要求具备方便快捷的城际、省际交通线路,在结合地区经济发展需求前提下,需要研究分析已建的机场、高铁、高速、集散场站、港口码头等能否满足大型文体活动运载量需求,在此基础上结合地区经济发展需求,推动国家、省域、市域层面的交通部门进行统一的交通专项规划设计,解决大型文体活动举办时期的特殊交通需求。

在统筹区域一体化大交通格局基础上,借助冬奥会举办契机,京张区域在机场、高铁、高速等交通规划建设方面,着力构建北京、延庆、张家口三个赛区快捷方便的交通网络,提供由空中、地面、轨道等多种交通基础设施组成的立体互补的交通服务,以期缩短三大赛区之间的时空距离。在民用航空方面,将由两个大型国际枢纽(北京首都国际机场、北京大兴国际机场)以及一个区域性枢纽(石家庄机场)、一个支线机场(张家口宁远机场)构成冬奥会空中客货运输骨干网络。在高铁交通方面，京张城际铁路已开通，北京至张家口路程时间缩短至1个小时，其中北京至延庆仅需20分钟，延庆至张家口仅需40分钟。在高速交通方面，新建两条高速公路，即连通北京市区与延庆区的兴延高速、连通延庆区与张家口崇礼区的延崇高速，为2019年世界园艺博览会（简称"世园会"）和2022年北京冬奥会服务。

（六）构建"复合型+链条化"的文体旅产业结构体系

无论是大型体育赛事，还是大型会展活动、大型节事活动，隶属的体育产业、会展产业、旅游产业、文化产业，都具有参与体验、重复消费、跨界融合等第三产业属性功能，相比其他产业培育契机，大型文体活动在促进地方产业培育融合发展方面具有强大的助推作用，在地方政府土地、资金、政策的加持下，以大型文体活动为契机平台，通过"体育+""文化+""旅游+""会展+"，推动合作从单一领域向多元领域拓展。

依托2022年冬奥会举办政策利好，京张两地集中国内外先进技术、资金和劳动力资源，在物流、金融、通信、交通、旅游、餐饮、住宿、体育、会展、基建、农业、文化、娱乐等领域进行了一系列经济行为。京张两地联合计划在打造"一带、三轴、三核、多节点、多片区"产业空间发展布局基础上，培育构建以"冰雪产业、体育产业、文化旅游产业、健康产业"四大核心产业为发展重点，包括"新能源产业和现代农业"两大关联产业以及"矿业和传统制造业"两大传统产业的分层次、可持续发展的产业体系，打造区域综合产业集群，实现冬奥会对区域经济"做大增量、提升存量、淘汰落后"的带动目标，促进京张两地乃至整个"环京津贫困带"产业经济一体化发展，实现区域之间要素流通、资源共享、信息共享、市场共享。

（七）构建"线上+线下"联合品牌营销宣传机制

大型文体活动的一系列申办、筹办以及办后遗产利用等相关内容都是国内外新闻传媒界关注的头条内容，地方政府作为大型文体活动的主办单位或承办单位，在大型文体活动举办过程中的行为将被宣传至全球各个地区。

目前，在"线上营销"平台，由北京冬奥组委成立的新闻宣传部，统一公开对外发布大型文体活动相关信息及新闻事项，成立官方网站、微信公众号、官方微博，制作宣传片、吉祥物、形象标志等，统一安排媒体采访报道工作，统一归口管理大型文体活动的宣传文化活动、物品、形象标志等。各地方宣传机构企业则配合北京冬奥组委，根据筹办实际情况，一是做好支持冬奥会各项转播工作，二是支持冬奥会宣传片的拍摄和播出，三是围绕筹办工作和赛事活动重要节点，制作冬奥专题节目，播出冬奥影像作品。在"线下营销"渠道，充分利用各大赛事场馆设施，联合学校、旅行社、研学机构、企业合作伙伴等，在场馆内外开展专题博物展览平台、主题式研学活动、冬奥会体验活动等，带动"3亿人参与冰雪运动"。

（八）制定规范化、体系化、无障碍化的公共服务标准

大型文体活动的举办需要一系列的公共配套服务体系支撑，包括志愿者服务、住宿服务、餐饮服务、无障碍设施服务、智慧服务、环卫服务等，这些服务体系要求必须按照大型文体活动举办的国际化水准配套提供，满足举办期间的各项服务需求。构建完善的配套服务体系，需要根据区域实际情况，按照统一规范配套设置，保证大型文体活动能高规格、高水平、高标准地开展实施，同时带动区域之间整体服务水平、城市品牌形象的提升。

例如，在志愿者服务领域，北京冬奥会实施统一的志愿者招募计划，与相关单项协会等社会团体、高校等合作，构建完善的大型体育赛事志愿者服务长效机制，为冬季冰雪赛事活动储备人才。采取地区轮换、岗位轮换、差别待遇等制度，促进北京与河北、天津乃至全国之间的志愿者资源流动。在无障碍设施服务领域，由北京冬奥组委协调监督，落实北京市、河北省和北京冬奥组委相关部门任务职责，共同做好冬奥会、冬残奥会比赛场馆无障碍设施、赛事无障碍服务系统以及无障碍指标体系等建设工作，以冬奥会为标准，全面提升北京市、张家口市乃至全国的无障碍环境建设水平。

（九）构建"产学研一体化"的冬奥人才合作培养体系

大型文体活动举办需要大量专业的人才，区域之间的人才数量、人才素质、人才政策存在差异，要保证成功举办一场大型文体活动，在人才培养和评估上需要使用统一的规范和标准。张家口对标北京，国内对标国际，在冰雪专业人才上均存在极大的差距，联合培养人才需要共享教育资源、场地资源等。

为统筹国际国内两类人才资源，北京冬奥组委与国家体育总局、中国残联、北京市政府、河北省政府联合印发了《北京2022年冬奥会和冬残奥会人才行动计划》，在国际人才方面提出了针对国际优秀人才、竞赛管理人才、工作人员、志愿服务人员等办赛人才队伍开发培养的7个计划路线图和时间表，在国内人才方面，提出了针对城市运行等面向主办城市各行业系统人才队伍开发培养的4个计划路线图和时间表，为冬奥会顺利筹办提供人才保障。同时，为了提高人才培养的国际化水平，北京冬奥组委注重引进国际优质的学习资源，建立奥运会知识管理体系，比如与国际奥委会、国际残奥委会分别合作实施北京2022学习战略、残奥会卓越计划。另外，为提高筹办人员的专业素养和办赛能力，北京冬奥组委也高度重视实战培训的方法，在每个冰雪赛季都会派出大量业务骨干到境外参与实战培训。

此外，北京冬奥组委与高校合作，建设一批2022年冬奥会和冬残奥会培训基地。目前，北京大学、清华大学、北京外国语大学、北京第二外国语学院、北京体育大学、北京服装学院、首都医科大学、首都体育学院、哈尔滨体育学院、延庆区体育局、张家口学院等11家高校单位被确定为首批培训基地，致力于构建产学研一体化的人才合作培养模式，为冬奥会三个赛区赛事举办和服务培养专业型人才，包括场馆技术研发、智慧科技研发、专业体育运动、会展酒店管理、外语宣传联络等方面的人才。

北京市冰雪旅游发展初探

冯 凌 刘 乙*

一 引言

2022年北京冬奥会的成功申办，有力推动了国内冰雪产业的发展，国家先后出台了《冰雪运动发展规划（2016—2025年）》《全国冰雪场地设施建设规划（2016—2022年）》等系列文件，制定了一系列促进冰雪运动、冰雪旅游产业发展的重大举措和政策，明确提出要扩大冰雪运动普及地域范围，引导社会资本建设适宜广泛人群的冰雪设施，开展冰雪运动、活动和赛事，积极带动冰雪体育产业的发展。北京作为2022年冬奥会主办城市，尤为注重全市范围内冰雪运动产业的发展。2016年，北京市首次颁布了《关于加快冰雪运动发展的意见（2016—2022年）》及七项配套规划，是全国首次以地方政府名义出台冰雪运动发展规划，提出实现政府主导、社会作为主力的冰雪运动发展局面，以及2022年全市冰雪体育产业收入规模力争达到400亿元、实现增加值80亿元左右的发展目标。冰雪旅游在国家战略层面得到前所未有的重视，行业发展环境将出现持续利好①。

从区域条件来看，北京市在自然环境方面具有开展冰雪旅游的良好基础，典型的暖温带大陆性气候加上多山地的地形条件为北京发展冰雪

---

* 冯凌，北京第二外国语学院教授，研究方向为旅游与服务业经济、生态经济与可持续发展；刘乙，北京第二外国语学院2019级硕士研究生，研究方向为冰雪旅游与旅游规划。
① 《关于加快冰雪运动发展的意见（2016—2022年）》，北京市人民政府网站，http://www.beijing.gov.cn/gongkai/guihua/wngh/qtgh/201907/t20190701_100003.html。

旅游提供了先决条件。当前，冬奥会的申办对北京市冰雪旅游产业的提质升级是一次重大机遇，北京冬奥会的筹备工作的展开以及一系列政策上的扶持，将对北京市冰雪产业的发展产生全方位深层次的影响，也将进一步推动北京市体育休闲市场的扩大和冰雪旅游项目的建设。因此深入研究北京市冰雪旅游发展现状，对于北京冬奥会的成功举办，北京市冰雪旅游产业升级乃至北京市体育休闲市场的扩大发展具有深远的现实意义和历史意义。

二 国内研究现状

笔者通过中国知网进行文献搜索，经过初步的统计后发现，以"北京冬奥会""冰雪旅游"为主题或关键词的国内文献达到1289篇，以"2022冬奥会"为主题的国内文献有550篇。目前国内对冰雪旅游的研究主要集中在这样几个方面：冰雪旅游文化、冰雪旅游产业发展对策以及冰雪旅游资源开发等。对于区域冰雪旅游的研究则主要集中于黑龙江、吉林等地区。综合国内的相关研究分析，目前对于北京市冰雪旅游的研究较少，且不论在研究内容还是研究范式上都比较单一。因此，正值冬奥会即将举办之机，亟须系统梳理北京市冰雪旅游现状，切实提出措施建议，以建立京冀旅游一体化的整体形象，完善北京作为冬奥会旅游核心城市的旅游设施，打造特色服务形象，提升旅游综合水平，促进北京市冰雪旅游长远发展[①]。

三 发展现状

（一）冰雪旅游市场发展迅速，产业品牌逐渐形成

北京市冰雪旅游市场起步较晚，但发展较快（见图1）。自2015年北京市和张家口市获得2022年冬奥会举办权后，北京市投入大量财政补贴支持冰雪产业的发展。全民参与冰雪运动的热情高涨，冰雪旅游需

---

① 徐方方、赵惠娟：《2022年冬奥会对京津冀区域旅游合作的影响及对策研究》，《现代经济信息》2017年第3期，第443~444页。

求进入爆发式增长的阶段。2018年北京市以176万的滑雪人次位居全国第四，同比增长5.39%[①]。日益增长的冰雪旅游需求和较高的消费能力说明了北京市冰雪旅游产业发展潜力巨大。根据北京市体育产业的发展状况及未来规划，到2022年，北京市将基本建成布局合理、优势突出、功能互补、发展有序、保障有力的现代冰雪体育产业体系，预计冰雪体育产业规模将达到400亿元。

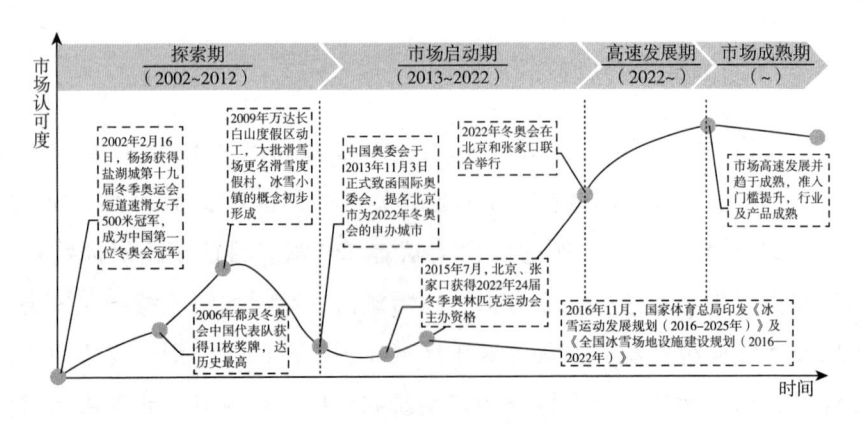

图1　冰雪旅游发展阶段

北京市的冰雪产业基础较好，雪上项目集中在郊区，冰上项目主要集中在市区内。截至2019年12月，北京拥有24家滑雪场，大多分布在远郊地区。北京市各雪场通过不断完善配套服务设施，开发了多样化的雪上经营项目来培育和扩大客源市场，如雪雕、雪圈、雪上飞碟、马拉雪橇、雪地摩托等，并有酒店设施、住宿服务、会议服务、停车服务等配套服务项目，同时开设了滑雪学校，配备了医疗服务等。冰上项目方面，北京具有良好的场馆资源，拥有什刹海冰场、首都滑冰馆、五棵松冰世界体育乐园等著名场馆。

在冰雪活动方面，北京市常年举办丰富的节庆活动。为助力申奥，组织开展了一系列冬季体育运动和宣传文化活动，营造申奥氛围，设立

---

① ISPO运动产业论坛：《2018中国滑雪产业白皮书》，金雪花滑雪产业联盟，http://www.52ski.com/english/index.php/industry/show/id/14.shtml。

了冬奥知识、冰雪运动知识大讲堂，并举办了四届"北京市民快乐冰雪季"，如北京市青少年花样滑冰冬令营、北京市大众冰壶体验活动、延庆妫河速滑长滑系列活动以及五棵松体育馆室外冰上系列活动等。玉渊潭公园、陶然亭、颐和园、北海等旅游景区都相继利用园内冰面开辟相应的冰场开展冰雪文化活动。相对应地，北京市冰雪赛事，尤其是冰上赛事也同样丰富多彩。雪上赛事有"沸雪"世界单板滑雪赛、国际雪联自由式滑雪空中技巧世界杯等。冰上赛事，有世界花样滑冰大奖赛、世界青年冰球锦标赛、全国冰壶青年锦标赛等。

与世界级冰雪旅游强国相比，目前我国的冰雪旅游人口总量少，仅占国民人口的0.4%，总体发展水平较低。但从国际冰雪产业发展规律来看，未来15年，我国滑雪市场将进入快速发展期，市场开发空间巨大。从游客群体特点来看，初级滑雪者以滑雪体验为主，追求活动的多样性和娱乐性，对基础配套设施、配套服务要求较高。中高级滑雪者则以滑雪的运动性为主，追求雪场环境、雪道等级等技术因素，寻求变化和挑战。根据国际滑雪运动发展规律，结合我国的冰雪产业发展阶段，在2025年前国内将以初级滑雪者为主。而从发展趋势来看，目前国内主要冰雪旅游正从单一的竞技赛事、冰雪观光向集多种类型于一体的冰雪休闲度假转型，应通过综合开发，重点发展北京的冰雪文化、冰雪娱乐和休闲度假项目。

（二）场所数量增速明显，冰雪旅游产业初具规模

近年来，随着冰雪运动的普及和提高，北京市冰雪运动场馆数量明显增加，且2022年北京冬奥会成功申办以来，为了更好地筹办冬奥会，进一步加快了北京市冰雪场所的建设。目前，北京市冰雪运动场所集中于北京市区以及冰雪旅游资源较丰富的郊区。目前中国滑雪场总数量达742家。截至2019年底，北京市滑雪场数量达24家，滑冰场数量达34家。在旱雪场方面，据公开数据，2018年国内旱雪场地发展势头强劲，成为滑雪场馆领域新增长极。截至2018年底国内旱雪场总数已经超过30家，其中北京市的旱雪场地面积位居全国第三[1]。

---

[1] 康露:《北京市冰雪场馆服务业发展现状及对策研究》，硕士学位论文，北京体育大学，2018。

为了进一步了解北京现有滑雪场数量分布，本文根据公开数据整理了北京各区的滑雪场数量。北京现有24家专业滑雪场，受地理条件限制，滑雪场的空间分布具有明显的集聚性。城区部分主要集中在朝阳区和海淀区；郊区则主要集中于昌平区和密云区。其中，昌平区4家、朝阳区3家、密云区3家、海淀区2家、丰台区2家、顺义区2家、延庆区2家、大兴区2家、门头沟区1家、房山区1家、怀柔区1家、平谷区1家。滑冰场方面，截至2019年，据不完全统计，北京现运营滑冰场有34家，主要集中在朝阳区和海淀区。其中，朝阳区14家、海淀区9家、昌平区3家、大兴区2家、东城区1家、通州区1家、房山区1家、石景山区1家、丰台区1家、密云区1家[①]。北京市的专业滑雪场、滑冰场等冰雪运动场所以及旱雪场地的数量，在规模以及场所面积上均位于全国前列。众多公园、户外滑冰场地举办的短期冰雪节事活动等更是为北京市冰雪旅游的发展提供了良好的基础设施条件。

2022年冬奥会预计共25个场馆，其中竞赛场馆12个、非竞赛场馆13个。25个场馆中10个为现有，6个为计划建设，4个为冬奥会建设，还有5个为临时建设。北京赛区有5个竞赛场馆，其中4座分别是水立方、国家体育馆、五棵松体育馆和首都体育馆，这4座体育馆将分别举办冰壶、男子冰球、女子冰球、短道速滑和花样滑冰的比赛。另外还需要在北京奥林匹克森林公园网球中心南侧新建国家速滑馆。距北京市区约90公里的延庆赛区则拥有国家高山滑雪中心、国家雪车雪橇中心两个竞赛场馆，届时将举行雪橇、雪车和高山滑雪项目比赛[②]。

四 北京冰雪旅游发展现存问题

（一）区域发展不均衡

受资源分布影响，北京市市内冰雪旅游发展不平衡，以延庆区为代

---

① 康露：《北京市冰雪场馆服务业发展现状及对策研究》，硕士学位论文，北京体育大学，2018。
② 国家发展改革委、国家体育总局、教育部等：《冰雪运动发展规划（2016—2025年）》，http://www.gov.cn/xinwen/2016-11/25/content_5137611.htm。

表的远郊区，因冰雪旅游资源较集中，冰雪旅游发展较为成熟。另外，同为筹办城市的张家口，冰雪旅游发展较有优势，但北京市与张家口在冰雪旅游方面的合作及协同较少，在一定程度上加剧了区域间发展差距。

（二）冰雪旅游产业亟须升级

北京市冰雪旅游产业已经初具规模，但是与冰雪发展历史悠久的欧美地区仍有较大差距。相对于国内东北地区以及张家口来说，北京冰雪旅游发展也有一定劣势。北京市冰雪旅游产业链发展不完善，尚未完成产业配套。受冰雪旅游设备和气候及地势条件影响，北京市冰雪场所建设也受到一定限制，北京市高级雪场冰场数量较少，以中小型规模的冰雪场所为主。低水平的冰雪场所以及配套服务对于区域内本身的冰雪旅游业及口碑形成负面影响，也将阻碍区域旅游合作的进展。随着人们对于冰雪旅游的需求日益增加和对旅游服务质量的日益敏感与注重，提升北京市的冰雪旅游产业升级，加快冰雪旅游配套建设以及提高服务水平就愈加重要。

五 北京市冰雪旅游产业发展对策

（一）充分利用政策优势，加强区域协同合作

京津冀协同发展和2022年北京冬奥会分别作为国家重大战略和重大事件，在京津冀协同发展的基础之上，高水平发挥举办北京冬奥会的优势，形成两者的优势叠加，为两地区域旅游合作的长久发展提供更坚实完善的保障[1]。北京市应借助冬奥会这个广阔的平台，利用政策优势，制定旅游方面相关扶持政策，加大区域旅游合作的规划设计，推动京张地区区域协同合作。

（二）优化空间布局，推动产业结构融合发展

北京冬奥会的成功举办离不开便捷高效的交通支持，因此北京市致力于对现有交通线路和设施的优化提升。目前，为保障冬奥会北京市

---

① 元利兴：《冬奥会与京津冀协同发展》，《前线》2019年第1期，第65~67页。

区、北京市延庆区、张家口市崇礼区三地赛场间的交通服务，将建设连接三地的高速铁路和高速公路①，在后续建设中，北京市也应持续完善公共服务体系和冬奥会专用通道的建设。

根据北京市冰雪旅游空间组织及资源分布现状，依托旅游产业发展和道路交通改善，应构建"两核、三带"的产业布局，推动空间组织优化，打造冰雪旅游主题路线，提升多个冰雪旅游节点。"两核"：（1）冬奥冰雪运动核心区。主要指举办2022年北京冬奥会的北京赛区。包括北京市朝阳区奥运村、首钢老厂区等地区。在此区域内打造集国际冰上赛事、人才培训、国际峰会论坛于一体的国际冰上运动产业基地，合力打造国际一流的集冰雪休闲旅游、训练培训于一体的场所，形成国际交流中心、培训教育中心、冰雪装备研发中心。（2）延庆冰雪运动核心区。主要指举办2022年北京冬奥会的延庆赛区。依托延庆海坨山区的冰雪旅游资源，整合冬奥会赛区各大滑雪场资源，建设世界顶级的滑雪项目场馆群，创建质量高、功能全的中国滑雪特色小镇，打造世界著名滑雪运动胜地。"三带"：（1）京张冰雪旅游带。将北京市延庆与张家口崇礼等地连接成带，沿线建设冰雪场馆和冰雪运动休闲基地，发展冰雪运动休闲产业，辐射带动北京市冰雪产业发展。（2）北京赛区冰雪旅游带。以北京市区奥林匹克公园片区、首钢老厂区连接成带，辐射带动周边运动休闲旅游发展。强化与周边地区的旅游协作。（3）延庆赛区冰雪旅游带。以延庆冬奥运动休闲基地为中心，大力发展冬季运动休闲旅游，带动延庆全域旅游目的地建设。强化与张家口赛区和北京赛区的旅游协作，突出与周边松山、玉渡山等景区的旅游线路组织串接。

（三）打造冰雪旅游品牌，树立旅游整体形象

笔者认为，北京市旅游业的发展应围绕冰雪旅游运动，以促进区域旅游合作为发展定位，深入挖掘北京市周边区域的冰雪旅游资源，形成以冰雪运动旅游资源为支撑，红色文化、生态旅游等专项旅游为补充，

---

① 国家发展改革委、国家体育总局、工业和信息化部等：《全国冰雪场地设施建设规划（2016—2022年）》，http：//www.gov.cn/xinwen/2016-11/25/content_5137605.htm。

辐射京张地区的旅游产品体系。坚持生态保护与旅游利用相结合、传统产品优化与新产品开发相结合的原则，以旅游新需求为引导，实现北京市旅游产品的精品化、主题化、个性化和品牌化。大力推进旅游业与其他产业的融合，发挥旅游与体育、文化、商贸、科教、养生、教育、科研等行业的融合作用，策划一批冰雪休闲度假、生态观光、山村休闲、乡村旅游等跨界产品。

北京市冰雪旅游资源优势明显，可以将其划入北京赛区冰雪旅游带、延庆赛区冰雪旅游带等。其中，北京赛区冰雪旅游带可分为：（1）奥运运动旅游产品。奥林匹克公园周边区域奥运资源丰富，如鸟巢、水立方、国家体育馆等。可以依托区位优势，重点体现运动休闲功能，打造冰雪运动、休闲会所等产品，充分发挥其在北京市整个旅游产品体系中的带动性作用，提升文化科技体验内涵。建设完善旅游基础服务设施，升级旅游解说系统和旅游安全系统，提高旅游综合管理水平。（2）商业休闲旅游产品。充分利用朝外、国贸地区商务休闲资源，有效整合、深化融合，丰富都市观光、时尚购物、文化娱乐等旅游产品，强化旅游公共服务体系配套，构建都市观光步行系统，提升宜游性。突出现代时尚文化，强化与三里屯夜间休闲、工体体育赛事、时尚文化演艺等特色片区联动发展。（3）历史文化旅游体验产品。北京的东西城区历史文化名胜璀璨，如故宫博物院、天安门广场、颐和园、恭王府等，可依托其厚重的历史文化资源，发展以北京古城文化为主题的文化旅游。

延庆赛区冰雪旅游带可以划分为：（1）冰雪旅游产品，延庆区的张山营镇等地区冰雪资源丰厚，如冬奥森林公园（建设中）、龙聚山庄等，可依托延庆张山营区域冰雪旅游资源发展以冰雪运动为主题的短期旅游，建设滑雪学校、亲子乐园、冰雪运动度假村；打造雪车雪橇运动体验、高山滑雪挑战、国家队训练观摩及冰雪运动培训项目。以冬奥基地滑雪和户外运动项目、冰上娱乐项目、八达岭滑雪场和石京龙滑雪场滑雪及雪上娱乐项目为主题，打造运动娱乐旅游主题。（2）自然观光类旅游产品。延庆北山带自然资源云集，如龙庆峡、玉渡山、松山等，以奥林匹克冰雪旅游小镇为依托，发挥北山带温泉疗养特色；依托延庆海坨山区周边自然风景资源，发展冰雪观光旅游主题。(3) 民俗文化类旅游产品。延庆东部有世界葡萄博览园、四季花海、百里画廊等民俗文化景点，以延庆特色民俗文化活动为依托，通过延伸北山和南山冰雪旅游线路，辐射东部四季花海"不冻泉"、百里画廊"不化冰"等冰雪奇观，同时挖掘和包装民俗美食，发扬民俗接待特色。(4) 历史文化类旅游产品。延庆南山路线上有八达岭长城、古崖居等景点，以八达岭长城为核心，以长城文化、戍边文化、古崖居文化和古村落为特色，串联运动娱乐、历史文化游主题[①]。

此外，北京市和张家口市可以携手合作，联合打造以冬奥会为主题的跨区域冰雪旅游线路。以冬奥会为主题，以京津冀旅游协同发展为导向，以北京地区辐射力较大的冰雪旅游资源（延庆奥运冰雪小镇等）吸引更大范围内的旅游者，借助冬奥会强大的带动优势，打通京张冰雪旅游线路。如京张冰雪旅游线路可设计为奥体运动中心（北京城区）—奥运冰雪小镇（北京市延庆区）—崇礼冰雪旅游（张家口）。通过北京、河北两地旅游主管部门联合推动，确立高端一流的旅游路线定位，从旅游标识、旅游推介宣传、旅游路线投融资、旅游主题活动和旅游联合执法等方面进行全方位对接。

---

① 《北京市"十三五"时期旅游和会展业发展规划》。

• 京郊乡村旅游篇 •

发达地区乡村旅游传统经营户的持续经营意愿影响因素研究
——以北京官地等民俗村为例

彭诗茗　王　欣　王国权*

一　引言

乡村旅游作为一种以回归田园生活为开端，展现乡村独特风土、风光、风物以及风俗特色的新兴旅游形式，已受到社会各界的广泛关注。这种旅游方式不仅满足游客对和缓安逸田园生活的向往，而且在一定程度上能解决乡村社区空心化、城乡差距巨大、乡村就业困难等社会棘手问题，实现城乡的深入融合与产业集群的联动发展。2018年，《中共中央国务院关于实施乡村振兴战略的意见》出台，首次将乡村旅游列为乡村振兴的主流产业，奠定了乡村旅游在旅游产业中的重要地位。

当今，发达地区乡村旅游已步入转型升级的新时期、新阶段，乡村旅游地开始频现棘手新问题，如出现与中国制造业一样的，由于劳动力价值提升而供给不足的"用工荒"；乡村旅游"飞地化"经营大幅削弱

---

* 彭诗茗，北京第二外国语学院2016级硕士研究生，研究方向为乡村旅游与旅游规划；王欣，北京第二外国语学院教授，研究方向为文化旅游与旅游地理；王国权，北京第二外国语学院2018级硕士研究生，研究方向为文化旅游与旅游地理。

乡村旅游对农村剩余劳动力就业的辐射带动作用；由于经营效益的下降，乡村旅游经营者开始逐步退出旅游市场，重返农业或转向其他行业等。这些问题在很大程度上制约了当地乡村旅游的可持续发展，而且随着时间的推进，这些问题会更加充分地暴露，带来的影响会更加广泛，整体发展形势会更加严峻，因此，对这些地区、这类新问题的思考与研究更具必要性与紧迫性。此外，作为乡村旅游发展核心参与主体的传统经营户的旅游经营状况实际上是对区域旅游地发展与演变的微观表征。在转型升级新时期，一方面，欠发达地区和发达地区传统经营户所追求的经营目标层次有所不同，前者希望通过乡村旅游实现"扶贫致富"目标，这也是以旅游带动乡村扶贫的主流思想；后者更多考虑的是面对自身多元化成长路径选择以及市场环境、地方政策、个体身心状态等多方面动态变化时，如何促进经营策略调整以适应市场消费需求，在已获取可观经济效益后实现长期的持续致富。另一方面，随着外部市场环境变化，不断衍生与拓展的创新性经营模式和业态理念对乡村旅游传统经营模式造成巨大的冲击，在"新"与"旧"的碰撞中，传统经营户正面临"变"与"不变"的艰难抉择，维持现状一成不变终将被时代淘汰，淹没在变革的浪潮中；"变"意味着加大资本投入，形成发展性思维，逐步实现经营活动可持续、高品质转变。这也是这一时期传统经营户所特有的困境，亟待解决。作为乡村供给侧改革的重要根据地，北京的乡村旅游不管是在发展规模上还是在发展阶段上都位居全国前列，在发达地区中极具代表性。近年来，落后的传统经营模式与区域经济下行压力引起客源市场紧缩，导致乡村旅游收入增长日趋缓慢甚至出现负增长。并且，众多媒体也开始关注和报道乡村旅游出现的停滞、衰退迹象，如京郊民俗户经营意愿日益减退，开始或者已经退出旅游市场寻求新的出路。《北京区域统计年鉴2017》显示，2016年北京民俗旅游总收入14.2亿元，京郊8个区（共收录了12个区的数据）乡村旅游总收入和游客量增速明显放缓，门头沟区、房山区呈负增长[1]。2015~2017

---

[1] 《北京区域统计年鉴2017》，http://202.96.40.155/nj/qxnj/2017/zk/indexch.htm。

年，北京民俗旅游实际经营户数量从 8941 户减少到 8363 户①，其中，传统民俗户作为京郊乡村旅游经营主体，相应下降比重最大。尽管政府出台众多有利政策，期望通过调整市场供给、引入全新旅游业态，提升乡村旅游接待活动的品质，但就目前效果来看，市场发展滞阻不前的趋势仍未得以扭转，初级乡村旅游接待活动在市场中的主导地位仍未动摇，新业态发展障碍重重，初级民俗接待动力不足，经济效益持续低迷等局面依旧，未得到根本改变。

鉴于此，本文选取北京官地、麻峪房等较早发展乡村旅游的村落为研究案例地，以开展旅游初级接待活动的传统经营户为研究对象，了解其在经营活动中面临的困境与发展现状，探究其内生发展需求以及影响其持续经营意愿的内外动因、预期行为选择等，这不仅能有效预测当地乡村旅游劳动力就业结构和产业结构的变化趋势，对政府科学引导京郊先发旅游地的转型升级提供新思路，而且能为后发地区乡村旅游未来的转型路径选择提供宝贵的理论参考与实践经验。

二 文献综述

（一）概念界定

1. 持续经营意愿

"意愿"一词源于社会心理学科，是个人行为意向的主观表征，是以态度理论为基础，对事物发展现状进行剖析，对事物发展趋向进行概率预测后形成的行为反应倾向②。基于此，本文将乡村旅游持续经营意愿理解为乡村旅游经营者在一定的社会和经济制度的约束下，以经营目标为导向，整合和优化内外经营资源要素，在对经营活动价值综合判断后，继续从事经营行为的概率倾向。

2. 传统经营户

传统经营户是乡村旅游经营者的核心组成，是以家庭为单位从事乡

---

① 《北京市 2017 年国民经济和社会发展统计公报》，http://www.bjstats.gov.cn/zxfb/201802/t20180225_393332.html。

② 左文明、王旭、樊偿：《社会化电子商务环境下基于社会资本的网络口碑与购买意愿关系》，《南开管理评论》2014 年第 4 期，第 140~150 页。

村旅游初级接待活动的经营主体。乡村旅游传统经营户与农家乐经营者概念内涵基本一致，但传统民俗户更强调经营主体以传统经营模式来开展经营活动，是新业态经营模式的对立面。其中，传统经营模式的典型特征有以下几点：第一，以住农家屋、吃农家饭、干农家活、享农家乐为经营活动内容，以提供当地特色餐饮、基础住宿为主，以提供休闲娱乐活动为辅，产品与服务供给较为单一；第二，经营定价较低，同时接待低价团队游客和散客，经营投入和成本较低；第三，参与主体主要为当地农民，经营用地多为自家宅基地，依托自家院落长期开展以个体或家庭为单位的自主经营活动；第四，经营活动具有季节性，传统民俗户除了经营农家乐之外，往往还会参与农业耕作等活动。本文提及的传统民俗户、农家乐经营者实际上都是指传统经营户。

（二）乡村旅游研究进展

1. 乡村旅游概念内涵与特点

各国国情和乡村地区基础条件的差异导致国内外对乡村旅游概念的界定尚未达成一致。但国内外学者普遍较为认同乡村旅游概念内涵中"乡村性"这一根本特征（Brohman[①]，胡萍[②]，张祖群[③]）。研究初期，大多数学者将乡村旅游与农业旅游等同，认为乡村旅游是农户依托农场或牧场的风土人情为游客提供初级餐饮、住宿与观光娱乐服务，旅游者通过体验这些服务获得身心愉悦的旅游形态。其中，独特的乡村风土人情和生产生活方式是吸引旅游者前往农场的主要原因（Gilbert & Tung[④]，Mormont[⑤]，熊凯[⑥]）。

[①] J. Brohman, "New Directions in Tourism for Third World Development", *Annals of Tourism Research* 1996, 23 (1)：48-70.

[②] 胡萍：《黑龙江省乡村旅游市场发展对策研究》，《商业时代》2011年第34期，第138~139页。

[③] 张祖群：《当前国内外乡村旅游研究展望》，《中国农学通报》2014年第8期，第307~314页。

[④] D. Gilbert, L. Tung, "Public Organizations and Rural Marketing Planning in England and Wales", *Tourism Management* 1990, 11 (2)：164-172.

[⑤] M. Mormont, "Rural Nature and Urban Natures", *Sociologic Ruralism* 1987 (27)：3-21.

[⑥] 熊凯：《乡村意象与乡村旅游开发刍议》，《地域研究与开发》1999年第3期，第71~74页。

Inskeep 扩大了乡村旅游的界定内涵，认为农业旅游、生态旅游、自然观光等旅游形式并不存在本质上的差异①，都属于乡村旅游②，都是一种以乡村风土人情、田园风光、民俗活动等为吸引物，融合文化、旅游、休闲、娱乐等多种功能的综合旅游形态（张文③，Bramwell & Lane④）。1994 年经合组织（OECD）基于"乡村性"这一根本属性，将乡村旅游定义为发生于乡村，以乡村性为独特卖点，具有文化性和观赏性特点的休闲活动，维持与保护"乡村性"是成功开展乡村旅游活动的关键，也是乡村旅游区别于其他旅游形式的重要标志（唐代剑、池静⑤）。此后，国内外对乡村旅游概念的界定都围绕经合组织的核心理念进行拓展，总体上表现出一定的共性：第一，乡村性和文化性，这是乡村旅游的根本属性；第二，资源的丰富性，主要通过整合乡村风光、风土、风物以及风俗等优势资源形成核心吸引物；第三，目标市场的明确性，客源主要是城市居民；第四，活动形式的多样性与体验性，包括农事活动体验、田园观光、民俗娱乐、乡村特色农产品销售等；第五，乡村社区的参与性，乡村旅游活动参与主体和受益对象是当地社区居民。

2. 乡村旅游类型

　　乡村旅游类型多样，学者郭焕成认为我国乡村旅游主要类型包括农家乐、民俗文化村、生态农园、观光农园等 10 种⑥。孟欢欢等将乡村旅游分为非农业主导型、农业主导型和均衡发展型三种类型⑦，非农业主导型随着社会经济发展所占比重日益增加。陈珍将乡村旅游分成六大

---

① 〔美〕因斯克普：《旅游规划——一种综合性的可持续的开发方法》，张凌云译，旅游教育出版社，2004。
② E. Inskeep, *Tourism Planning*: *An Intergrated and Sustainable Development Approach*, New York: Van Nor-strand Reinhold, 1991.
③ 张文：《对乡村旅游良性发展的思考》，《中国旅游报》2006 年 4 月 5 日。
④ B. Bramwell, B. Lane, *Rural Tourism and Sustainable Rural Development*, UK: Channel View Publications, 1994: 2.
⑤ 唐代剑、池静：《中国乡村旅游研究述评》，《杭州师范学院学报》（社会科学版）2006 年第 2 期，第 38~42 页。
⑥ 郭焕成：《发展乡村旅游业，支援新农村建设》，《旅游学刊》2006 年第 3 期，第 6~7 页。
⑦ 孟欢欢、李同昇、于正松等：《安徽省乡村发展类型及乡村性空间分异研究》，《经济地理》2013 年第 4 期，第 144~148+185 页。

类，包括农家乐型、民俗村型、田园风光型、古村落型、观光农村型和果木园林型①，其中，农家乐型和民俗村型是我国最典型的乡村旅游业态。基于上诉分类体系，可以看出民俗旅游或乡村民俗旅游是乡村旅游的重要类型之一，民俗旅游更多的是从民俗文化视角探索乡村旅游活动，实际上与乡村旅游并不存在本质差别。因此本文将两者视为相同概念，不做严格区分。

3. 乡村旅游发展路径

对乡村旅游发展路径的探索，现有文献主要聚焦于扶贫路径和转型升级路径两个方面。对扶贫路径的探究集中在经济欠发展地区乡村旅游扶贫模式、机制以及效应等领域。在扶贫模式方面，国外有三大经典模式受到学界的广泛认可，包括Schilchert的PPT扶贫模式②、Zeng & Ryan的TAP扶贫模式③以及Sofield等人的ST-EP扶贫模式④。国内学者朱凤歧等提出项目开发建设、直接扶贫、利用社会力量、农户合作社以及东西部合作等五种扶贫模式⑤；刘清洋提出景区带村、能人带户和"公司+农户"三种扶贫模式⑥。在扶贫效应与机制方面，Meyer从政府、市场以及社区三个层面，提出"经济利益驱动、社区主体推动、政府调控拉动以及社区精英带动"的扶贫发展机制⑦；Nyaupane论证外来资本导入社区

---

① 陈珍：《乡村旅游可持续发展影响因素及其评价指标体系的构建》，硕士学位论文，华中师范大学，2014。
② D. Schilchert, "Growth versus Equlity: The Continuum of Pro-Poor Tourism and Neoliberal Governance", *Current Issues in Tourism* 2007, 10 (2): 166-193.
③ B. X. Zeng, C. Ryan, "Assisting the Poor in China through Tourism Development: A Review of Research", *Tourism Management* 2012, 33 (2): 239-248.
④ T. Sofield, J. Bauer, T. De Lacy, et al., "Sustainable Tourism-Eliminating Poverty (St-Ep): An Overview", http://www.crctourism.com.au/wms/upload/images/disc%20of%20images%20and%20pdfs/for%20bookshop/documents/Fact Sheets/ST~EP.
⑤ 朱凤歧、高天虹、邱天朝等：《中国反贫困的途径》，《中国贫困地区》1997年第2期，第14~17页。
⑥ 刘清洋：《河南省乡村旅游精准扶贫实施路径与实证模式研究——以洛阳市栾川县重渡沟村为例》，《经营与管理》2018年第10期，第116~119页。
⑦ D. Meyer, "Pro-poor Tourism: From Leakages to Linkages. A Conceptual Framework for Creating Linkages between the Accommodation Sector and Poor Neighboring Communities", *Current Issues in Tourism* 2007, 10 (6): 558-583.

导致乡村旅游漏损的负面效应，提出控制内外资本投入比例的必要性①；王耀斌等采取双重差分模型评估甘肃的乡村扶贫效应，得出乡村旅游对贫困户经济与资产维度的扶贫效应最高，区位条件对减贫效应的影响较大②。对升级转型路径的探究，国内外学者紧密围绕乡村旅游发展的现实困境，如乡村劳动力供给不足（王海燕、王可心③）、乡村旅游产品同质化、泛文化（A. Fleischer and D. Felsenstein④，郭焕成、韩非⑤）、乡村旅游参与者利益冲突（Kayat⑥；卢小丽等⑦）等问题开展理论与实践研究，如吴必虎等认为乡村旅游产品的创新与升级是实现升级转型的重要途径，产品供给应以市场需求为导向，进行差异化、多元化、分级化的产品研发与营销⑧。此外，学者们结合不同的研究情境和视角，指明了乡村旅游升级转型之路，包括民宿经济发展（夏超⑨，陈瑾⑩）、乡村社区参与管理（Ryan⑪）、品牌创建与传播（Cai⑫）、多产业融合发展（王国华⑬，

---

① G. P. Nyaupane, S. Poudel, "Linkages among Biodiversity, Livelihood and Tourism", *Annals of Tourism Research* 2011, 38（4）：1344-1366.
② 王耀斌、陆路正、魏宝祥等：《多维贫困视角下民族地区乡村旅游精准扶贫效应评价研究——以扎尕那村为例》，《干旱区资源与环境》2018年第12期，第190~196页。
③ 王海燕、王可心：《诗和远方为京郊游蹚开新路》，《北京日报》2018年4月12日。
④ A. Fleischer, D. Felsenstein, "Support for Rural Tourism: Does It Make a Difference?", *Annals of Tourism Research* 2000, 27（4）：1007-1024.
⑤ 郭焕成、韩非：《中国乡村旅游发展综述》，《地理科学进展》2010年第12期，第1597~1605页。
⑥ K. Kayat, "Stakeholders'Perspectives toward a Community-based Rural Tourism Development", *European Journal of Tourism Re-search* 2008, 1（2）：94-111.
⑦ 卢小丽、毛雅楠、淦晶晶：《乡村旅游利益相关者利益位阶测度及平衡分析》，《资源开发与市场》2017年第9期，第1134~1137页。
⑧ 吴必虎等：《基于城乡社会交换的第二住宅制度与乡村旅游发展》，《旅游学刊》2017年第7期，第6~9页。
⑨ 夏超：《城乡统筹视野下的农家乐转型升级研究——以郫县友爱镇农科村为例》，硕士学位论文，成都理工大学，2012。
⑩ 陈瑾：《发展民宿经济与提升乡村旅游品质研究——以江西省为例》，《企业经济》2017年第32期，第142~147页。
⑪ C. Ryan, "Equity, Management, Power Sharing and Sustainability-issues of the New Tourism", *Tourism Management* 2002, 23（1）：142-152.
⑫ Cai, "Cooperative Branding for Rural Destination", *Annals of Tourism Research* 2002, 29（3）：720-742.
⑬ 王国华：《北京郊区乡村旅游产业转型升级的路径与方法》，《北京联合大学学报》（人文社会科学版）2013年第11期，第28~35页。

于秋阳、冯学钢①）、乡村政企合作（邓天宇②）等。

（三）乡村旅游经营活动研究

乡村旅游经营活动是一种依托经营者个体或者家庭劳动力，对经营要素进行合理配置与优化组合后，以谋求最佳经济效益为目标而开展的各类旅游接待活动。

1. 乡村旅游经营模式

乡村旅游经营模式选择是开展经营活动的基础，不同的经营模式会展示出不同的资源组合和配置方式，从而对乡村旅游持续发展的绩效评估产生直接或间接的影响。学术界对乡村旅游经营模式的探讨，侧重于从社区参与、管理与盈利结构等方面开展实证分析。Bridenhann 认为社区、政府、社会组织、企业共同构成经营管理活动的主体，经营主体不同的组合方式会表达出不同的利益诉求③。郑群明、钟林生从社区参与视角总结出"公司+农户"、"政府+公司+农村旅游协会+旅行社"、"农户+农户"、"股份制"以及"个体农庄"五种经营模式④。戴斌等根据经营活动的时序特点，将我国乡村旅游经营模式分为政府推动型、市场驱动型以及混合成长型三种，他认为发展早期应当充分发挥政府的主导作用，促进经营活动的有序开展，发展中后期应当逐渐弱化政府职能，发挥市场主体作用⑤。王敏娴根据区域经济与资源禀赋，提出"政府+农户+NPO（非营利组织）"和"政府+农户+企业+NPO"两种经营模式，前者适用于经济发达、单体旅游资源良好的乡村地，后者则相反⑥。

---

① 于秋阳、冯学钢：《文化创意助推新时代乡村旅游转型升级之路》，《旅游学刊》2018 年第 7 期，第 3~5 页。

② 邓天宇：《门头沟区乡村旅游发展中的政府职能研究》，硕士学位论文，首都经济贸易大学，2017。

③ J. Bridenhann, "Tourism Routes as a Tool for the Economic Development of Rural Areas-Vibrant Hope or Impossible Dream", *Tourism Management*, 2004 (25): 71-79.

④ 郑群明、钟林生：《参与式乡村旅游开发模式探讨》，《旅游学刊》2004 年第 4 期，第 33~37 页。

⑤ 戴斌、周晓歌、梁壮平：《中国与国外乡村旅游发展模式比较研究》，《江苏科技师范学院学报》2006 年第 1 期，第 16~23 页。

⑥ 王敏娴：《基于社区参与的乡村旅游发展研究》，《商场现代化》2010 年第 6 期，第 96~97 页。

陈佳等根据乡村旅游资源的地域差异，总结出以农家乐休闲为主的"政府+社区+农户"、以民俗体验为主的"社区+农户+旅游公司"以及以景区资源为主的"政府+农户"经营模式，认为旅游发展不仅促进农户生计策略的演化，而且以旅游经营为主的新型生计方式是实现乡村经济稳步发展的助推力①。本文研究对象实际上采取的是"政府+社区+农户"的传统经营模式，强调社区农户的经营主体地位和政府的主导地位。

2. 乡村剩余劳动力就业与乡村经营活动

乡村旅游是传统农业向非农服务业转型的重要载体，这与经济学家刘易斯对农村剩余劳动力转移规律的认知相一致，他认为以农业为传统产业代表的发展中国家随着工业化进程的推进会逐渐转向现代服务业，转移过程中农村剩余劳动力会得到进一步释放，农民的收入会进一步提高（Vitasurya & Reni②），这就是乡村经营活动对农村劳动力就地就业的促进作用（Bontron等③）；此外，乡村旅游对农村女性等弱势群体的就业推动力要大于男性，此观点也得到了众多学者的论证（柯珍堂④，叶迎⑤）。对农村劳动力就地参与乡村旅游经营的研究形成两大流派，一是受到学界普遍认同的"经济转移论"，即农村劳动就地转移并不是单一方向的流动过程，而是受经济利益驱动表现出一定的流动性，具体规律是：当旅游收益大于农业收益时，农村劳动力会向旅游业转移，乡村旅游经营人员数量将大幅增加；当旅游收益无法满足农户心理预期，农村劳动力将会逐步退出旅游市场，转型其

---

① 陈佳、张丽琼、杨新军等：《乡村旅游开发对农户生计和社区旅游效应的影响——旅游开发模式视角的案例实证》，《地理研究》2017年第9期，第1709~1724页。
② Vitasurya, V. Reni, "Local Wisdom for Sustainable Development of Rural Tourism, Case on Kalibiru and Lopati Village, Province of Daerah Istimewa Yogyakarta", *Procedia-Social and Behavioral Sciences* 2016, (216): 97-108.
③ J. C. Bontron, N. Lasnier, R. D. Bollman, J. M. Bryden, "Tourism: A Potential Source of Rural Employment", *Cab International* 1997, (4): 427-446.
④ 柯珍堂：《乡村旅游开发促进农村剩余劳动力转移的机制研究》，《安徽农业科学》2011年第33期，第20741~20742+20773页。
⑤ 叶迎：《以乡村旅游促进农村剩余劳动力转移机制研究》，《农业经济》2015年第11期，第56~57页。

他行业（左冰、万莹①）。其中金融资本、社会资本、人力资本等资本要素（喻忠磊等②）以及乡村旅游产业规模、劳动力市场状况（Allan等③）是决定农村劳动力参与乡村旅游经营适应性的重要因素。二是以学者柳百萍等人为代表的"价值转移论"，他们认为乡村旅游经营活动的"多元价值观"会逐步代替"唯经济发展观"，最终决定农村劳动力就业意向及选择④。个人职业发展前景⑤、社区归属感⑥、生活方式⑦和政策支持力度⑧等因素都是影响农村劳动力旅游就业的重要因素。此外，学者结合不同理论基础对乡村旅游经营的多重就业定向进行了解析，如王茂强等运用旅游地生命周期理论分析了农村剩余劳动力转移与乡村旅游地生命周期的动态关系，得出不同发展阶段乡村旅游地的劳动力，在经营活动内容和方式的选择上呈现不同的特征⑨。唐丽君运用托达罗模型理论分析了休闲农业对农村劳动力回流的影响，并从经济、就业、政策制度等方面构建了评价指标⑩。

3. 乡村旅游持续经营意愿的影响因素

国外对乡村旅游经营意愿影响因素的研究较为成熟，侧重于对乡村

---

① 左冰、万莹：《去内卷化：乡村旅游对农业发展的影响研究》，《中国农业大学学报》（社会科学版）2015年第4期，第21~30页。
② 喻忠磊、杨新军、杨涛：《乡村农户适应旅游发展的模式及影响机制——以秦岭金丝峡景区为例》，《地理学报》2013年第8期，第1143~1156页。
③ Allan, C. Williams, H. Michael, "Rural Tourism and Migration: New Relationships between Production and Comsumption", *Tourism Geographics* 2000, 2（1）：5-27.
④ 柳百萍、胡文海、尹长丰等：《有效与困境：乡村旅游促进农村劳动力转移就业辨析》，《农业经济问题》2014年第5期，第81~86+112页。
⑤ A. Christina, A. Ladkin, J. Fleteher, "Stakeholder Collaboration and Heritage Management", *Annal of Tourism Research* 2002, 32（1）：28-48.
⑥ 李可：《外出务工青年返乡参与湘乡市乡村旅游发展意愿调查》，硕士学位论文，中南林业科技大学，2013。
⑦ B. McKercher, B. Robbins, "Business Development Issues Affecting Nature-Based Tourism Operators in Australia", *Journal of Sustainable Tourism* 1998, 6（2）：173-188.
⑧ 曹水群：《以乡村旅游带动农村剩余劳动力转移研究——以西藏地区为例》，《特区经济》2010年第5期，第161~162页。
⑨ 王茂强、殷红梅、王英：《基于旅游生命周期理论的乡村旅游开发农村剩余劳动力转移分析——以贵州为例》，《安徽农业科学》2011年第35期，第21854~21857+21879页。
⑩ 唐丽君：《休闲农业对农村劳动力回流的影响研究——基于成都市的实证分析》，硕士学位论文，四川农业大学，2017。

企业的探究，如 Shane 将乡村旅游企业经营的影响因素分为宏观因素、中观因素和微观因素三类，宏观因素包括利率波动、经济危机等，中观因素包括区域发展等，微观因素包括个体、家庭等；其中，影响力大小按微观因素到宏观因素顺序依次递减[1]。此外，经营者态度、经营能力、稳定资金来源、社区关系网络、基础设施等因素也是影响乡村旅游经营意愿的关键因素（Wilson 等[2]，Kline & Milburn[3]，Seuneke 等[4]，Petrzelaka 等[5]，Razzaq 等[6]）。国内专门针对传统经营户持续经营意愿影响因素的研究极少，但是对农户参与旅游意愿和行为倾向的研究较为丰富[7]。尽管传统民俗户比农户的概念内涵更为收缩，但仍可以借鉴前人研究成果来探讨研究主题。何莉以农家乐经营者为研究对象，认为影响农家乐经营者实施旅游标准化的五大因素有户主禀赋、农家乐经营特征、心理行为变量、经济因素以及外部因素[8]。罗红、何忠伟运用 Logit 分析方法探究北京市 300 户传统民俗户的乡村低碳化发展意愿影响因素，得出：个体因素、动机因素以及传播渠道因素会显著影响民俗户低碳化旅游发展意愿[9]。马奔等运用计划行为理论分析秦岭周边农户参与生态旅游经营行为，认为户主受教育程度、家庭劳动人数、参与开发项目与否以及

---

[1] S. Shane, "Explaining Variation Rates of Entrepreneurship in the U. S.：1899-1988", *Journal of Management* 1996, 22 (5)：747-781.

[2] S. Wilson, D. R. Fesenmaier, J. Fesenmaier, et al., "Factors for Success in Rural Tourism Development", *Journal of Travel Research* 2001, 40 (2)：132-138.

[3] C. Kline, L. A. Milburn, "Ten Categories of Entrepreneurial Climate to Encourage Rural Tourism Development", *Leisure Studies Journal* 2010, 13 (12)：320-348.

[4] P. Seuneke, T. Lan, J. S. Wiskerke, "Moving beyond Entrepreneurial Skills：Key Factors Driving Entrepreneurial Learning in Multifunctional Agriculture", *Journal of Rural Studies* 2013 (32)：208-219.

[5] P. Petrzelaka, R. S. Krannich, J. Brehm, "Rural Tourism and Gendered Nuances", *Annals of Tourism Research* 2005, 32 (4)：1121-1137.

[6] A. R. Razzaq, N. H. Mohamad, S. S. Shikh, "Developing Human Capital for Rural Community Tourism：Using Experiential Learning Approach", *Social and Behavioral* 2013 (93)：1835-1839.

[7] 秦文：《农户耕地经营行为及影响因素分析——以雅安市雨城区为例》，硕士学位论文，四川农业大学，2011。

[8] 何莉：《农家乐经营者实施旅游标准化意愿的影响因素研究——基于郫县友爱镇的调研》，硕士学位论文，四川农业大学，2013。

[9] 罗红、何忠伟：《乡村旅游低碳化发展影响因素分析——基于北京市 300 户乡村旅游经营者的调查》，《科技和产业》2014 年第 9 期，第 5~11 页。

农户家庭的地缘和血缘关系特征对农户生态旅游经营意愿和经营要素投入有正向显著影响①。陈湘漪通过对涠洲岛 385 名乡村旅游经营者开展研究，发现居民个体因素、自然资源因素、区位及市场因素、经济政治因素和社会文化因素对"旅游商品提供者"、"渔家乐自营者"以及"旅游设施业主"三类乡村旅游经营者的经营均构成显著影响，但影响的强弱有所不同②。薛倍珍以旅游扶贫为研究背景，认为户主个体因素、农户家庭特征因素、家庭生成因素、家庭消费因素、村组织因素以及户主认知因素六个因素将会对农户参与乡村旅游意向产生直接影响③。卢冲等从四川藏区 1320 户农牧户对乡村旅游经营参与决策和经营方式选择出发，分析农牧户旅游经营意愿与决策行为的影响因素，如人力资本、社会资本、经济资本和政策指标等；此外，经营意愿在影响因素与决策行为之间发挥着中介作用④。

（四）文献评述

结合研究主题梳理相关文献后，总结如下：第一，乡村旅游经营者实质是农村劳动力的表征，已有研究对农村剩余劳动力就业与乡村经营的关联研究仅停留在浅层次的表象分析，对已实现旅游就业经营者的持续经营意愿、参与层次等方面的研究并不多见；同时，对旅游就业"价值转移论"和"经济转移论"两者的内在耦合协同关系、乡村旅游劳动力退出问题的认识、后续引导与价值再创等方面的研究较为匮乏。第二，现有研究成果侧重于对欠发达地区农户早中期参与乡村旅游发展的态度、意向及模式的探讨，对经济发达地区处于成熟、停滞或衰退阶段乡村旅游地的现有传统民俗户经营现状以及影响持续经营意愿核心因素的研究尽显不足，这也是本文关注的重点。

---

① 马奔、刘凌宇、段伟等：《森林景区周边农户生态旅游经营行为研究——以陕西秦岭地区为例》，《农林经济管理学报》2015 年第 6 期，第 653~660 页。
② 陈湘漪：《精准扶贫背景下不同类型乡村旅游经营者发展的影响因素研究——以涠洲岛为例》，硕士学位论文，广西大学，2016。
③ 薛倍珍：《旅游扶贫重点村农户参与旅游活动的影响因素研究——以安康市为例》，硕士学位论文，西北大学，2017。
④ 卢冲、伍蒌霖、庄天慧：《"资本-策略"视角下藏区农牧户乡村旅游经营决策研究》，《旅游学刊》2018 年第 2 期，第 27~37 页。

三 研究地概况

（一）案例地概况

昌平麻峪房民俗村位于北京市昌平区十三陵镇，距离北京市中心约50km，毗邻北京十三陵风景名胜区、碓臼峪自然风景区。该村于20世纪90年代开始发展乡村民俗旅游，1997年全村民俗户仅7户，在这7户民俗户的带动和村委会的支持下，全村进行产业结构调整，劳动力从农业、种植业、养殖业开始转向乡村旅游业，通过兴办农家乐的方式参与旅游活动，2009年全村旅游收入达195万元，全村60户中有55户参与经营乡村民俗旅游；2015年全村完成乡村旅游精品村升级改造工程，对乡村外部环境和布局、接待设施等进行改造更新，同年实现旅游收入200万元，目前全村可同时接待游客1500人次，被评为北京十大最美乡村。

官地村位于北京市怀柔区雁栖镇，距离北京市中心约60km，整个村落分为上官地和下官地两部分，隶属神堂峪风景区，与雁栖湖、慕田峪和红螺寺等著名景点相连，地理位置优越，是京郊民俗旅游第一村。1993年，官地村村民单淑芝最早从事乡村民俗旅游经营，她依托官地村毗邻神堂峪景区的区位优势，以自家院落开展旅游接待活动，提供餐饮与住宿等服务。在她的带动下，80%的村民陆续开始从事农家乐经营；2006年底，官地村成立旅游合作社，合作社对进货渠道、价格和接待标准进行统一，规模标准化经营使官地村在北京的知名度不断提升。近年来，在政府的引导和市场的驱动下，游客服务中心、休闲辅助设施、旅游厕所、餐厅住宿等旅游基础设施日益完善，全村经营活动内容也从最初的简单食宿接待拓展到多元化的农务体验、水上运动等。

遥桥峪村位于北京市密云区新城子镇，距离北京市中心约130km，村落位于武陵山中央腹地，东邻雾灵山庄、遥桥峪水库、灵岫花园，南靠遥桥古堡、云岫谷自然风景区和密云国际狩猎场。该村于1995年开始发展乡村旅游，通过整合乡土文化资源，完善旅游功能设施，成为京郊首屈一指的乡村民俗村落。2015年全村旅游收入达587万元，年接待游客约10万人次，挂牌民俗户共76户，经营效益较好的民俗户有40

多户。2018年,该村入选北京首批市级传统村落名录。

(二) 案例地传统民俗户的持续经营意愿现状分析

本文在三地随机抽取90户传统民俗户进行问卷调查,了解其持续经营意愿。如表1所示:42户传统民俗户的持续经营意愿较过往有所降低,占比46.67%,36户的持续经营意愿未有较大变化,仅12户的经营意愿有所提高,占比13.33%。由此可见,传统民俗户的持续经营意愿整体有所降低,整体态度表达较为消极。

表1 传统民俗户经营意愿变化情况

与几年前相比,经营意愿变化	数量(户)	占比(%)
升高	12	13.33
持平	36	40.00
降低	42	46.67

在对传统民俗户持续经营意愿现状调查中,90户传统民俗户中有17户非常愿意持续开展经营活动,占比18.89%,19户表示比较愿意持续经营,占比21.11%,26户保持中立观望态度,占比28.89%,21户表示有退出经营活动的打算,占比23.33%,7户退出经营的意愿强烈,占比7.78%(如图1所示)。由此可见,案例地传统民俗户对持续经营活动的积极性整体上不高,大多数处于观望状态,他们选择暂时维持经营活动,以期借鉴别人的观点和意见,帮助自己做出决策。

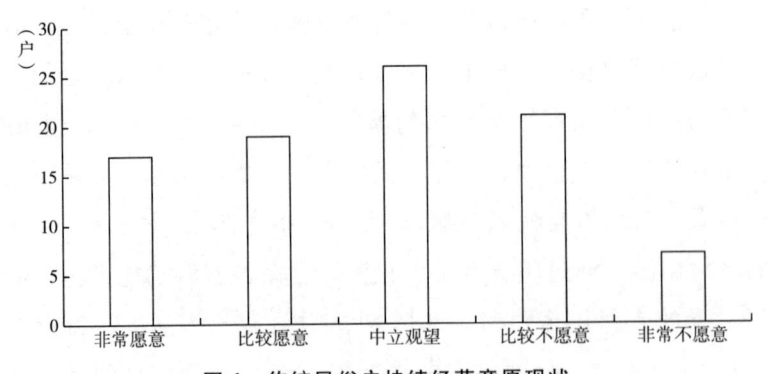

图1 传统民俗户持续经营意愿现状

四 发达地区乡村旅游传统经营户持续经营意愿的影响因素实证分析

(一)基于扎根理论的北京传统民俗户持续经营意愿影响因素模型构建

经营者行为选择与实施的前提是对持续经营意愿的感知与把握,而对经营意愿的深层次剖析就需要挖掘影响其持续经营意愿的内外动因。现有研究缺少对发达地区传统经营户持续经营意愿影响因素及内在作用机理的深入探究,因此首先采用扎根分析方法来剖析影响因素的成分和内在逻辑关系。

本研究主要采用开放性抽样方式,遵循问题—概念—范畴—理论的逻辑思路,以昌平麻峪房村、密云遥桥峪村和怀柔官地村实际开展经营活动的传统民俗户为研究对象,构建传统民俗户持续经营意愿影响因素之间的逻辑结构体系。调研团队于 2018 年 9~11 月到访案例地开展实证调研。在调研实施前,设计了包括 15 个半开放性问题的访谈提纲,随机选择 19 名传统民俗户(见表 2)进行半结构化访谈,访谈氛围轻松、自然,传统民俗户能自由地表达自己的真实看法与感受。由于民俗旅游经营、农家乐经营与乡村旅游经营概念相似,本文统一称为农家乐经营。问题包括:你对未来经营活动持怎样的态度?会持续扩大经营规模吗?您做这份工作付出了什么?以及失去了什么?什么因素可能会让你最终退出农家乐经营?从您自身来说,什么因素使你一直坚持农家乐经营?等等。

表 2 访谈对象情况

编号	性别	年龄	调研地点	经营年限	净经营收入(万元)	参与经营人数	预期持续经营意愿	访谈时间(分钟)	访谈字数
C1	男	40	麻峪房村	5	7	1	退出经营	28	1011
C2	女	43	麻峪房村	18	10~15	2	持续经营	44	1245

续表

编号	性别	年龄	调研地点	经营年限	净经营收入（万元）	参与经营人数	预期持续经营意愿	访谈时间（分钟）	访谈字数
C3	男	62	麻峪房村	21	8	3	退出经营	35	1630
C4	女	38	麻峪房村	12	6~8	2	退出经营	17	692
C5	女	30	麻峪房村	4	18	3	持续经营	32	1893
C6	男	47	麻峪房村	8	16	4	持续经营	48	2167
C7	女	55	遥桥峪村	10	5~6	4	持续经营	63	2346
C8	女	41	遥桥峪村	12	13	2	退出经营	28	1355
C9	男	44	遥桥峪村	2	8~10	2	退出经营	53	2423
C10	男	33	遥桥峪村	22	20~25	6	持续经营	57	4271
C11	男	28	遥桥峪村	4	15~18	3	持续经营	43	2338
C12	男	36	遥桥峪村	5	10	2	退出经营	27	1537
C13	女	54	下官地村	25	25~35	4	持续经营	31	1466
C14	男	52	上官地村	18	10~20	2	持续经营	67	3879
C15	男	32	上官地村	6	12	2	持续经营	50	2556
C16	女	29	上官地村	4	12~15	2	持续经营	85	4725
C17	女	36	上官地村	13	9~14	4	退出经营	27	1249
C18	男	45	上官地村	7	6~7	2	退出经营	33	1344
C19	女	53	上官地村	11	12~14	3	持续经营	24	1312

访谈过程中，在征得受访者同意的前提下，对所访谈的内容进行录音和文字记录。访谈后对录音资料进行文本转换，整理与分析相关文本资料。具体接受访谈人员的统计信息如表 2 所示，平均访谈时间为 42 分钟，访谈文字达 39439 字。实地访谈后，本文采用质性分析软件 Nvivo11.0 分析文本数据，分析过程主要包括开放式编码、主轴式编码和选择式编码三个操作步骤，具体编码过程如下。

（1）开放式编码

开放式编码是扎根研究的基础工作，研究者在对原始资料记录进行逐字逐句编码基础上，通过往复对比确定最能反映原始资料类属的概念与范畴。本文紧密围绕"传统民俗户持续经营意愿的影响因素"这一主题对访谈文本进行整理、分析,将与研究主题有关的句子进行归纳、命名。为体现这一环节,现摘录访谈对象 10 开放式编码环节的节选部分,文中加粗字体是对原始文本的初步概念化,如"参与经营人数""工资收入""经济发展形势下行""客源市场需求多元化"等。摘录访谈对象 10 的个体情况为:男性,33 岁,遥桥峪村本地居民,全家从祖母、父母到自己共三代人参与乡村旅游经营,家庭参与农家乐经营 22 年,个人参与农家乐经营 4 年。

笔者:您家现在有几口人在参与乡村旅游经营呢?

受访者:我家人口大概有六七个人,**主要参与旅游经营的有四五个成员(参与经营人数)**。我有一份工程类的正式工作,**每月收入有 8000 多(工资收入)**。我每天上班回来都住在这里,平时主要是帮忙,周末会全天参与经营。

笔者:您认为现在当地乡村旅游发展情况如何?客源市场有何变化?

受访者:在 3~5 年前,也就是 2013 年到 2015 年,这个村的乡村旅游发展最火,农家乐经营也可以说是鼎盛时期。那个时候国家整体的经济运行还不错,游客挣了钱出来旅游的挺多。这两年,从去年(2017 年)到今年(2018 年),**一是明显能感受到经济不景气(经济发展形势下行)**,**二是明显能感觉到旅游者需求越来越多元化(客源市场需求多元化)**,他们不再满足住农家乐,而是倾向于条件更高档的民宿或者酒店,对居住环境的要求更高了,不再是仅要求传统意义上的住宿、吃饭,而是要求包括娱乐、观光、休闲等不同旅游活动,客人现在追求的是品质与格调。

按照开放式编码要求,本文随机选取 16 份访谈文本进行编码分析,剩余 3 份用于饱和度检验。依照上诉开放式编码操作方法,分别对调研地访谈所得的 16 个文本进行初始概念提取,对重复出现 3 次以上具有相似含义的语句或概念进行比较、归类与合并①，最终提炼出初始概念169个，抽象化范畴52个，分别为邻里关系、安全应急能力、税收优惠政策、服务接待知识、客源市场结构情况、家庭成员在政府担任职务与否、主客关系、社会交际价值、生活牺牲、经营管理策略、货币债务成本、政策和市场变化风险把握、土地使用政策、能源补贴政策、情感性价值、身心成本、舒适便利价值、经营物料补贴政策、自我实现价值、经济回报价值、财务风险管理、亲友关系、成长发展价值、安全风险管理、经营竞争状况、经济发展状况、旅游资源状况、设施与休闲空间变化、劳动力供应情况、产品与服务供需差异、当地交通状况、基本保险政策、营销宣传能力、资金获取与偿还能力、经营提升补贴政策、经营内容拓展、决策能力、时间成本、京郊保政策、权利表达与民主参与、经营风险管理、区域旅游规划、环境压力承受能力、与政府和供应商关系、多元化收益来源、制度公平保障、市场项目投入与运营、天气风险管理、旅游基础设施、公共服务政策、金融服务政策、产品与服务创新。由于篇幅限制，表3对每一个范畴都只节选不多于3条的原始语句，且只展示部分范畴的开放式编码过程。

表3 开放式编码范畴化过程

范畴	初始概念	原始语句
邻里关系	邻里关系友好 邻里关系敏感 邻里合作共赢	T46 我们也是雇了员工的，都是亲朋好友，周边的邻居，他们值得信任，也比较好说话 T89 我这房子是2008年装修，当时我先装修，我对面的邻居2011年装修，占了好多公共用地，把客人停车的空地都给占了，我因为这事还跑到村里面去投诉过好几次，但是我对面那家邻居有亲戚在政府里工作，多次反映情况都没有结果，应该是被他们压下来了，后来我也就放弃了 T13 我和周边邻居的关系特别好，平时经常沟通，共享信息和资源。我忙不过来的话，其他邻居会主动过来帮忙

---

① 王建明、王俊豪:《公众低碳消费模式的影响因素模型与政府管制政策——基于扎根理论的一个探索性研究》,《管理世界》2011年第4期,第80~89+99页。

续表

范畴	初始概念	原始语句
安全应急能力	消防安全检查 安全意识较强 安全操作规程 安全设备 安全培训	T59 政府经常会过来突击检查，包括安全检查、消防检查和卫生检查，然后教经营者消防安全知识，比如防盗、登记客户信息等，慢慢地面对安全问题，就知道怎么处理了
		T60 我的安全防范意识还是挺高的，灭火器我就一次性采购了10个，因为我之前工作的地方起过火，所以我一直觉得消防安全特别重要，也给员工灌输安全观念
		T24 政府也给我们培训，主要是消防、服务、餐饮之类的
税收优惠政策	减免税收 个税增加 税收发票配发	T66 今年（2018年）合作社把大家召集起来开会，说政府这边有农家乐提升项目，可以将农家乐改造成民宿，免息贷款50万，三年之内免息，但是超过三年就有6%的利息
		T81 我感觉明年农家乐更不好做，有新闻说从明年开始，个人所得税要缴纳更多，这应该会影响客人的消费水平
		T44 民俗户经营农家乐基本都不用缴税，政府每月还送你10000元纸质定额发票
服务接待知识	服务接待培训 标准服务流程 接待礼仪规范 接待用语使用 投诉争执处理 沟通交流技巧	T11 我加入了乡村旅游合作社，政府经常开办一些培训活动，包括接待服务、英文培训、礼仪和烹饪
		T40 合作社经常邀请专业人员过来开培训，主要内容就是接待服务、投诉处理、经营管理、客户沟通技巧和烹饪手艺这些，以及客人从入店到离店之间的标准化服务流程等
		T35 早期经营过程也跟一些客人有过争执，刚开始挺冲动的，直接跟客人吵。现在的话要冷静很多，遇到问题，首先跟客人道歉赔礼，其次是协商，看能不能从其他方面弥补下客人，慢慢开始知道如何与客人沟通
……	……	……

（2）主轴式编码

主轴式编码又称关联式编码，任务核心是挖掘范畴之间的内在逻辑关联，对开放式编码结果进行再塑和整合，最后得出更具指向性、涵盖范围更广的主范畴。本文操作步骤是：首先将开放式编码所得的52个范畴放回原始文本进一步解析，找到主范畴和副范畴的内在联系，最终提取出12个主范畴，包括权利保障制度、基础保障政策、财政补贴政策、经营管理能力、机会识别能力、风险容忍能力、关系利用能力、基础设施要素、旅游资源要素、市场经济要素、感知经营利得和感知经营利失。表 4 所示是主轴式编码过程。

表 4　主轴式编码过程

核心范畴	主范畴	开放式编码范畴（副范畴）	范畴内涵
政策保障力度	权利保障制度	制度公平保障、权利表达与民主参与	基础保障政策、财政补贴政策和权利保障制度是政策保障的重要组成部分，也是保障乡村旅游经营户能顺利开展经营服务与活动的宏观前提条件
	基础保障政策	基本保险政策、京郊政策、土地使用政策、公共服务政策	
	财政补贴政策	税收优惠政策、经营物料补贴政策、能源补贴政策、经营提升补贴政策、金融服务政策	
经营能力	经营管理能力	服务接待知识、安全应急能力、营销宣传能力、决策能力、经营管理策略、资金获取与偿还能力	经营能力是经营主体开展乡村旅游经营活动所需要的知识、技能和经验等。传统民俗户通过对自有的各类资源和信息加工处理后，最终决定经营的具体发展方向
	机会识别能力	多元化收益来源、经营内容拓展、设施与休闲空间变化、产品与服务创新	
	风险容忍能力	经营风险管理、天气风险管理、安全风险管理、财务风险管理、政策和市场变化风险把握、环境压力承受能力	
	关系利用能力	邻里关系、主客关系、家庭成员在政府担任职务与否、亲友关系、与政府和供应商关系	
乡村旅游发展要素资源	基础设施要素	当地交通状况、旅游基础设施	乡村旅游发展要素资源是乡村旅游开发与发展的基础保障。了解传统民俗户对当地乡村旅游发展要素的整体感知，能够洞悉并解释其持续经营意愿表达和行为决策选择的动因
	旅游资源要素	旅游资源状况、市场项目投入与运营、区域旅游规划	
	市场经济要素	经营竞争状况、客源市场结构情况、产品与服务供需差异、经济发展状况、劳动力供应情况	
感知经营价值	感知经营利得	经济回报价值、情感性价值、社会交际价值、舒适便利价值、自我实现价值、成长发展价值	感知经营价值是传统民俗户对经营活动所获得的利益和所付出的成本综合权衡后对经营效用做出的整体判断
	感知经营利失	货币债务成本、身心成本、生活牺牲、时间成本	

(3) 选择式编码

选择式编码又称核心式编码，核心任务是通过对资料的不断审视、验证和补充，实现对主范畴的深入筛选，提炼出解释力度最佳的核心范畴，从而为建构全新的理论打下坚实基础。选择式编码强调聚焦性，主要有两个过程，一是提炼出所有核心范畴，并进行简要阐述；二是剖析核心范畴之间的逻辑关联，提出研究假设。在选择式编码过程中，按照故事脉络的发展层次，本文将"经营管理能力""机会识别能力""风险容忍能力""关系利用能力"归属于传统民俗户的经营能力，命名为"经营能力"；"权利保障制度""基础保障政策""财政补贴政策"三个主范畴隶属于政策支撑系统，命名为"政策保障力度"；"感知经营利得"和"感知经营利失"是对经营活动利益得失的价值判断，命名为"感知经营价值"；"基础设施要素"、"旅游资源要素"和"市场经济要素"隶属于旅游发展要素资源，命名为"乡村旅游发展要素资源"。由此，将12个主范畴成功提炼为"经营能力"、"政策保障力度"、"乡村旅游发展要素资源"和"感知经营价值"4个核心范畴，并结合访谈具体情境的语句逻辑与故事发展脉络，搭建了核心范畴间的内在关系结构，如表5所示。逻辑主线是：传统民俗户对外部乡村旅游发展要素资源、政策保障力度和内部经营能力进行认知的基础上，通过判断与权衡经营活动的价值得失，最终决定自己退出经营市场还是持续开展经营。由此，构建"北京传统民俗户持续经营意愿影响因素"理论模型，如图2所示。

表5 核心范畴关系结构

内在关系结构	关系结构内涵
乡村旅游发展要素资源——→持续经营意愿	传统民俗户对市场环境、旅游资源以及要素设施等因素的认知与理解是影响持续经营意愿的外部动因
乡村旅游发展要素资源——→感知经营价值	传统民俗户对乡村旅游发展要素资源的认知是个体衡量经营活动价值的重要载体，影响传统民俗户对经营价值的认同程度

续表

内在关系结构	关系结构内涵
政策保障力度→持续经营意愿	政府为传统民俗户在权益、财政等方面提供的政策与制度保障力度会影响传统民俗户的持续经营意愿
政策保障力度→感知经营价值	经营价值的前提与基础，有力的政策保障会影响传统民俗户对经营价值的认同程度
经营能力→持续经营意愿	传统民俗户的经营能力是开展并维持经营活动的根基，经营能力会极大地影响民俗户的持续经营意愿
经营能力→感知经营价值	传统民俗户持有的经营知识、技能与经验是其判断经营活动利得和利失的重要内部动因
感知经营价值→持续经营意愿	传统民俗户对经营价值的权衡是其持续开展经营活动的直接归因

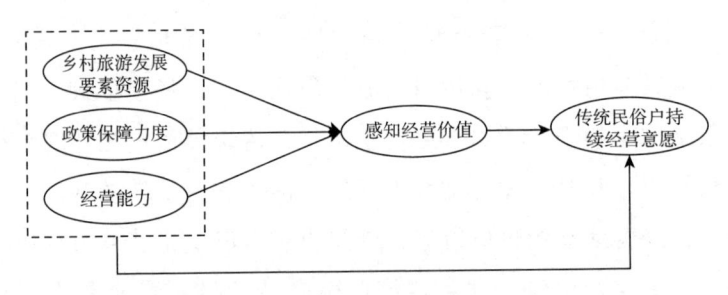

图2 "北京传统民俗户持续经营意愿影响因素"理论模型

（4）理论饱和度检验

理论饱和度抽样具有一定的主观性，目前为止还没有一套客观指标来验证假设理论的饱和度。因此，学者们认为饱和是相对的、阶段性的。饱和性检验不能仅凭样本量来论证其作为事实依据的价值，只有随着原始资料的补充，模型有进一步达到饱和的可能，才需要修正现有理论。具体操作流程：利用调研所获取的其他原始资料与已有假设模型进行比较分析，如果发现对新材料的解读不再出现与此前扎根分析所得范畴或理论不同的新范畴或新理论，就基本可以验证假设理论达到饱和。本文利用备用的3份访谈文本进行理论饱和度检验，在将备用文本与五个核心范畴比较分析后发现，范畴内部均无可以发展的全新概念，并且未出现新的范畴。因此，可以说范畴发展已趋于完善，通过扎根研究方法得到的"传统民俗户持续经营意愿影响因素"模型在理论上达到饱和。

（二）基于问卷调查的北京传统民俗户持续经营意愿影响因素分析

通过问卷调查对理论模型进行量化分析，进一步论证各变量间的层次关系。

1. 研究假设

（1）乡村旅游发展要素资源与感知经营利得与利失、持续经营意愿关系

乡村旅游发展要素资源由多种要素成分构成。根据社会实践理论，传统民俗户的持续经营意愿是在利益最大化目标指导下，综合权衡经营个体和家庭所持有的全部资源要素、判断不同政策环境所表达的主观行为倾向。交通条件决定游客的可进入性与便利性，旅游资源禀赋决定旅游地的吸引力，经济发展水平决定旅游发展的层次阶段，市场发展态势决定经营目标与前景。可以说，多种优质资源要素构成的复合系统，不仅是乡村旅游地发展潜力和优势的表征，而且也是传统民俗户进行价值判断并形成稳定持续行为意向的基本前提。本文认为持续经营意愿实质是对经营价值得失权衡的结果，因此将感知经营价值分为感知经营利得和感知经营利失两个维度。

基于此，本文提出如下假设：

H1 乡村旅游发展要素资源对感知经营利得具有显著的正向影响。

H2 乡村旅游发展要素资源对感知经营利失具有显著的负向影响。

H3 乡村旅游发展要素资源对持续经营意愿具有显著的正向影响。

（2）经营能力与感知经营利得与利失、持续经营意愿关系

经营能力是传统民俗户在不确定市场环境下开展农家乐经营所具备的信息、资源、知识和技能等，包括关系利用能力、经营管理能力、风

险容忍能力和机会识别能力。经营能力概念多用于企业管理领域，对个体经营户的应用较少，现有研究侧重从现金流[①]、核心竞争力[②]视角探索企业经营能力，认为企业经营能力包括盈利能力、偿债能力[③]、营销能力[④]和决策能力[⑤]等。由于企业与个体经营所需的知识与技能不同，因此在经营能力表现上有所差异，对经营能力的分析应结合具体对象和情景。

目前，经营能力与行为意向的研究较为成熟，Mostafa等认为农民经营能力和技术水平会显著影响其参与意向[⑥]。胡芬芬将价值理论与消费者购买意愿模型相结合，构建了网商集聚意愿价值接收模型，论证了服务能力会通过影响网商个体对服务的价值感知来影响网商集聚意愿[⑦]。由此可见，经营能力是感知价值的重要前因变量，它通过影响感知价值而影响行为意向，这间接论证了感知价值在经营能力与行为意向之间的中介效应。

基于此，本文提出如下假设：

H4 经营能力对感知经营利得具有显著的正向影响。

H5 经营能力对感知经营利失具有显著的负向影响。

H6 经营能力对持续经营意愿具有显著的正向影响。

（3）政策保障力度与感知经营利得与利失、持续经营意愿关系

政策保障力度是在政策和制度上对经营的支持与保障程度，是实现

---

① 〔美〕肯尼斯·汉克尔、尤西·李凡特：《现金流量与证券分析》，华夏出版社，2001。
② 王锡秋、席酉民：《中国企业能力结构的创新研究》，《价值工程》2002年第5期，第2~5页。
③ Elizabeth Littlefield, "Assessing a Firm's Future Financial Health", *International Journal of Scholarey Academic Interlectural Diversity* 2004, 9 (1): 2004-2005.
④ 蒋晓芸、王齐：《企业核心能力测度的多层次模糊综合评判数学模型》，《经济数学》2003年第1期，第55~62页。
⑤ T. McDonald, M. Siegall, "The Effect of Technological Self-efficacy and Job Focus on Job Performance, Attitude and Withdrawal Behaviors", *Journal of Psychology* 1992, 126 (5): 465-475.
⑥ J. Mastura, R. S. Mostafa, T. L. K. Azam, "Tourism Growth and Entrepreship: Empirical Analysis of Development of Rural Highland", *Tourism Management Perspectives* 2015 (14): 17-24.
⑦ 胡芬芬：《电子商务产业园区服务能力对网商集聚意愿影响研究》，硕士学位论文，浙江工商大学，2015。

区域旅游业可持续发展的主要动因。学者 H. Alipour 和 K. Hasan 认为政策制度和组织关系在旅游业中发挥着重要作用,一个健全的管理制度保障会促进旅游地的高绩效发展[①]。吴亚平、陈志永认为产权制度、经营组织运行制度和管理制度对乡村旅游可持续发展有重要的推动作用[②]。财政补贴等有利政策能有效降低经营风险、凸显经营价值,同时激发民俗户的主观能动性,提高其持续开展经营的信心与决心。

基于此,本文提出如下假设:

H7 政策保障力度对感知经营利得具有显著的正向影响。

H8 政策保障力度对感知经营利失具有显著的负向影响。

H9 政策保障力度对持续经营意愿具有显著的正向影响。

(4) 感知经营利得、利失与持续经营意愿的关系

感知经营价值是传统民俗户对经营利益和成本权衡后,对经营效用做出的总体评价[③]。感知经营价值包括感知经营利得和感知经营利失两个构成面,这与 Siegrist 提出的付出—回报失衡概念相似[④]。根据工作效用原理,"理性人"追求利益最大化,实质就是感知利得的最大化和感知利失的最小化,经营者的感知价值越高,其持续经营意愿就会越强。在消费行为学领域,大量研究已证明感知价值是行为意向的前因变量,如 Tam 与 Jackie 在探究消费者购买行为影响因素时发现,感知价值会促使消费者产生购买意愿[⑤],此研究结论也得到了广泛的论证(洒聪敏[⑥],

---

① H. Alipour, K. Hasan, "An Institutional Appraisal of Tourism Development and Planning: The Case of the Turkish Republic of North Cyprus (TRNC)", *Tourism Management* 2005 (1): 79-94.

② 吴亚平、陈志永:《基于核心力量导向差异的乡村旅游制度比较研究——对贵州"天龙屯堡"、"郎德苗寨"与"西江苗寨"的实证分析》,《热带地理》2012 年第 5 期,第 537~545 页。

③ V. A. Zeithaml, "Consumer Perceptions of Price, Quality and Value: A Means-End Model and Synthesis of Evidencehesis", *Journal of Marketing* 1988, 52 (3): 2-22.

④ J. Siegrist, "Adverse Health Effects of High Effort Low Reward Conditions", *Occupation Health Psychol* 1996 (1): 27-41.

⑤ Tam, L. M. Jackie, "Customer Satisfaction, Service Quality and Perceived Value: An Integrative Model", *Journal of Marketing Management* 2004, 20 (7): 897-917.

⑥ 洒聪敏:《基于顾客感知价值的品牌、广告、口碑对购买意愿的影响研究》,硕士学位论文,华南理工大学,2011。

陈丽清、李雯①）。此外，感知价值的中介作用也在大量研究中得以验证，Petrick 和 Backham 指出旅游体验和感知价值对游客重游意向有显著影响，其中感知价值发挥中介作用②；Lee 等也论证了感知价值在旅游质量与推荐意向中发挥的中介作用③。此外，感知利得、感知利失与行为意愿关系的研究较为深入，如货币报酬与福利、社交关系等感知利得会对持续行为意愿产生显著的正向影响；经济成本、时间成本等感知利失会对持续行为意愿产生显著的负向影响（Collins-Dodd 和 Lindley④，王崇等⑤，陈雪钧、郑向敏⑥）。

基于此，本文提出如下研究假设：

H10 感知经营利得对持续经营意愿具有显著的正向影响。

H11 感知经营利失对持续经营意愿具有显著的负向影响。

H12 感知经营利得在政策保障力度与持续经营意愿间发挥中介作用。

H13 感知经营利得在乡村旅游发展要素资源与持续经营意愿间发挥中介作用。

H14 感知经营利得在经营能力与持续经营意愿间发挥中介作用。

H15 感知经营利失在政策保障力度与持续经营意愿间发挥中介作用。

---

① 陈丽清、李雯：《产品线索对消费者购买意愿的影响研究——以感知价值为中介》，《浙江理工大学学报》（社会科学版）2016 年第 8 期，第 324~332 页。
② J. R. Petrick, S. J. Backham, "An Examination of the Construct of Perceived Value for the Prediction of Golf Travelers'Intentions to Revisit", *Journal of Travel Research* 2002, 41（1）: 38-45.
③ S. Lee, S. Jeon, D. Kim, "The Impact of Tour Quality and Tourist Satisfaction on Tourist Loyalty: The Case of Chinese Tourists in Korea", *Tourism Management* 2011, 32（5）: 1115-1124.
④ C. Collins-Dodd, T. Lindley, "Store Brands and Retail Differentiation: The Influence of Store Image and Store Brand Attitude on Store-Own Brand Perceptions", *Journal of Retailing and Consumer Services* 2003（2）: 345-35.
⑤ 王崇、吴向宝、王延青：《移动电子商务下交易成本影响消费者感知价值的实证研究》，《中国管理科学》2016 年第 8 期，第 98~106 页。
⑥ 陈雪钧、郑向敏：《员工感知价值对离职意愿影响机制的实证研究——以饭店新生代员工为例》，《旅游学刊》2016 年第 1 期，第 81~91 期。

H16 感知经营利失在乡村旅游发展要素资源与持续经营意愿间发挥中介作用。

H17 感知经营利失在经营能力与持续经营意愿间发挥中介作用。

（5）传统经营户个体特征与持续经营意愿关系

个体特征主要包括性别、年龄、家庭生命周期阶段、受教育程度、年经营收入、收入来源、参与经营人数七个方面。通常来说，不同传统经营户在持续经营意愿的表达上存在较大差异。

基于此，本文提出如下假设：

H18 不同性别的传统经营户的持续经营意愿存在显著差异。

H19 不同年龄段的传统经营户的持续经营意愿存在显著差异。

H20 处于不同家庭生命周期阶段的传统经营户的持续经营意愿存在显著差异。

H21 不同受教育程度的传统经营户的持续经营意愿存在显著差异。

H22 不同年经营收入水平的传统经营户的持续经营意愿存在显著差异。

H23 不同收入来源的传统经营户的持续经营意愿存在显著差异。

H24 不同参与经营人数的传统经营户的持续经营意愿存在显著差异。

2. 变量测量

（1）政策保障力度

本文结合实证调研结果和参考既往学者的研究成果，最终确定测量指标来衡量以上研究变量。根据实证调研结果，同时参考陈荣清等[1]、Tosun[2]等学者的研究成果，明确以 9 个测量指标来衡量政策保障力度。其中，基础保障政策包括旅游基础设施、土地产权、基本保险和京郊保三个方面；财政补贴政策包括能源、税收、金融和

---

[1] 陈荣清、张凤荣、丁丽华：《乡村旅游的可持续发展与土地整理》，《东华理工大学学报》（社会科学版）2008 年第 3 期，第 238~242 页。

[2] C. Tosun, "Expected Nature of Community Participation in Tourism Development", *Tourism Management* 2006, 27 (3): 493-504.

经营扶持政策。权利保障制度是维护民俗户权利、提高话语权的重要途径，包括政策制定公开性、民主权利表达和旅游决策参与性三个方面，如表6所示。

表6 政策保障力度测量指标

变量	维度	定义与赋值	文献来源
政策保障力度	财政补贴政策	P1 现有能源补贴政策对我开展经营活动提供较大支持	实地调研总结
		P2 现有税收补贴和金融政策对我开展经营活动提供较大支持	
		P3 现有经营扶持政策对我开展经营活动提供较大支持	
	基础保障政策	P4 现有土地产权政策对我开展经营活动提供较大支持	陈荣清等①；孙源②；实地调研总结
		P51 现有旅游基础建设政策对我开展经营活动提供较大便利	
		P52 现有基本保险及"京郊保"政策对我开展经营帮助较大	
	权利保障制度	P6 乡村旅游发展政策制定征求了民俗户的意见	Tosun③；孙九霞④
		P7 现有制度使传统民俗户的利益和诉求都得到表达	
		P8 现有制度能使传统民俗户平等参与到旅游发展决策中	

（2）乡村旅游发展要素资源

传统民俗户对乡村旅游发展要素资源的总体认知与判断是持续经营的重要基础。本文参考尹战娥等⑤的研究成果，并结合实地调研情况，从交通条件、社会经济发展水平、旅游资源、区位条件和市场前景5个方面构建测量指标，如表7所示。

---

① 陈荣清、张凤荣、丁丽华：《乡村旅游的可持续发展与土地整理》，《东华理工大学学报》（社会科学版）2008年第3期，第238~242页。
② 孙源：《云南农村土地利用与乡村旅游联动研究》，硕士学位论文，云南财经大学，2012。
③ C. Tosun, "Expected Nature of Community Participation in Tourism Development", *Tourism Management* 2006, 27 (3): 493-504.
④ 孙九霞：《赋权理论与旅游发展中的社区能力建设》，《旅游学刊》2008年第9期，第22~27页。
⑤ 尹战娥、殷杰、许世远：《上海乡村旅游资源定量评价研究》，《旅游学刊》2007年第8期，第59~63页。

表7　乡村旅游发展要素资源测量指标

变量	定义与赋值	文献来源
乡村旅游发展要素资源	R1 我认为本地的交通状况良好，交通便利，可进入性强	陈洁①；尹战娥等②；吴鸿燕③；毛先如④；实地调研总结
	R2 我认为本地的乡村旅游资源种类丰富，具有较高游憩观光价值	
	R3 我认为当地社会经济发展态势较好，具有较大发展空间与潜力	
	R4 我认为当地具有优势的区位条件，能够吸引大量的客源	
	R5 我认为当地乡村旅游有巨大的市场发展前景，能够实现可持续发展目标	

（3）经营能力

经营能力是传统民俗户行为意向表达与理性行为选择的必要条件。本文参考 Mc Gee⑤、陈阳阳⑥等所做的成熟研究量表，并结合实地研究结果对相关测量指标进行适当修改或开发，确定了15个测量指标来衡量经营能力，如表8所示。其中，关系利用能力是个体对社会资本和家庭关系有效利用的能力；经营管理能力是个体利用自身知识与技能经营管理农家乐的能力；风险容忍能力是个人在高风险、高压力环境下有效进行经营的能力；机会识别能力是个人对市场潜力、产品和服务研发等机会识别与把握的能力。

---

① 陈洁：《基于DEA的乡村旅游公共交通服务绩效评价——以安吉偏远型乡村旅游地为例》，硕士学位论文，浙江工业大学，2017。
② 尹战娥、殷杰、许世远：《上海乡村旅游资源定量评价研究》，《旅游学刊》2007年第8期，第59~63页。
③ 吴鸿燕：《哈尔滨市乡村旅游资源评价与开发研究》，硕士学位论文，东北林业大学，2017。
④ 毛先如：《京郊乡村旅游发展对农村及农民的经济影响研究》，硕士学位论文，新疆大学，2017。
⑤ J. E. Mc Gee, M. Peterson, S. L. Mueller, "Sequeira J. M. Entrepreneurial Self-Efficacy: Refining the Measure", *Entrepreneurship Theory and Practice* 2009, 33 (4): 965-988.
⑥ 陈阳阳：《创业失败经历、创业能力与后续创业企业成长绩效关系研究》，博士学位论文，吉林大学，2018。

表 8　经营能力测量指标

变量	维度	定义	文献来源
	经营管理能力（3）	M1 在经营活动中我能够有效控制经营成本 M2 在经营活动中我能合理配置各种资源（人、财、物），高效开展经营管理工作，如财务管理等 M3 我拥有开展经营活动所需的各项能力与技能，如人际交往能力、营销宣传能力等 M4 在经营活动中我能够准确分析外部市场环境，挖掘潜在有价值的盈利机会	McGee 等[1]； 陈阳阳[2]； 王文婧[3]； 王丽洋[4]； 实地调研总结
	机会识别能力（4）	M5 我能够不断提升与创造出满足游客需求的产品与服务 M6 我能够不断改进服务流程、销售方式和管理模式 M7 我能够识别有利于经营活动开展的潜在新市场，并及时在经营方式等方面做出有效调整 M8 在经营活动中我能够在不确定的情况下独立做出有效经营决策	
	风险容忍能力（4）	M9 我能够识别潜在经营风险或不确定因素，并把其降到最低 M10 我能够在压力环境下有效率地开展经营活动 M11 当发生突发事件（如防洪预警）时，我能够迅速地做出反应来降低损失	
	关系利用能力（4）	M12 我能够与对我经营活动有重要影响的人（如其他经营者、政府、供应商等）维持良好关系 M13 我能与拥有各类资源的利益相关者建立合作关系 M14 在经营活动中我能够与他人进行有效沟通 M15 当我在与他人交往中遇到问题或冲突时，我能够有效协调各种利益关系，最终解决问题	

（4）感知经营价值

本文主要借鉴陈雪钧、郑向敏[5]等对感知价值的划分：感知利得和

---

[1] J. E. McGee, M. Peterson, S. L. Mueller, "Sequeira J. M. Entrepreneurial Self-Efficacy: Refining the Measure", *Entrepreneurship Theory and Practice* 2009, 33（4）: 965-988.

[2] 陈阳阳：《创业失败经历、创业能力与后续创业企业成长绩效关系研究》，博士学位论文，吉林大学，2018。

[3] 王文婧：《科技型小微企业创业自我效能感对融资行动策略的效应机制研究》，硕士学位论文，浙江大学，2013。

[4] 王丽洋：《新生代农民工社会网络、创业自我效能感与创业意向关系研究》，硕士学位论文，吉林大学，2014。

[5] 陈雪钧、郑向敏：《员工感知价值对离职意愿影响机制的实证研究——以饭店新生代员工为例》，《旅游学刊》2016 年第 1 期，第 81~91 期。

感知利失。

其中，感知经营利得从情感性价值、经济回报价值、社会交际价值、舒适便利价值、自我实现价值和成长发展价值上构建指标，共计6个；感知经营利失从货币债务成本、身心成本、生活牺牲、时间成本上构建指标，共计4个（如表9所示）。

表9 感知经营价值的测量指标

变量	定义与赋值	文献来源
感知经营利得	V1 我感觉乡村旅游经营是开心的、愉悦的	Sánchez, Callarisa, Rosa[①]；Newman, Gross, Sheth[②]；陈雪钧、郑向敏[③]
	V2 乡村旅游经营能使我得到可观的经济收入	
	V3 乡村旅游经营能使我的朋友圈更广，在社交场合更加自信	
	V4 乡村旅游经营的工作环境舒适、时间灵活	
	V5 乡村旅游经营让我感觉到成就感、满足感	
	V6 乡村旅游经营开拓了我的眼界，提高了我的能力，让我的发展前景更加广阔	
感知经营利失	V7 乡村旅游经营让我损失大量赚钱的机会，背负一些债务	Sweeney 等[④]；Petrick[⑤]；陈雪钧、郑向敏[⑥]
	V8 乡村旅游经营让我花费了大量时间，带给我不必要的时间压力	
	V9 乡村旅游经营消耗了我大量体力和精力，带来了巨大的工作压力，在一定程度上损害了我的身心健康	
	V10 乡村旅游经营牺牲了我许多陪伴亲友、履行家庭责任、发展兴趣爱好的机会	

[①] J. Sánchez, L. Callarisa, M. Rosa, "Perceived Value of the Purchase of a Tourism Product", *Tourism Management*, 2006, 27 (3)：394-409.

[②] J. N. Sheth, L. Gross, B. Newman, "Why We Buy What We Buy：A Theory of Consumption Values", *Journal of Business Research* 1991, 22 (4)：159-170.

[③] 陈雪钧、郑向敏：《员工感知价值对离职意愿影响机制的实证研究——以饭店新生代员工为例》，《旅游学刊》2016年第1期，第81~91期。

[④] C. Sweeney, N. Soutar, Geoffrey, "Consumer Perceived Value：The Development of a Multiple Item Scale", *Journal of Consumer Research* 2001 (77)：203-220.

[⑤] J. F. Petrick, "Development of a Multi-Dimensional Scale for Measuring the Perceived Value of a Service", *Journal of Leisure Research* 2002, 34 (2)：119-134.

[⑥] 陈雪钧、郑向敏：《员工感知价值对离职意愿影响机制的实证研究——以饭店新生代员工为例》，《旅游学刊》2016年第1期，第81~91期。

（5）持续经营意愿

持续经营意愿是传统民俗户对持续经营活动的主观倾向，是预测和解释后续行为选择的依据。目前，有关消费者持续使用或购买意愿的测量表较为成熟，尚未发现对经营者持续经营意愿进行专门测量的量表。本文认为不管是使用意愿还是经营意愿都是一种行为表达倾向，两者具有相同的概念内涵，因此可以相互借鉴确定测量指标。最终根据Bhattacherjee[①]等持续使用或购买意愿测量题项，结合实地调研结果确定了3个衡量指标，如表10所示。

表10 持续经营意愿的测量指标

变量	定义与赋值	文献来源
持续经营意愿	I1 未来几年，我仍有持续开展经营活动的打算	Bhattacherjee[②]；Jones 等[③]；Zhang 等[④]；实地调研总结
	I2 在我自己开展经营活动的同时，我会推荐周边亲友，鼓励他们也参与进来	
	I3 即使有新的工作机会，乡村旅游经营仍是我的第一选择	

3. 问卷设计

在文献分析和实证调研后，确定了本文的调查问卷。整个问卷分为两个部分，第一部分是传统民俗户个人特征，包括性别、年龄、参与经营人数、家庭生命周期阶段、受教育程度、收入来源和年经营收入等7个题项。第二部分是问卷的主体部分，从政策保障力度、乡村旅游发展要素资源、经营能力、感知经营利得、感知经营利失和持续

---

① A. Bhattacherjee, "Understanding Information Systems Continuance: An Expectation Confirmation Model", *MIS Quarterly* 2001, 25 (3): 351-370.

② A. Bhattacherjee, "Understanding Information Systems Continuance: An Expectation Confirmation Model", *MIS Quarterly* 2001, 25 (3): 351-370.

③ M. A. Jones, D. L. Mothersbaugh, E. Betty, "Switching Barriers and Repurchase Intentions in Services", *Journal of Retailing* 2000, 7 (2): 259-272.

④ Z. J. Zhang, "Feeling the Sense of Community in Social Networking Usage", *IEEE Transactions on Engineering Management* 2010 (57): 225-239.

经营意愿 6 个方面，共设计 42 个测量指标，采用李克特 5 分制量表评价，1~5 分别代表"非常不赞同""不赞同""一般""赞同""非常赞同"。

4. 数据收集及分析

为保证问卷的准确性，本文首先进行小范围预测试。调查地点为麻峪房村、遥桥峪村和官地村，调查对象是当前正开展初级旅游接待的传统民俗户。共发放问卷 90 份，回收 87 份，有效问卷 84 份，问卷有效率 93.3%。预调研结果显示：问卷整体 α 值为 0.947，内部一致性较好。政策保障力度、乡村旅游发展要素资源、经营能力、感知经营利得、感知经营利失、持续经营意愿的 KMO 值分别为 0.811、0.768、0.845、0.791、0.705、0.686，均大于 0.6，Bartlett 球形检验中的显著性概率均为 0.000，说明问卷具有较高的效度。

正式问卷调研于 2018 年 8~10 月进行，分别对平谷区鱼子山、怀柔区官地和大水峪、密云区古北口和遥桥峪、延庆区柳沟、昌平区麻峪房、门头沟区爨底下 8 个村落的传统民俗户分发问卷，共发放问卷 280 份，回收 268 份，有效问卷 255 份，问卷有效率 91.07%。这 8 个村落的乡村旅游都有十多年的发展历史，旅游市场已几近成熟，有停滞、衰退的演变趋向，本文以当地现有传统民俗户为镜像，论证影响其持续经营意愿的主要因素，具有较大实践意义。

(1) 信度分析

本研究采用 SPSS 22.0 统计软件，使用内部一致性系数 α 值来检验问卷信度。正式调研结果显示：整体问卷 Cronbach'α 值为 0.943，分量表的 α 值为 0.681~0.943，皆大于 0.6，说明问卷各变量之间具有较好的内部一致性，信度较高。

(2) 因子分析

结果显示：各变量的 KMO 值为 0.694~0.839，均大于 0.6，且 Bartlett 球形检验中的 P 值均为 0.000，拒绝零假设，表明量表效度较高，比较适合做因子分析。

本文采取主成分分析法进行因子分析，选取方差最大化旋转法，按照特征值大于1,因子载荷大于0.5,方差解释率大于60%的原则提取公因子。考虑到文章篇幅,本文不再逐一展示分析过程,因子分析结果汇总情况如表11所示。政策保障力度提取出三个因子,分别命名为财政补贴政策、基础保障政策和权利保障制度,各因子载荷位于0.588~0.853,能解释方差的78.381%;经营能力共提取出四个因子,分别命名为经营管理能力、机会识别能力、风险容忍能力和关系利用能力,各因子载荷位于0.544~0.887,能解释方差的79.219%;乡村旅游发展要素资源、感知经营利得、感知经营利失、持续经营意愿均只提取一个因子,因子载荷位于0.534~0.934,分别能解释方差的62.784%、70.214%、65.131%、77.737%,实际分类与理论研究分类一致。

表11 变量效度检验与因子分析

分量表	公因子	测量指标	因子载荷	解释变异数	Bartlett 球形检验			KMO值
					卡方值	自由度 df	显著性 Sig	
政策保障力度	财政补贴政策	P3	0.690	78.381%	894.255	36	0.000	0.765
		P2	0.621					
		P1	0.593					
	基础保障政策	P51	0.776					
		P4	0.695					
		P52	0.588					
	权利保障制度	P7	0.853					
		P8	0.778					
		P6	0.674					
乡村旅游发展要素资源	要素资源	R3	0.882	62.784%	579.729	10	0.000	0.785
		R4	0.852					
		R5	0.777					
		R2	0.765					
		R1	0.669					

续表

分量表	公因子	测量指标	因子载荷	解释变异数	Bartlett 球形检验			KMO值
					卡方值	自由度 df	显著性 Sig	
经营能力	经营管理能力	M4	0.768	79.219%	2153.266	105	0.000	0.837
		M2	0.734					
		M1	0.647					
		M3	0.637					
	机会识别能力	M7	0.664					
		M6	0.629					
		M5	0.544					
	风险容忍能力	M10	0.698					
		M11	0.665					
		M8	0.587					
		M9	0.563					
	关系利用能力	M14	0.887					
		M13	0.802					
		M15	0.737					
		M12	0.705					
感知经营利得	感知利得	V5	0.902	70.214%	849.640	15	0.000	0.696
		V1	0.901					
		V2	0.858					
		V6	0.713					
		V3	0.693					
		V4	0.534					
感知经营利失	感知利失	V7	0.845	65.131%	144.461	6	0.000	0.696
		V9	0.799					
		V8	0.704					
		V10	0.608					

续表

分量表	公因子	测量指标	因子载荷	解释变异数	Bartlett 球形检验			KMO值
					卡方值	自由度 df	显著性 Sig	
持续经营意愿	持续经营意愿	I1	0.934	77.737%	383.917	3	0.000	0.694
		I3	0.869					
		I2	0.839					

（3）描述性分析

受调查者中有128人为男性、127人为女性，男性数量略多于女性；年龄集中在41~60岁，占总人数的54.90%，传统民俗户呈现老龄化的发展趋势；在参与经营人数方面，绝大多数经营户家庭中有1~2人参与，约占总人数的60%；在家庭生命周期阶段方面，空巢期民俗户有77人，占比30.20%，筑巢期和满巢期1期、2期民俗户比例相当，占比分别为20%、15.69%、18.82%；在收入来源方面，绝大多数传统民俗户依靠一种至两种收入来源，共计180人，占总人数的70.59%；在受教育程度方面，学历集中在高中以下，约占总人数的84.71%，其中小学及以下学历77人，占总人数30.2%，民俗户的整体文化层次偏低；在年经营收入方面，45.1%的民俗户收入在5万~9万元，其他三个收入分段人数超过总人数的一半，民俗户年经营收入中等偏低（见表12）。

表 12 传统民俗户人口统计性特征

类别	类目	频数	百分比
性别	男	128	50.20%
	女	127	49.80%
年龄	30岁及以下	33	12.94%
	31~40岁	37	14.51%
	41~50岁	73	28.63%
	51~60岁	67	26.27%
	60岁以上	45	17.65%

续表

类别	类目	频数	百分比
参与经营人数	1~2人	153	60.00%
	3~4人	89	34.90%
	5人及以上	13	5.10%
家庭生命周期阶段	无巢期（单身/丧偶/离异，无子女）	39	15.29%
	筑巢期（夫妻两人/丧偶/离异，无子女）	51	20.00%
	满巢期1期（夫妻两人，子女学龄前）	40	15.69%
	满巢期2期（夫妻两人/丧偶/离异，子女读小学到高中）	48	18.82%
	空巢期（夫妻两人/丧偶/离异，子女读大学或工作）	77	30.20%
收入来源（经营性收入、生产性收入、财产性收入、转移性收入、工资性收入）	一种收入来源	79	30.98%
	两种收入来源	101	39.61%
	三种收入来源	61	23.92%
	四种及以上收入来源	14	5.49%
受教育程度	小学及以下	77	30.20%
	初中	75	29.41%
	高中或职高	64	25.10%
	大学及以上	39	15.29%
年经营收入	4万元及以下	52	20.39%
	5万~9万元	115	45.10%
	10万~14万元	61	23.92%
	15万元及以上	27	10.59%

各变量均值结果显示：政策保障力度、乡村旅游发展要素资源、经营能力、感知经营利得、感知经营利失和持续经营意愿的均值分别为3.136、2.344、2.715、3.269、2.502、2.758，标准差分别为0.558、0.619、0.449、0.650、0.744、0.873。可以看出，传统民俗户对经营利得的感知最高，对乡村旅游发展要素资源感知最低，整体的持续经营意愿不高。

(4) 方差分析

方差分析又称平均数差异检验，是研究不同变量的变异对总变异的贡献度，以此确定变量对结果的影响程度。方差分析方法一般分为独立样本T检验和单因子方差分析。独立样本T检验要求自变量为二分类变量，因变量为连续变量；单因子方差分析适用于三个以上组群间平均数的差异检验。方差分析达到显著，表示至少有两组在因变量的平均数间有显著差异，具体哪组需要做进一步的事后比较，事后比较常用的方法有Tukey、HSD法、N-K法、LSD法等。本研究使用方差分析探究传统民俗户性别、年龄、家庭生命周期阶段、受教育程度、年经营收入、收入来源、参与经营人数等变量对持续经营意愿的影响程度。其中，性别为二分类变量，使用独立样本T检验；其余变量为多分类变量，使用单因子方差分析。在单因素方差分析前进行齐性检验，若方差齐性，采用Scheffe法判别比较均值的差异性，若方差非齐性则采用Tamhane法。性别对持续经营意愿的影响可以看出（见表13）：Levene检验的P值大于0.05，F值等于0.035，说明男性与女性两组样本方差同质。"假设方差相等"的T值为0.130，P值为0.897，说明男女经营者在持续经营意愿方面不存在显著差异，假设18不成立。

表13 性别对持续经营意愿的影响

变量	差异性	均值		Levene检验		均值是否相等的T检验		
		男	女	F值	显著性	Df	T值	显著性（双侧）
持续经营意愿	假设方差相等	2.865	2.850	0.035	0.852	253	0.130	0.897
	假设方差不相等					252.994	0.130	0.897

年龄对持续经营意愿的影响（见表14）：F值为2.123，P值为0.078，大于0.05，说明接受虚无假设，即不同年龄段的传统经营者的持续经营意愿不存在显著差异，假设19不成立。但51~60岁的传统民俗户持续经营意愿均值远高于其他年龄段，30岁以下者均值最低。

表 14　年龄对持续经营意愿的影响

变量	均值					单因素方差分析		
	30岁及以下	31~40岁	41~50岁	51~60岁	60岁以上	Df	F值	显著性（双侧）
持续经营意愿	2.543	2.804	2.903	3.095	2.858	4	2.123	0.078

参与经营人数对持续经营意愿的影响（见表15）：F值为4.029，P值为0.019，小于0.05，达到显著性水平，表示不同参与经营人数的传统民俗户的持续经营意愿有显著差异，假设24部分成立。

表 15　参与经营人数对持续经营意愿的影响

变量	均值			单因素方差分析		
	1~2人	3~4人	5人及以上	Df	F值	显著性（双侧）
持续经营意愿	2.806	2.850	3.513	2	4.029	0.019

通过Scheffe方法两两比较（见表16）："5人及以上">"1~2人"，"5人及以上">"3~4人"，说明5人及以上参与经营的传统民俗户其持续经营意愿显著高于1~2人参与的持续经营意愿，也显著高于3~4人参与的持续经营意愿。这是因为在整个家庭中有5人及以上成员参与旅游经营意味着他们对经营活动的依赖性更强、涉入程度更深，对经营活动的价值认识更为深刻，从而长期开展经营的可能性越高。

表 16　参与经营人数的Scheffe比较法分析

变量	分析方法	参与人数	参与人数	均值差异	显著性
参与经营人数	Scheffe法	1~2人	3~4人	-0.441	0.929
		1~2人	5人及以上	-0.707*	0.019
		3~4人	1~2人	0.441	0.929
		3~4人	5人及以上	-0.663*	0.037
		5人及以上	1~2人	0.707*	0.019
		5人及以上	3~4人	0.663*	0.037

注：*表示平均差异在0.05水平上显著。

家庭生命周期阶段对持续经营意愿的影响（见表17）：F值为16.347，P值为0.023，小于0.05，说明处于不同家庭生命周期阶段的传统民俗户其持续经营意愿存在显著差异，假设20部分成立。其中，空巢期传统民俗户的持续经营意愿均值最大，为3.495，无巢期均值最小，为2.713。

表17 家庭生命周期阶段对持续经营意愿的影响

变量	均值					单因素方差分析		
	无巢期	筑巢期	满巢期1期	满巢期2期	空巢期	Df	F值	显著性（双侧）
持续经营意愿	2.713	3.063	2.796	2.821	3.495	4	16.347	0.023

从表18可以看出，"空巢期">"筑巢期">"满巢期1期"，"空巢期">"满巢期2期"，"空巢期">"无巢期"，空巢期传统民俗户的持续经营意愿最高，即家庭结构为夫妻两人，子女已读大学或参加工作的传统民俗户的经营意愿较高，这类民俗户由于没有供养孩子的身心压力，通常将农家乐接待当作惯常的消遣方式或生活方式，因此更愿意长期从事经营活动。筑巢期传统民俗户的持续经营意愿大于满巢期1期，这是由于这类经营户一般为夫妻两人，没有子女，他们普遍将农家乐当成一种创业或生存方式，以此来创造财富、养家糊口，因此他们比有学龄前子女的满巢期1期夫妇的经济压力更小，经营自由度更高，从而持续经营意愿更强。空巢期传统民俗户的持续经营意愿大于无巢期，这是由于单身无子女的无巢期经营户通常年龄较小，生活条件较好，就业选择较广，他们更愿意凭借自身具备的知识与技能尝试多元化职业，而长期从事旅游经营的意愿较低。

表18 家庭生命周期阶段的Scheffe比较法分析

变量	分析方法	生命周期阶段	收入来源分段	均值差异	显著性
家庭生命周期阶段	Scheffe法	无巢期	筑巢期	-0.112*	0.000
			满巢期1期	-0.196	0.929
			满巢期2期	0.074	0.991
			空巢期	-1.523*	0.000

续表

变量	分析方法	生命周期阶段	收入来源分段	均值差异	显著性
家庭生命周期阶段	Scheffe法	筑巢期	无巢期	0.112*	0.000
			满巢期1期	0.776*	0.000
			满巢期2期	0.172	0.925
			空巢期	-1.368*	0.000
		满巢期1期	无巢期	0.196	0.929
			筑巢期	-0.776*	0.000
			满巢期2期	-0.164	0.966
			空巢期	-0.860*	0.000
		满巢期2期	无巢期	-0.074	0.991
			筑巢期	-0.172	0.925
			满巢期1期	0.164	0.423
			空巢期	-1.056*	0.000
		空巢期	无巢期	1.523*	0.000
			筑巢期	1.368*	0.000
			满巢期1期	0.860*	0.000
			满巢期2期	1.056*	0.000

注：*表示平均差异在0.05水平上显著。

受教育程度对持续经营意愿的影响（见表19）：F值为1.585，P值为0.194，大于0.05，说明不同受教育程度的传统民俗户的持续经营意愿不存在显著差异，假设21不成立。此外，高中或职高经营户的持续经营意愿均值明显高于其他文化层次的经营户。

表19 受教育程度对持续经营意愿的影响

变量	均值				单因素方差分析		
	小学及以下	初中	高中或职高	大学及以上	Df	F值	显著性（双侧）
持续经营意愿	2.806	2.850	3.513	2.744	3	1.585	0.194

年经营收入对持续经营意愿的影响（见表20）：F值为137.678，P

值为 0.000，小于 0.05，说明不同年经营收入水平的传统民俗户的持续经营意愿存在显著差异，假设 22 部分成立。

表 20 年经营收入对持续经营意愿的影响

变量	均值				单因素方差分析		
	4 万元及以下	5 万~9 万元	10 万~14 万元	15 万元及以上	Df	F 值	显著性（双侧）
持续经营意愿	1.8205	2.7565	3.333	4.210	3	137.678	0.000

通过 Scheffe 方法两两比较（见表 21）："4 万元及以下"<"5 万~9 万元"<"10 万~14 万元"<"15 万元及以上"，即年经营收入水平越高，传统民俗户持续参与经营的意愿越强烈。此结论与经济学"理性人"描述一致，即每一个从事经济活动的人所采取的经济行为都是试图以最小经济代价去获取最大经济利益。传统民俗户经营收入越高，说明经营价值越大，其持续开展经营的意愿也会更强烈。

表 21 年经营收入的 Scheffe 比较法分析

变量	分析方法	年经营收入分段	年经营收入分段	均值差异	显著性
年经营收入	Scheffe 法	4 万元及以下	5 万~9 万元	-0.936*	0.000
			10 万~14 万元	-1.513*	0.000
			15 万元及以上	-2.389*	0.000
		5 万~9 万元	4 万元及以下	0.936*	0.000
			10 万~14 万元	-0.577*	0.000
			15 万元及以上	-1.453*	0.000
		10 万~14 万元	4 万元及以下	1.513*	0.000
			5 万~9 万元	0.577*	0.000
			15 万元及以上	-0.877*	0.000
		15 万元及以上	5 万~9 万元	2.389*	0.000
			5 万~9 万元	1.453*	0.000
			10 万~14 万元	0.877*	0.000

注：*表示平均差异在 0.05 水平上显著。

收入来源对持续经营意愿的影响（见表22）：F值为14.403，显著性为0.000，说明不同收入来源的传统民俗户的持续经营意愿存在显著差异，假设23部分成立。

表22 收入来源对持续经营意愿的影响

变量	均值				单因素方差分析		
	一种收入来源	两种收入来源	三种收入来源	四种及以上收入来源	Df	F值	显著性（双侧）
持续经营意愿	3.036	3.017	2.350	1.929	3	14.403	0.000

通过 Scheffe 方法两两比较（见表23）："一种收入来源">"三种收入来源"、"一种收入来源">"四种及以上收入来源"；"两种收入来源">"三种收入来源"、"两种收入来源">"四种及以上收入来源"，即依靠单一经营收入的传统民俗户对经营的依赖性强于多种收入来源的传统民俗户，他们生存状态的好坏在很大程度上取决于经营的好坏，因此持续参与经营的意愿比较强烈。拥有两种收入的传统民俗户，除了经营收入还有其他收入来源作为补充，资金流相对稳定，因此开展经营的顾虑较小，更愿意长期从事经营；拥有三种以上收入来源的传统民俗户，由于收入种类丰富，因此在经营时会多加权衡经营价值，评估其他经济收入与经营收入的多寡，若其他收入远高于经营收入，意味着依靠多元化的其他收入就能维持生存或取得较高报酬，理性的传统民俗户往往会考虑退出市场或加大其他活动的投入以获取最佳经济效益。

表23 收入来源的 Scheffe 比较法分析

变量	分析方法	收入来源分段	收入来源分段	均值差异	显著性
收入来源	Scheffe 法	一种收入来源	两种收入来源	0.019	0.999
			三种收入来源	0.687*	0.000
			四种及以上收入来源	1.108*	0.000
		两种收入来源	一种收入来源	-0.019	0.999
			三种收入来源	0.667*	0.000
			四种及以上收入来源	1.088*	0.000

续表

变量	分析方法	收入来源分段	收入来源分段	均值差异	显著性
收入来源	Scheffe 法	三种收入来源	一种收入来源	-0.687*	0.000
			两种收入来源	-0.667*	0.000
			四种及以上收入来源	0.421	0.423
		四种及以上收入来源	一种收入来源	-1.108*	0.000
			两种收入来源	-1.088*	0.000
			三种收入来源	-0.421	0.423

注：* 表示平均差异在 0.05 水平上显著。

（5）相关性分析

本文采用 Pearson 相关分析法对变量的相关性进行检验，为后续回归分析打下基础（见表24）。政策保障力度（0.740）、乡村旅游发展要素资源（0.746）、经营能力（0.782）和感知经营利得（0.802）四个变量与持续经营意愿呈现显著正相关；政策保障力度（-0.614）、乡村旅游发展要素资源（-0.608）、经营能力（-0.640）、持续经营意愿（-0.803）与感知经营利失呈现显著负相关；政策保障力度（0.739）、乡村旅游发展要素资源（0.868）、经营能力（0.836）与感知经营利得呈现显著正相关；经营能力与乡村旅游发展要素资源（0.783）、政策保障力度（0.689）呈现显著正相关。

表24 变量的相关性分析

Pearson 相关系数	政策保障力度	乡村旅游发展要素资源	经营能力	感知经营利得	感知经营利失	持续经营意愿
政策保障力度	1.000					
乡村旅游发展要素资源	0.784**	1.000				
经营能力	0.689**	0.783**	1.000			
感知经营利得	0.739**	0.868**	0.836**	1.000		
感知经营利失	-0.614**	-0.608**	-0.640**	-0.697**	1.000	
持续经营意愿	0.740**	0.746**	0.782**	0.802**	-0.803**	1.000

注：** 表示相关性在 0.01 水平上显著。

5. 假设检验

（1）影响因素与持续经营意愿的假设检验

本文采取逐步线性回归法对各假设进行检验。在逐步回归过程中，以持续经营意愿为因变量，将性别、年龄、受教育程度等个体特征变量作为控制变量列入第一层，将五个影响因素作为自变量，分别纳入第二层，表25为回归分析结果。

表25 影响因素对持续经营意愿的回归分析

变量	模型1	模型2	模型3	模型4	模型5	模型6
控制变量						
性别	-0.048	0.008	-0.014	-0.016	-0.014	-0.016
年龄	0.043	0.015	0.039	0.045	0.052	0.057
参与经营人数	0.012	0.004	0.023	0.017	0.018	0.019
家庭生命周期阶段	0.056**	0.035**	0.063**	0.065**	0.063**	0.062*
收入来源	-0.104**	-0.047**	-0.035**	-0.037**	-0.027**	-0.024*
受教育程度	-0.056	-0.014	-0.007	-0.004	-0.030	-0.033
年经营收入	0.747***	0.387***	0.283***	0.274***	0.238***	0.239***
自变量						
感知经营利得		0.551***				
感知经营利失			-0.390***			
经营能力				0.205***		
政策保障力度					0.210***	
乡村旅游发展要素资源						0.041***
F值	71.531***	127.400***	167.970***	161.785***	161.473***	146.560***
△F	71.531	170.055	98.810	18.223	23.708	0.532
调整 R^2	0.625	0.777	0.840	0.851	0.861	0.861
$\triangle R^2$	0.634	0.149	0.062	0.011	0.011	0.000

注：表中为标准化回归系数，其中 *** 表示 P<0.001；** 表示 P<0.01；* 表示 P<0.05；n.s. 表示 P>0.05。

模型1 预测变量：（常数）控制变量（7个）。
模型2 预测变量：（常数）控制变量（7个），感知经营利得。
模型3 预测变量：（常数）控制变量（7个），感知经营利得，感知经营利失。
模型4 预测变量：（常数）控制变量（7个），感知经营利得，感知经营利失，经营能力。
模型5 预测变量：（常数）控制变量（7个），感知经营利得，感知经营利失，经营能力，政策保障力度。
模型6 预测变量：（常数）控制变量（7个），感知经营利得，感知经营利失，经营能力，政策保障力度，乡村旅游发展要素资源。
因变量：持续经营意愿。

在回归共线性诊断中，所有控制变量与测量变量 VIF 小于 5，远低于临界值 10，说明回归模型不存在多重共线性，适合做回归分析。模型决定系数 R^2 为 0.861，即自变量能解释方差的 86.1%，显著性（Sig）小于 0.001，说明模型总体回归效果显著；此外，DW 为 2.126，接近于 2，表示相关系数接近零，残差项无自相关。

根据回归分析结果，模型 2 中感知经营利得对持续经营意愿达到统计意义上的显著性水平，回归系数为 0.551，表示感知经营利得对持续经营意愿有显著的正向影响，其能解释持续经营意愿变异量的 77.7%，解释力度较高，假设 H10 成立。模型 3 中感知经营利失对持续经营意愿的回归系数为 -0.390，达到显著性水平，其能解释变异量的 84.0%，即感知经营利失对持续经营意愿的负向显著影响得以论证，假设 H11 成立；模型 4 中经营能力对持续经营意愿达到了显著性水平，回归系数为 0.205，其能解释变异量的 85.1%，说明经营能力对持续经营意愿有显著正向关系，假设 H6 成立；模型 5 中政策保障力度对持续经营意愿的回归系数为 0.210，达到显著性水平，能解释变异量的 86.1%，假设 H9 成立；模型 6 中乡村旅游发展要素资源对持续经营意愿的回归系数为 0.041，达到显著性水平，能解释变异量的 86.1%，假设 H3 成立。最终通过检验的因素共 5 个，分别用 X_1、X_2、X_3、X_4、X_5 表示政策保障力度、经营能力、感知经营利得、感知经营利失、乡村旅游发展要素资源，可得持续经营意愿（Y）的标准化回归方程式：$Y = 0.210X_1 + 0.205X_2 + 0.551X_3 - 0.390X_4 + 0.041X_5$。

（2）影响因素与感知经营利得的假设检验

在回归共线性问题诊断中，所有变量 VIF 小于 5，说明回归模型共线性不显著。模型决定系数 R^2 为 0.844，达到统计意义的显著性水平（$P<0.001$），说明模型总体回归效果较好；Durbin-Watson 值为 2.181，接近于 2，表示残差项无自相关，表 26 为回归分析结果。

根据回归分析结果，模型 2 中乡村旅游发展要素资源对感知经营利得达到了统计意义上的显著性水平，回归系数为 0.736，能解释感知经营利得变异量的 79.8%，即乡村旅游发展要素资源对感知经营利得的正向显著关系得以验证,假设 H1 成立。在模型 3 中经营能力对感知经营利得的回归系数为 0.377,且达到显著性水平,说明经营能力正向显著影响感知经营利得,其能解释感知经营利得变异量的 84.3%,解释力度高,假设 H4 成立。在模型 4 中政策保障力度对感知经营利得的回归系数为 0.078,未达到显著性水平,假设 H7 不成立。最终通过检验的因素共 2 个,分别用 X_1、X_2 表示乡村旅游发展要素资源、经营能力,感知经营利得(Y_1)的标准化回归方程:$Y_1 = 0.736X_1 + 0.377X_2$。

表 26 影响因素对感知经营利得的回归分析

变量	模型 1	模型 2	模型 3	模型 4
控制变量				
性别	-0.100*	-0.005	-0.014	-0.015
年龄	0.051	-0.042	0.010	0.003
参与经营人数	-0.015	-0.016	-0.018	-0.016
家庭生命周期阶段	0.234*	0.167**	0.164**	0.157**
收入来源	-0.104*	-0.078*	-0.059*	-0.052**
受教育程度	0.076	-0.063	-0.062	-0.047
年经营收入	0.653***	0.193***	0.134***	0.120***
自变量				
乡村旅游发展要素资源		0.736***		
经营能力			0.377***	
政策保障力度				0.078 n.s.
F 值	42.631***	144.427***	171.337***	153.476***
△F	42.631	372.275	71.430	2.459
调整 R^2	0.496	0.798	0.843	0.844
△R^2	0.511	0.300	0.040	0.002

注:表中为标准化回归系数,其中 *** 表示 $P<0.001$;** 表示 $P<0.01$;* 表示 $P<0.05$;n.s. 表示 $P>0.05$。

模型 1 预测变量:(常数)控制变量(7 个)。
模型 2 预测变量:(常数)控制变量(7 个),乡村旅游发展要素资源。
模型 3 预测变量:(常数)控制变量(7 个),乡村旅游发展要素资源,经营能力。
模型 4 预测变量:(常数)控制变量(7 个),乡村旅游发展要素资源,经营能力,政策保障力度。
因变量:感知经营利得。

(3)影响因素与感知经营利失的假设检验

回归分析中(如表 27 所示),模型决定系数 R^2 为 0.600,即自变量能解释方差的60.0%,模型总体回归效果能够接受,通过VIF值、DW值分别检验回归模型,未发现共线性及自相关问题。

根据回归分析结果,模型2中政策保障力度对感知经营利失达到了统计意义上的显著性水平,回归系数为-0.461,其能解释感知经营利失变异量的56.4%,说明政策保障力度对感知经营利失具有显著负向影响,假设H8成立。模型3中经营能力对感知经营利失达到了显著性水平,回归系数为-0.274,其能解释感知经营利失变异量的60.0%,假设H5成立;乡村旅游发展要素资源的回归系数为-0.084,不具显著性(P>0.05),假设H2不成立。

表27 影响因素对感知经营利失的回归分析

变量	模型1	模型2	模型3	模型4
控制变量				
性别	-0.001	-0.030	-0.039	-0.045
年龄	0.034	0.026	0.031	0.042
参与经营人数	0.039	0.040	0.050	0.052
家庭生命周期阶段	-0.282*	-0.119*	0.156*	0.079
收入来源	0.089*	0.036	0.035*	0.039
受教育程度	0.096	0.002	-0.032	0.039
年经营收入	-0.628***	-0.340***	-0.281***	-0.274***
自变量				
政策保障力度		-0.461***		
经营能力			-0.274***	
乡村旅游发展要素资源				-0.084$^{n.s.}$
F值	32.572***	42.648***	61.967***	57.378***
△F	32.572***	58.105***	21.388***	0.859***
调整R^2	0.427	0.564	0.600	0.600
△R^2	0.441	0.107	0.035	0.001

注:表中为标准化回归系数,其中 *** 表示 $P<0.001$;** 表示 $P<0.01$;* 表示 $P<0.05$;n.s. 表示 $P>0.05$。

模型1 预测变量:(常数)控制变量(7个)。
模型2 预测变量:(常数)控制变量(7个),政策保障力度。
模型3 预测变量:(常数)控制变量(7个),政策保障力度,经营能力。
模型4 预测变量:(常数)控制变量(7个),政策保障力度,经营能力,乡村旅游发展要素资源。
因变量:感知经营利失。

（4）感知经营利得、利失的中介作用检验

中介效应是变量间的影响关系，这种影响关系可以是直接产生的，也可以是间接产生的。假设自变量为 X，因变量为 Y，中介变量为 M，X 借助 M 对 Y 产生间接影响就称为中介效应（见图 3）。通常来说，中介效应检验多使用因果分析法、乘积分布法、系数相乘法[①]和 Bootstrapping 法，本文采用因果分析法对变量的中介效应进行检验。

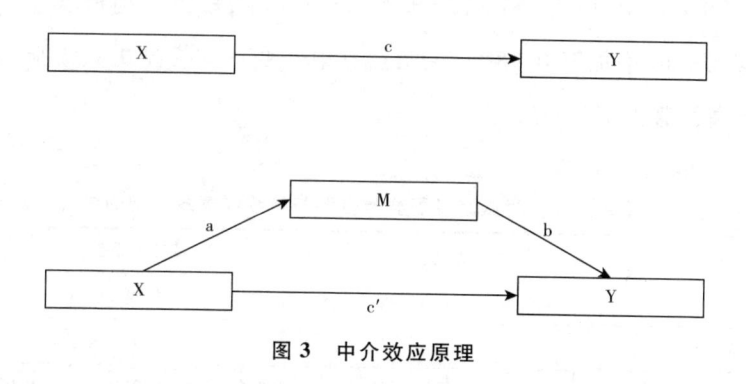

图 3 中介效应原理

运用因果分析法判断变量的中介效应有三个步骤（如图 3 所示），第一步是验证自变量 X 对中介变量 M 的作用，即 $M = aX + e_2$（a 不为零）；第二步是自变量 X 对因变量 Y 的作用，即 $Y = cX + e_1$（a、b、c 不为零）；第三步是自变量 X 和中介变量 M 同时对因变量 Y 的作用，如 $Y = c'X + bM + e_3$（c'、b 不为零）。当 M 对 Y 的作用显著，且放入回归方程后，X 对 Y 的回归系数显著降低，降至不显著，说明中介变量起完全中介作用[②]；若 X 对 Y 的回归系数显著降低，但仍处于显著性水平，说明中介变量发挥部分中介作用[③]。

表 28 为感知经营利得对乡村旅游发展要素资源与持续经营意愿中

[①] 谷慧敏、贾卉、赵亚星：《企业社会责任对酒店员工离职倾向影响研究：组织认同的中介作用》，《中国人力资源开发》2017 年第 4 期，第 47~53 页。
[②] 王珍：《感知企业声誉对购买意向和正面口碑传播的影响机制研究——基于顾客—企业认同的理论》，硕士学位论文，南京大学，2012。
[③] 田喜洲、谢晋宇：《大学生酒店实习社会化及其留职意愿影响因素分析》，《旅游学刊》2010 年第 25 期，第 65~70 页。

介关系的探究结果,模型 2 中乡村旅游发展要素资源显著正向影响持续经营意愿,回归系数为 0.736;在加入感知经营利得变量后,模型 3 中乡村旅游发展要素资源对持续经营意愿的回归系数变为 0.140,感知经营利得对持续经营意愿的回归系数为 0.437,达到显著性水平。从统计学意义上看,模型 3 的回归系数低于模型 2,整体显著性未发生改变。由此可知,感知经营利得发挥部分中介作用,中介效应率为 69.77%(0.736×0.437/0.461×100%)。此外,在加入感知经营利得变量后,调整 R^2 从 0.743 增加至 0.780,说明具有中介变量的模型更具说服力、解释度更高,假设 H13 成立。

表 28 感知经营利得在乡村旅游发展要素资源与持续经营意愿间的中介效应分析

变量	感知经营利得		持续经营意愿		
	模型 1	模型 2	模型 1	模型 2	模型 3
控制变量					
性别	-0.104	-0.064	-0.048	-0.016	0.005
年龄	0.154	0.012	0.086	-0.026	-0.030
参与经营人数	-0.006	-0.007	0.010	0.010	0.012
家庭生命周期阶段	0.056*	0.034*	0.025*	0.021*	0.019*
收入来源	-0.096*	-0.012*	-0.102*	-0.036*	-0.032*
受教育程度	0.037	-0.013	-0.003	-0.042	-0.038
年经营收入	0.660**	0.248**	0.747***	0.420***	0.339***
自变量					
乡村旅游发展要素资源		0.736***		0.461***	0.140***
中介变量					
感知经营利得					0.437***
F 值	42.631***	144.427***	71.531***	105.832***	113.867***
△F	42.631	372.275	71.531	114.765	102.237
调整 R^2	0.496	0.798	0.625	0.743	0.780
△R^2	0.508	0.296	0.634	0.116	0.037

注:表中为标准化回归系数,其中 *** 表示 P<0.001; ** 表示 P<0.01; * 表示 P<0.05; n.s. 表示 P>0.05。

在探究感知经营利得在经营能力与持续经营意愿之间，感知经营利失在经营能力、政策保障力度与持续经营意愿之间的中介效应时，采取相同方法，由于篇幅问题，此处不再赘述。研究结果显示：感知经营利得在经营能力和持续经营意愿间发挥部分中介作用，中介效应率为49.394%（0.685×0.349/0.484×100%）；感知经营利失在政策保障力度和持续经营意愿间发挥部分中介作用，中介效应率为36.147%[（-0.461）×（-0.414）/0.528×100%]；感知经营利失在经营能力和持续经营意愿间发挥部分中介作用，中介效应率为36.613%[（-0.427）×（-0.415）/0.484×100%]，假设H14、H15、H17均成立。

根据回归分析及中介效应检验结果，本文最终支持（包括部分支持）的假设17项，拒绝的假设7项（如表29所示）。

表29 假设检验结果汇总

编号	假设内容	验证结果
H1	乡村旅游发展要素资源对感知经营利得具有显著的正向影响	支持
H2	乡村旅游发展要素资源对感知经营利失具有显著的负向影响	不支持
H3	乡村旅游发展要素资源对持续经营意愿具有显著的正向影响	支持
H4	经营能力对感知经营利得具有显著的正向影响	支持
H5	经营能力对感知经营利失具有显著的负向影响	支持
H6	经营能力对持续经营意愿具有显著的正向影响	支持
H7	政策保障力度对感知经营利得具有显著的正向影响	不支持
H8	政策保障力度对感知经营利失具有显著的负向影响	支持
H9	政策保障力度对持续经营意愿具有显著的正向影响	支持
H10	感知经营利得对持续经营意愿具有显著的正向影响	支持
H11	感知经营利失对持续经营意愿具有显著的负向影响	支持
H12	感知经营利得在政策保障力度与持续经营意愿间发挥中介作用	不支持
H13	感知经营利得在乡村旅游发展要素资源与持续经营意愿间发挥中介作用	支持
H14	感知经营利得在经营能力与持续经营意愿间发挥中介作用	支持
H15	感知经营利失在政策保障力度与持续经营意愿间发挥中介作用	支持
H16	感知经营利失在乡村旅游发展要素资源与持续经营意愿间发挥中介作用	不支持
H17	感知经营利失在经营能力与持续经营意愿间发挥中介作用	支持
H18	不同性别的传统经营户的持续经营意愿存在显著差异	不支持

续表

编号	假设内容	验证结果
H19	不同年龄段传统经营户的持续经营意愿存在显著差异	不支持
H20	处于不同家庭生命周期阶段的传统经营户的持续经营意愿存在显著差异	部分支持
H21	不同受教育程度的传统经营户的持续经营意愿存在显著差异	不支持
H22	不同年经营收入水平的传统经营户的持续经营意愿存在显著差异	部分支持
H23	不同收入来源的传统经营户的持续经营意愿存在显著差异	部分支持
H24	不同参与经营人数的传统经营户的持续经营意愿存在显著差异	部分支持

根据实证研究结果对理论模型进行修正，如图4所示。四个影响因素对持续经营意愿的显著作用关系成立。其中，感知经营利失对持续经营意愿具有负向影响，其余因素都产生正向影响。经营能力、乡村旅游发展要素资源两个因素对感知经营利得具有显著的正向影响，并且通过感知经营利得间接对持续经营意愿产生影响，论证了感知经营利得的部分中介效应；政策保障力度、经营能力与感知经营利失具有负向影响，并且通过感知经营利失间接对持续经营意愿产生影响，论证了感知经营利失的部分中介效应。乡村旅游发展要素资源对感知经营利失的显著影响未得到证明，政策保障力度对感知经营利得具有显著的正向影响也未得到支持。

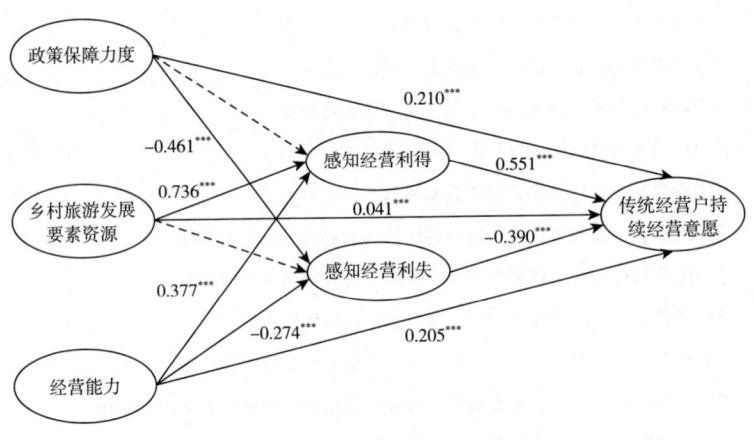

图4 修正后的实证研究模型

注：*** 表示 $P<0.001$。

五 发达地区乡村旅游传统经营户的持续经营意愿影响因素机制分析

持续经营意愿是多种因素交织作用的结果，是个体将外部市场刺激因素内化为个体内部对持续经营价值判断的动态过程。根据内外因辩证关系原理，本研究认为政策保障力度与乡村旅游发展要素资源是外部驱动因素，经营能力与感知经营价值是内在驱动因素，内外驱动因素相互作用与制约，在动态运动中达到平衡，形成持续经营意愿。

（一）政策外推力的介入

政策保障是乡村旅游持续、健康运行的制度前提，也是组织与调控经营的外驱力，一切经营都要在政策与制度的限制范围内进行。可以说，传统民俗户在经营过程中，如何感知与解读现有政策制度将会极大地影响他们对所从事活动的价值判断，从而影响自身真实行为意向的有效表达。例如，有利的多元化金融政策，如创业优惠贷款利率、增加还款宽限期、简化抵押贷款审批手续等；优惠的税收减免政策，如个人所得税、企业所得税等减免；完善的基本和政策性保险体系，如京郊旅游保、农村医疗、养老、失业保险；灵活的土地利用政策，如经营土地置换、整合与开发；通畅的信息交流与反馈通道，如微信、网站、专线电话等形式的沟通、乡村旅游发展政策听证会或意见征询会，等等。这些基础性政策与制度的出台与实施不仅为当地旅游的发展创造良好的制度环境，有效助推乡村旅游产业的转型与升级，而且能帮助经营户解决经营的后顾之忧，提高长期从事旅游经营的信心。因此，政策与制度的先发介入是政府有效配置社会资源和生产要素，全局调控乡村旅游经营市场运行状态，促进个体经营活动持久有序进行的重要保障。但是需要注意的是，政府政策与制度的介入不应是长期性的，而应是暂时性、阶段性、辅助性的，一旦市场顺利运行，政府就要逐步转变职能，寻求对新问题的解决。

（二）市场外驱力的调控

随着个性化、多元化旅游时代的到来，旅游市场供需不均衡的问题日益凸显。为缓解这一问题，顺应市场发展趋势，政府只有大力推进供给侧结构性改革和产业结构调整，加大基础设施、区域规划、经济运行等宏观外驱力对乡村旅游产业的支持与保障，为市场主体营造良好的经营环境。

首先，协调融合一、二、三产业发展，确定好产业发展重点，挖掘传统产业内涵与特色，打造乡村旅游特色品牌，如将农旅融合，开展农耕旅游体验项目，建立并延伸农旅产业链，推动乡村旅游产品与服务的主题化、创新化变革，实现产业的价值再造。其次，传统经营户的认知差异导致其对同一或不同要素资源的需求程度不尽相同，因此政府要关注附加值，如从传统板栗种植销售向板栗采摘、板栗月饼和面包手工制作等体验活动转移，了解传统经营户在要素资源利用与整合上的差异性和独特性，重视对存量资源的盘活重组，创新经营管理策略，增加资源性、创意性销售活动拓展延伸，满足游客多元化，延长消费链。最后，道路交通条件、经济运行、区位布局、品牌形象等市场经济要素也是经营顺利进行的必要条件，这些基本要素的完善往往需要政府与市场的共同发力，为经营活动搭建平台；同时要关注到经营主体的意向与行为是对这些要素的现实表征与反映，政府要发挥引导职能，指导经营户更好地适应客观环境，顺应发展新形势新需求，如以引导经营主体树立敏锐把握市场发展态势的意识，灵活调整经营要素投入，包括人员和资金投入比例调整、经营内容和方式转变等，以减少由市场经济不确定性带来的未知风险，稳步提升经营效益，延长经营周期。

（三）能力内推力的培育

经营能力是经营主体对信息资源、知识技能和实践经验的综合运用能力，是资源利用程度和使用效率的客观表述。经营主体在开展经营时会根据游客需求主动对现有资源进行提取、整合和重组，围绕实际经营情况有针对性地设计和提供特色旅游产品与服务，满足游客需求，获取最优经济效益。这些资源包括人际关系、信息资源、资金储备、管理知识与技能等，不同传统经营户所持资源类别、对资源的价值认知及利用程度皆有差异，导致经营焦点、核心竞争力和经营绩效评估结果都不尽相同。对传统经营户来说，只有敏锐地察觉把握资源的价值，将外在资源迁移内化为多元化经营能力，形成并拓展经营价值网络，才能准确把握外部稀缺资源与合作共赢机会，提高经营效益，增强经营意愿。因此，要重点关注传统经营户经营能力的培育与提升，注意两方面职业能力的培养，一是机会识别能力、决策能力、沟通能力等职业核心能力的培养，这类能力是个体在社会互动中逐步形成的，较难在短时间内形成，对这类能力的培育需要从根本上动摇经营主体的固化思维模式，通过常态化观摩学习全新业态经营管理理念，效仿先进经营管理模式等途径助力核心能力的提升。二是培育专业知识技能，这类能力可通过日常培训学习等方式予以提高，如通过当地旅游合作社的培训提高烹饪能力、获取服务接待知识、知晓突发事件应急处理方法等，在理论学习和反复操练中提高经营主体的整体素质，形成有助于经营的现实执行力、决策力和把控力，并灵活贯穿于经营工作的各个环节，快速有效地应对外部的创新性竞争。

（四）价值内驱力的权衡

感知经营价值是传统经营户对经营价值的心理权衡结果，一切外部驱动因素都要经过个体心理活动的内化才能转化为具体行为，个人对经营价值的感知与判断会显著影响其持续经营意愿的表达，因此关注经营主体的价值权衡依据是提高持续经营意愿与参与效果的直接途径。首先，要识别传统经营户在经营价值观念上存在的差异。如持有"经济价值观"的经营主体往往将经济效益的大小视作是否持续经营的依据，只有当经营收入超过心理预期，他们才会表现出积极的经营态度；持有"职业价值观"的经营主体往往将经营看作有前景的职业选择，他们更重视个人的成长规划与职业经验积累；持有"生活价值观"的经营主体往往将经营看作一种灵活自由、具有交际性的生活方式，这种生活方式不仅拓展了个人的生活空间，增强了社会互动性，而且也提高了个人的满足感和幸福感。只有在理解经营主体价值观的基础上，有的放矢地给予差异化条件支持，才能真正培育经营户的忠诚度，延长其经营时限。其次，经营价值利与失的博弈是动态性、阶段性的，身处不同发展阶段的经营主体对经营利益得失的感知不同。如10年前一笔可观的经济收入，10年后却无法达到经营户的心理预期，甚至经营收入更高也无法持续激发他们的持续经营动机，这是因为机会成本的递增使他们意识到个体或家庭的资源配置并非最优，反而让他们损失大量其他盈利机会，承担更多风险。这种情况最终导致经营户在价值权衡中价值利失感逐渐占上风，萌生退出经营的念头。最后，价值内驱力的权衡离不开外部市场与政策环境的调控，只有以政策为导向，以市场选择机制为支撑，不断强化传统经营户的"利得"感知，弱化"利失"感知，挖掘利失产生的根源并予以及时解决，才能实现可持续经营。

（五）传统民俗户持续经营意愿影响因素的作用机理与内在逻辑

传统民俗户的经营活动离不开市场与政府的协同驱动与调控，政策与制度保障和乡村旅游发展要素资源共同作用于经营活动，使传统民俗户对其形成初步的本底感知印象，然后以此为基础，民俗户运用自身风险调控、环境应变等经营能力对本底感知形象进行认知、评估和选择，在市场环境与经营主体不断的双向互动与反馈中，根据实际经营状况表达出真实的经营意愿，调整经营行为（如图5所示）。值得注意的是，意向是行为的前提，传统民俗户在表达经营意向后会做出不同经营选择，这些选择或积极、或消极，如何将消极的行为选择转化为积极的经营行为是应重点关注的领域。政府应通过市场培育刺激、制度鼓励、政策引导和政企合作等方式激活经营主体的主观能动性，分阶段逐步促进经营的多元化转型；此外，还要充分认识到乡村旅游业与机械制造、服装加工等劳动密集型产业一样，也面临着转型与淘汰的二元选择困境，"适者生存、不适者淘汰"是世间万物普适的生存法则，同样也适用于传统民俗户，政府应建立并完善经营户准入和退出机制，在吸引更多本地居民参与旅游经营、维持市场活力的同时，引导具有强烈退出意愿的传统民俗户有序退出市场，并协助其快速转型就业或通过间接参与方式继续为当地乡村旅游的持续发展献力。

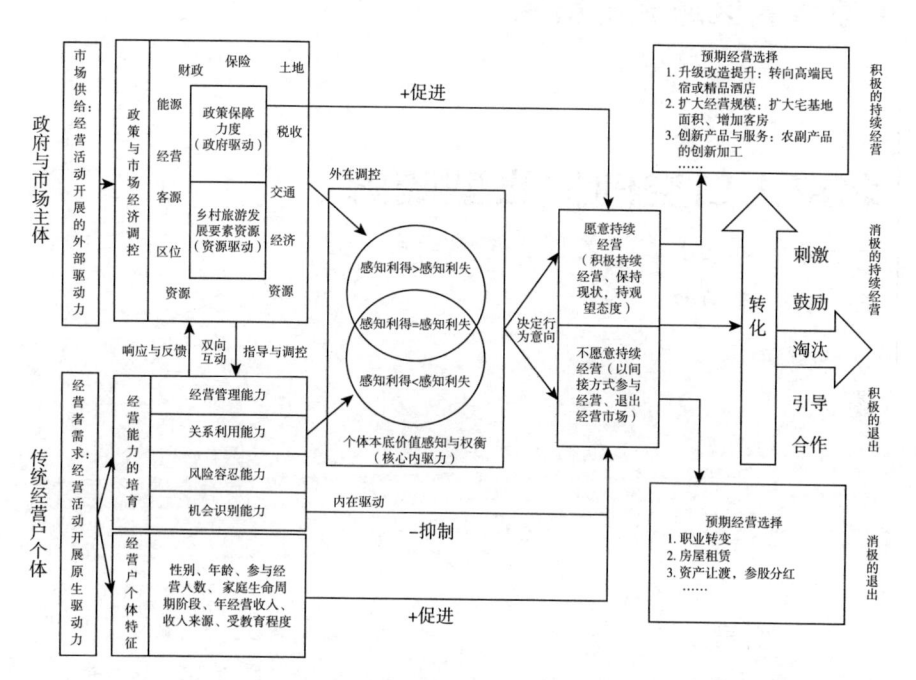

发达地区乡村旅游传统经营户的持续经营意愿影响因素研究

图5 传统民俗户持续经营意愿影响因素的作用机制与内在逻辑

• 京津冀区域旅游篇 •

北京人口空间扩张型疏解
——基于河北北戴河新区旅游地产研究

王 欣 王国权[*]

一 引言

近几年,北京市以非首都功能疏解为工作重点,有力有序有效地推进京津冀协同发展,人口规模连续两年减少。截至 2018 年末,北京全市常住人口为 2154.2 万人,比上年末下降 0.8%。同时,北京人口布局开始向城市发展新区转移。一方面,城六区加强不符合城市功能定位的产业向外疏解,不断推进疏解整治促提升专项行动;另一方面,强化其余十区基础设施建设,加大教育、医疗、公共服务方面的投入,建成有吸引力的、宜居的新城,发挥"拉力"作用,注重城市建设与产业布局并重。在双方的共同作用下,北京人口分布呈现城六区持续减少,其余十区微增的特点。此外,北京开始出现劳动年龄人口减少、老龄化程度不断加深的特征。2018 年,北京市常住人口中 60 岁及以上人口为 364.8 万人,占比 16.9%,平稳上升,已进入老龄化社会[①]。

---

[*] 王欣,北京第二外国语学院教授,研究方向为文化旅游与旅游地理;王国权,北京第二外国语学院 2018 级硕士研究生,研究方向为文化旅游与旅游地理。
[①] 资料来源:《2018 年全市常住人口发展变化情况》,北京市统计局网站,2019 年 7 月 9 日,http://tjj.beijing.gov.cn/tjsj/zxdcsj/rkcydc/dcsj_4597/201907/t20190709_425879.html。

由于北京汇集着全国最优质的公共服务资源，如医疗、教育、文化等，对外来人口形成了强大的吸引力，外来人口的过量涌入带来了一系列相应的大城市病问题，进而导致北京公共服务资源的短缺，严重制约了首都核心功能的发挥。因此，疏解北京非首都功能、缓解大城市病、释放人口压力，成为北京市政府工作的重点。2017年4月1日，中共中央、国务院决定在河北雄安设立国家级新区。雄安新区的定位首先是疏解北京非首都功能集中承载地，重点是承接北京非首都功能疏解和人口转移。2019年1月11日，北京市级行政中心正式迁入北京城市副中心，通州区进入城市副中心的时代，标志着北京市人口疏解迈出了里程碑式的一步。通州区和雄安新区分别承担了北京行政疏解和产业疏解的任务，其本质在于通过功能的空间拆解来引导人口向中心城区周边的郊区以及其他城市布局。北京城市副中心和河北雄安新区将使北京形成"一核双翼"的城市空间布局，进一步解决北京的"大城市病"，疏解北京非首都功能。

北京在旅游资源的建设上同样契合"中心城区人口疏解"的理念。目前在建的北京环球影城位于北京市通州文化旅游区，其将直接提升周边区域价值，同时也会带动休闲、餐饮、住宿、度假等多种业态的发展；同时，可以有效缓解中心城区因旅游带来的人口集聚问题，降低人口密度。

二　研究综述

（一）人口疏解文献综述

人口疏解是中心城区人口向周边地区扩散转移的过程①。人口疏解的动力主要来源于市场机制和政府引导两方面。市场机制认为居民、企事业单位的迁移是主体进行利益比较的结果；政府在推动中心城区人口和功能疏解中起主导作用，政府的优惠政策、重大项目配置、优质公共

---

① 杨成凤、韩会然、张学波等：《国内外城市功能疏解研究进展》，《人文地理》2016年第1期，第8~15页。

资源的提供都会对人口和功能疏解产生引导作用[①]。既往学者主要从京津冀协同发展[②]、国内外大城市疏解经验[③]、北京人口疏解效果及测度[④]等角度对北京人口疏解进行相关研究。北京人口疏解的途径主要有3种。第一,产业调控类:通过产业疏解带动人口疏解已成为首都调控人口的基本思路[⑤]。北京市的产业疏解措施主要包括疏解一批制造业、一批城区批发市场、一批教育功能、一批医疗卫生功能、一批行政事业单位[⑥]。第二,资源调节类:分散公共资源和公共服务,将现有的单中心均质向多中心与新城发展战略转变,建设副中心、分中心与微中心等,推动优质公共服务资源向重点承接地定点、定向转移[⑦]。加快推进中心城区

[①] 赵秀池、刘欣葵:《北京中心城人口疏解与新城发展机制研究》,经济科学出版社,2011。

[②] 李国平、席强敏:《京津冀协同发展下北京人口有序疏解的对策研究》,《人口与发展》2015年第2期,第28~33页;何海岩:《京津冀协同发展下北京人口调控的问题与对策》,《宏观经济管理》2016年第4期,第64~67页;赵成伟、孙启明:《京津冀人口与第三产业分布匹配研究——兼论影响首都人口疏解效果的因素》,《求是学刊》2018年第6期,第53~60页;谷健:《京津冀协同发展下非首都功能疏解对策研究》,硕士学位论文,首都经济贸易大学,2017。

[③] 姜鹏飞、唐少清:《首都人口疏解的制约因素与突破思路——基于国外城市人口疏解的经验》,《河北大学学报》(哲学社会科学版)2017年第4期,第150~155页;魏玉君、叶中华:《东亚国家首都地区新城人口疏解路径及对雄安新区的启示》,《现代城市研究》2019年第5期,第106~113页;叶中华、魏玉君:《雄安新区承接人口疏解的策略分析——基于首尔和东京的经验》,《当代经济管理》2017年第12期,第39~46页;王吉力、杨明、张宇:《疏解与再集聚的要素分析——基于事权、人口和成本的东京经验与北京对比》,《城市发展研究》2019年第6期,第37~44页;杨舸:《国际大都市与北京市人口疏解政策评述及借鉴》,《西北人口》2013年第3期,第43~48页。

[④] 丛晓男、王宇飞:《北京市人口疏解乘数效应分析——基于改进的劳瑞模型的视角》,《城市问题》2016年第8期,第73~80页;肖周燕:《北京产业疏解带动人口疏解的政策效应》,《地域研究与开发》2018年第6期,第160~164页;李程伟、闫晶、付艳华等:《流动人口疏解效果评价及政策建议——对北京市的问卷调查》,《国家行政学院学报》2017年第1期,第114~119+129页;孙启明、赵成伟、翟瑞瑞:《人口疏解经济质量分析——基于灰色关联度方法的实证研究》,《学习与探索》2018年第5期,第121~127页。

[⑤] 杨舸:《国际大都市与北京市人口疏解政策评述及借鉴》,《西北人口》2013年第3期,第43~48页。

[⑥] 林艳:《北京将出台产业"疏解"清单 部分行政单位迁出》,中国新闻网,http://www.chinanews.com/gn/2015/01-23/6997220.shtml。

[⑦] 杜艳莉、胡燕:《北京人口疏解中应警惕的三大问题及破解路径》,《未来与发展》2016年第10期,第75~78页。

部分教育、医疗等优质公共服务存量资源有序向中心城区外疏解，增加通州、大兴等重点承接中心城区疏解人口地区的公共服务资源，解决人口布局调整相对应产生的服务配套问题①。第三，驱出限入类：这是控制人口最直接的手段，即驱逐出去、限制流入、控制增长②，包括严格的户籍准入政策、出租屋管理政策与计划生育政策等，这类做法效果明显，但是治标不治本。合理的政府干预不是生硬地将人口从北京"挤出去"，并以"挤出去"为干预的终点，而是以行政手段带动经济手段，推动生产要素如资金、技术、人才等向周边地区分流。基于以行政强制手段为主的人口调控方式并不十分成功，有学者指出，要重视市场机制在调节和引导人口流动方面的作用③。

（二）旅游房地产文献综述

旅游房地产起源于中世纪欧洲世袭贵族的度假城堡，但20世纪初才开始市场化规模经营，主要是集中在法国南部地中海沿岸的海滨别墅④。中国旅游房地产萌芽于20世纪八九十年代的深圳和海南⑤，同时催生了国内旅游房地产学术研究的萌芽。沈飞对旅游房地产的定义得到学界较为普遍的认可，他认为旅游房地产是指依托周边丰富旅游资源（包括自然和人文旅游资源），借助旅游度假为目的的开发营销模式，以求全部或部分实现度假休闲旅游功能而开发建设及经营运作的房地产项目。21世纪后，随着学界对旅游房地产研究的不断深入，旅游房地产的定义、概念和分类逐步被细化。本文统计梳理了国内学者提出的比较有代表性的旅游房地产概念（见表1）。

---

① 魏义方、张本波：《特大城市公共服务均衡发展的重点、难点与对策——以北京市为例》，《宏观经济管理》2018年第5期，第73~78页。
② 杨舸：《国际大都市与北京市人口疏解政策评述及借鉴》，《西北人口》2013年第3期，第43~48页。
③ 刘尔铎：《超大城市人口疏解宜缓不宜急》，《人民论坛》2016年第1期，第66~69页。
④ 余艳琴、赵峰：《我国旅游房地产发展的可行性和制约因素分析》，《旅游学刊》2003年第5期，第74~77页。
⑤ 樊志勇：《关于当前旅游房地产热的思考》，《湖北社会科学》2003年第12期，第120~122页；巨鹏、王学峰、崔凤军：《景观房产研究——背景、现状与未来》，《旅游学刊》2002年第1期，第31~35页。

表 1　国内旅游房地产研究重要概念

作者	年份	概念
宋丁	2003	直接服务于旅游业或在空间上与旅游区有高度密切关联的房地产开发
丁名申、钱平雷	2004	以多种旅游项目为依托和基础，以优美的景观和良好的配套设施为主要特征的具有一定主题的房地产项目，它通过和旅游项目的嫁接与融合，二者互为依托，相辅相成，共同构成一个旅居结合的、融旅游、休闲、度假、居住等诸种功能于一体的大型旅游休闲社区
徐翠蓉	2007	广义上指所有与旅游业结合的房地产；狭义上指以旅游区域的景观、生态、文脉为开发契机，以优美的景观和良好的度假休闲配套设施为主要特征，以本地区以外的人群为主要销售对象的房地产项目
刘小航、覃群、彭思思	2009	以旅游开发为介入点，采用旅游拉动地产的一种运营模式。核心内涵是以旅游市场为支撑，即旅游房地产的景观、环境、文化、投资等各要素，都应以不同的游客市场需求为出发点来设计产品和开发模式，从而导致旅游房地产与普通房地产的不同。从某种程度上看，旅游房地产是为满足旅游市场需求而出现的房地产开发模式
王洁、黄华	2009	狭义上指以一定的旅游资源、旅游产品、旅游氛围为依托，以满足休闲度假或置业投资需求为目的，借助专门的销售渠道售卖给旅游者的作为第二居所的住宅设施。主要包括"分时度假"型、"产权酒店"型或常规购房置业型的住宅房地产（第二居所）。广义上指以休闲度假为目的，直接销售给旅游者的住宿设施和间接为旅游服务的房地产设施。主要包括："分时度假"型、"产权酒店"型或常规购房置业型的住宅房地产、旅游景点房地产、旅游商务房地产、旅游度假房地产、旅游住宅房地产等形式
袁韶华、翟鸣元等	2010	指以游客作为最终消费者，为游客提供各种观光、餐饮、体验、居住度假、游憩购物、康体娱乐、商务办公等休闲功能的建筑物及关联空间
张金山	2013	主要以满足旅游者需求而开发建设或经营管理的土地、建筑物及其他地上定着物（附着物），包括物质实体和依托于物质实体的权益
黄亮、李刚	2014	本质是以旅游资源为核心的房地产差异化经营模式，是以其所在区域的旅游功能开发为依托，并期望获得物业的增值，最终用于销售的房地产项目。按购买者不同的使用目的，可分为第一居所型和第二居所型

资料来源：根据相关文献整理。

基于本文的研究情境，将旅游房地产定义为：以一定的旅游资源、旅游产品、旅游氛围为依托，规划、开发和建设能满足旅游者特定需求的主题房地产项目，形成融旅游、休闲、度假、居住等功能于一体的大型旅游休闲社区。

(三) 旅游地产顾客满意度研究综述

顾客满意度（CSI）是国外采用的一种新型测度指标，来源于顾客对企业的某种产品服务消费所产生的感受与自己的期望所进行的对比[1]，是对顾客满意程度的衡量指标，揭示企业在顾客价值创造和传递方面存在的问题，并以实现全面的顾客满意为目标，探究、分析和解决这些问题。国内学者将顾客满意度研究应用于旅游、酒店、餐饮等服务行业，并取得了丰硕成果。在旅游领域，目前关于游客满意度的研究主要集中于游客满意度的满意度测评及影响因素等方面。既有研究对城市、主题公园、历史街区、文化创意型旅游地、旅游演艺等不同类型的旅游地游客满意度的模型建立与测评进行了深入研究。在养老地产方面，鄢丰明[2]、战松和王凤媛[3]分别构建了养老地产的顾客满意度模型，分析老年人对养老地产项目的满意度问题。王巧灵对冬季在攀枝花养老的"候鸟"老人进行居住情况及满意度状况调查，得出影响"候鸟"老人对候鸟式养老地产满意度的主要因素[4]。在旅游房地产方面，少有学者对旅游房地产构建顾客满意度模型并进行满意度测评。翟涛设计了适合我国行业和市场现状的分时度假顾客满意度测评指标体系，并实证研究我国分时度假行业的顾客满意度指数[5]。康文肖选取八处私人度假地产作为样本，运用扎根理论原理，获得构成私人度假地产顾客体验的五大因素，并以此构建私人度假地产顾客体验的评价指标和测量体系[6]。谢凤英以前往福建惠安县聚龙小镇的顾客为调查对象，初步构建

---

[1] 郭付友、甘静、陈才等：《山水实景演出旅游项目游客满意度测评研究——以〈中华泰山·封禅大典〉为例》，《干旱区资源与环境》2015年第6期，第183~188页。

[2] 鄢丰明：《基于PLS模型的合众优年养老地产顾客满意度研究》，硕士学位论文，哈尔滨工业大学，2015。

[3] 战松、王凤媛：《基于SEM的养老地产住户满意度分析——以沈阳市为例》，《沈阳建筑大学学报》（社会科学版）2017年第5期，第503~508页。

[4] 王巧灵：《攀枝花候鸟式养老地产需求满意度研究》，硕士学位论文，西南民族大学，2018。

[5] 翟涛：《我国分时度假顾客满意度测评及对策研究》，硕士学位论文，浙江大学，2006。

[6] 康文肖：《私人度假地产顾客体验测量体系研究》，硕士学位论文，重庆理工大学，2015。

了旅游地产顾客感知价值的评价体系，并确定了指标权重以了解影响顾客选择旅游地产的关键因素[①]。

（四）顾客价值感知研究综述

在旅游领域，Morrison 认为游客感知价值就是游客对旅游产品、服务及认知成本等进行的心理评估[②]；Duman 等则认为游客感知价值是游客在旅游过程中获得的经历与投入的时间和金钱之间的差值[③]；国内方面，李文兵、张宏梅[④]，和王莉等[⑤]学者分别对古村落、旅游服务性企业、湿地公园的游客感知价值进行了研究，并构建了游客感知价值模型。

本文在借鉴既有理论的基础上，结合度假型旅游房地产及顾客需求的特征，构建基于顾客价值的旅游地产顾客满意度测评模型并进行了实证分析，实证结果对旅游地产的发展具有一定的借鉴意义。

三 旅游地产顾客满意度测评模型构建

基于对已有文献的梳理，本文将旅游房地产顾客感知价值定义为：顾客在旅游地产社区居住体验之后，基于自身的感性认识做出的总体期望评价。这种评价是从顾客需求的角度来感知旅游地产，即业主作为价值感受的主体，旅游地产作为价值感受客体。在本研究中，顾客感知的价值不仅仅来源于旅游地产社区房屋与服务本身，也可能来源于环境、休闲配套服务、交通、成本等处于优势地位但与情感无关的因素。这些因素共同决定了业主对旅游地产的总体居住满意度。

基于顾客价值是顾客通过对感知利得和感知利失的比较，因此本文将顾客价值分解为房产功能价值、旅游资源价值、配套设施价值、环境

---

① 谢凤英：《旅游地产顾客感知价值评价体系构建研究》，硕士学位论文，福建师范大学，2015。
② A. M. Morrison, "Hospitality and Tourism Marketing", *Albany N. Y.*: *Delmar* 1998: 60-61.
③ Teoman Duman, Anna Mattila, "The Role of Affective Factors on Perceived Cruise Vocation Value", *Tourism Management* 2005, 26: 311-323.
④ 李文兵、张宏梅：《古村落游客感知价值概念模型与实证研究——以张谷英村为例》，《旅游科学》2010年第2期，第55~63页。
⑤ 王莉、张宏梅、陆林等：《湿地公园游客感知价值研究——以西溪/溱湖为例》，《旅游学刊》2014年第6期，第87~96页。

氛围价值、品牌服务价值、情感价值、地域价值、成本价值 8 个维度。前 7 个价值维度主要体现为顾客总价值，即感知利得；成本价值维度涉及价格成本、时间成本和精力成本，主要体现为顾客总成本，即感知利失。在借鉴既有的顾客满意度测评模型的基础上，构建基于顾客价值的旅游地产社区顾客满意度测评模型，如图 1 所示。

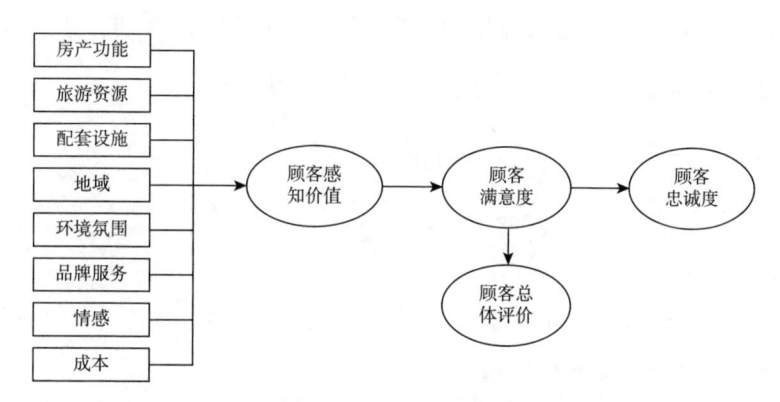

图 1　基于顾客价值的旅游地产社区顾客满意度测评模型

在具体量表的开发上，本文借鉴了已有研究的相关成果。结合本文的研究情境，即旅游地产本身所具有的休闲娱乐性、大配套、高附加值服务以及资源条件等特点，从房产功能价值、旅游资源价值、配套设施价值、环境氛围价值、品牌服务价值、情感价值、地域价值、成本价值 8 个维度来衡量旅游地产业主的整体居住满意度。鉴于本文研究的对象是在北戴河新区购置旅游地产的北京业主，因此专门增设了地域价值这一维度。基于前期文献梳理和实地走访调研，本文主要从当地文化适应程度、医疗水平与便利度、社区邻里交往、亲友吸引力四个二级指标去测量其地域价值（见表 2）。

本文首先采用均方差法进行指标赋权，其次利用线性加权法进行推测，步骤如下。

（1）计算第 i 个评价要素的第 j 个指标的均方差

$$\sigma_j = \sqrt{\left[\sum_{i=1}^{n}(X_{ij} - \overline{X}_j)^2\right]}$$

式中：X_{ij} 为第 i 个评价要素的第 j 个指标的标准化数值；$\overline{X}_j$ 为第 j 个评价要素的标准化数值平均值。

（2）计算第 i 个评价要素的第 j 个指标的权重系数 W_{ij}

$$W_{ij} = \sigma_j / \sum_{j=1}^{m} \sigma_j$$

式中：m 为评价体系的指标个数；$W_j \in [0, 1]$，$\sum_{j=1}^{m} W_j = 1$。

最后采用加权平均法计算旅游地产顾客满意度：

$$F_j = W_j \times X_j$$

$$CSI = \sum_{j=1}^{n} F_j$$

其中：CSI 代表总顾客满意度指数；F_j 为第 j 项指标的满意度指数；X_j 为第 j 个指标的标准化数值。

表 2　河北北戴河新区旅游地产北京业主满意度测评指标体系

目标层	一级指标 X_i	权重 W_j	二级指标 X_{ij}	权重 W_{ij}
旅游地产顾客感知价值体系	X_1 房产功能	0.1201	X_{11} 房屋整体质量	0.0342
			X_{12} 房屋结构设计	0.0279
			X_{13} 社区主题内容	0.0262
			X_{14} 房屋装修程度	0.0318
	X_2 旅游资源	0.1082	X_{21} 社区人造景观	0.0259
			X_{22} 社区景观小品	0.0282
			X_{23} 社区建筑景观	0.0281
			X_{24} 社区旅游资源	0.0260
	X_3 配套设施	0.1211	X_{31} 社区停车位	0.0276
			X_{32} 休憩服务设施	0.0282
			X_{33} 娱乐休闲配套	0.0273
			X_{34} 商业生活配套	0.0381

续表

目标层	一级指标 X_i	权重 W_j	二级指标 X_{ij}	权重 W_{ij}
旅游地产顾客感知价值体系	X_4 环境氛围	0.2089	X_{41} 自然条件	0.0234
			X_{42} 人居环境	0.0235
			X_{43} 度假氛围	0.0246
			X_{44} 社区噪声	0.0288
			X_{45} 居民素质	0.0279
			X_{46} 游客数量	0.0301
			X_{47} 治安条件	0.0258
			X_{48} 休闲活动	0.0249
	X_5 品牌服务	0.1317	X_{51} 开发商品牌认知	0.0238
			X_{52} 社区综合实力	0.0295
			X_{53} 社区口碑	0.0249
			X_{54} 物业管理	0.0286
			X_{55} 社区服务人员水平	0.0248
	X_6 情感价值	0.0750	X_{61} 个人情感偏好	0.0282
			X_{62} 身心愉悦	0.0223
			X_{63} 地方认同	0.0246
	X_7 地域价值	0.1079	X_{71} 当地文化适应程度	0.0247
			X_{72} 医疗水平与便利度	0.0332
			X_{73} 社区邻里交往	0.0235
			X_{74} 亲友吸引力	0.0266
	X_8 成本价值	0.1271	X_{81} 相对购房价格	0.0265
			X_{82} 物业管理费	0.0296
			X_{83} 交通成本	0.0240
			X_{84} 时间和精力成本	0.0263
			X_{85} 度假时间需求	0.0207

四 北戴河新区旅游地产北京业主生活满意度测评

（一）案例地情况

目前在北戴河新区的旅游地产项目中，以阿那亚、蔚蓝海岸最为突出。蔚蓝海岸项目由远洋地产联手国华置业共同打造，项目坐拥2.8公里海岸线，业态类型涵盖亲子度假酒店、花园洋房、滨海别墅、高端酒店、商业街区、社区食堂等，满足度假人群的日常消费需求。此外，带有滨海特色的创意配套设施也是项目的亮点之一。目前，蔚蓝海岸首批引进猫的天空之城、红卡咖啡、字里行间、春雨医生、海贝儿等品牌，同时注重打造业主的休闲生活，设有北北俱乐部，内含几十个业主兴趣社群，如海之音合唱团、北北瑜伽社、北北篮球社、北北舞蹈社、北北美食社、北北跑团等，并且不定期举办大型活动，如2019年5月举办的第二届全国青年运动会帆船联赛、7月举办的"远洋·蔚蓝海岸杯"第14届中国超级模特大赛、8月举办的北北消夏之夜第二季。蔚蓝海岸项目将目标客户定位于北京中产阶级，区别于阿那亚的北京高端客户，注重开发项目配套和业主活动，现已成为北戴河新区旅游地产项目开发的标杆和范本。因而选取蔚蓝海岸项目作为调研案例地，具备代表性、综合性。

（二）调查方法与数据处理

本文采用问卷调查的方法对北戴河新区旅游地产社区居住满意度进行测算，问卷调查对象是在北戴河新区蔚蓝海岸社区购买旅游房地产并且有实际居住体验的北京居民。研究者于2018年国庆黄金周前往蔚蓝海岸社区进行问卷预调研，于2019年7月7~11日正式开始调研，共发放问卷245份，回收有效问卷210份，回收有效率为85.71%，有效率属于较为理想的水平。为保证问卷数据的真实性，研究采取随机拦截访问、现场回收的方式。鉴于旅游地产社区所具有的私密性和高端性，问卷数据的获取较为困难。问卷发放难度较大，受访者必须具备两个特征：一是北京籍居民或者在北京长期居住和生活的居民；二是必须在蔚蓝海岸社区购置了旅游地产并且有了实际的居住体验，对该社区可作出整体评价。研究团队在蔚蓝海岸的业主食堂、社区海滩、老年人活动中心等地点对业主进行一对一的问卷发放和填写。采用李克特5级量表进行态度量化，由受访的旅游地产社区业主对每个项目表述的5级态度或感知进行判别，将"非常同意、同意、中立、不同意、非常不同意"分别赋予"5、4、3、2、1"的递减分值。

本文采用SPSS 25.0进行问卷信效度测算，问卷整体信度Cronbach's α系数值为0.935，表明问卷调查结果具有较好的信度；顾客满意度量表

KMO（Kaiser-Meyer-Olkin，取样适切性量数）值为 0.885，大于 0.7，Bartlett 球形检验显著概率为 0.000，小于 0.001，KMO 值和 Bartlett（巴特利特）球形检验显著概率均符合研究标准（见表 3、表 4）。因此，本研究所设置的结构变量度量指标是有效及基本合理的，符合效度检验要求。

表 3 问卷 KMO 和巴特利特检验结果

KMO 和巴特利特检验		
KMO 取样适切性量数		0.885
巴特利特球形度检验	近似卡方	3714.198
	自由度	666
	显著性	0.000

表 4 问卷可靠性统计结果

可靠性统计		
Cronbach's α	基于标准化项的 Cronbach's α	项数
0.933	0.935	37

（三）结果分析

1. 样本描述

通过对样本分析可知（见表 5），受访业主的性别比例基本持平（男女比例为 1∶1.14），共有 98 名男性、112 名女性参与了本次问卷调查。年龄结构上，受访业主以中老年为主（56~65 岁占 31.9%，66~75 岁占 20.0%）。月消费上，38.6% 的受访业主每月消费在 2001 元到 4000 元的区间内，其余区间段除 6001 元到 8000 元外，分布比较均衡。受访的业主群体文化程度很高，一半以上的受访业主文化水平是本科及以上，大专/高职的比例达到 21.0%。受访业主的职业构成主要包括收入稳定的公务员/行政单位工作人员、事业单位工作人员、企业人员（共占 66.3%）。居住时长上，一半以上的业主每年平均居住 4 个月以下（占 84.3%）。亲友数量上，接近一半的受访业主在蔚蓝海岸社区及周边没有亲人朋友陪伴（占44.3%）。在有亲友陪伴的受访业主中，1~5人占比最高，达到36.7%，其次是6~10人，占比达到11.0%。

表5 受访者人口基本特征

单位：人，%

属性	分类	频数	占比	属性	分类	频数	占比
性别	男	98	46.7	职业	公务员/行政单位工作人员	39	18.6
	女	112	53.3		事业单位工作人员	52	24.8
年龄	≤35岁	17	8.1		工人/农民	16	7.6
	36~45岁	40	19.0		军人/部队人员	4	1.9
	46~55岁	24	11.4		个体/私营业主	21	10.0
	56~65岁	67	31.9		自由职业者	19	9.0
	66~75岁	42	20.0		企业人员	48	22.9
	>75岁	20	9.5		其他	11	5.2
文化水平	小学及以下	10	4.8	居住时长	不超过1月	56	26.7
	初中	17	8.1		1~4月	121	57.6
	高中/中专	31	14.8		4~6个月	18	8.6
	大专/高职	44	21.0		6~9个月	8	3.8
	本科及以上	108	51.4		9个月以上	7	3.3
月消费	0~2000元	49	23.3	亲友数量	0人	93	44.3
	2001~4000元	81	38.6		1~5人	77	36.7
	4001~6000元	39	18.6		6~10人	23	11.0
	6001~8000元	8	3.8		11~15人	6	2.9
	>8000元	33	15.7		15人以上	11	5.2

2. 旅游地产满意度指数分析

北戴河新区旅游地产满意度指数如表6所示，整体旅游地产顾客满意度指数为3.8245（满分为5分）。在各评价因素中，房屋整体质量（0.1170）、房屋装修程度（0.1144）指数较高，表明旅游地产社区的房屋建造水平整体较高，质量有一定保证；社区噪声（0.1148）在环境氛围因素层内指数最高，表明旅游地产社区注重保障业主的度假休养品质，社区较为安静，很少有噪声打扰到以中老年为主的业主群体的日常休息；社区综合实力（0.1122）、物业管理（0.1124）在品牌服务因素层内指数较高，表明受访业主对所在社区的综合实力和物业管理水平较为满意，社区服务较为周到；在情感因素层和地域因素层内，个人情感偏好（0.1087）、当地文化适应程度（0.0983）指数较高，表明受访北京业主普遍对北戴河新区旅游地产较为认同，同时能够较好地适应在北戴河新区的度假生活；在成本因素层内，时间和精力成本（0.1028）较高，表明受访业主对往返京冀两地路程的时间和精力花费比较能接受。社区主题内容（0.1020）、休闲活动（0.0958）、医疗水平与便利度（0.0862）、社区邻里交往（0.0894）、度假时间需求（0.0868）满意度指数相对较低。

表6 河北北戴河新区旅游地产北京业主满意度指数

目标层	一级指标	序号	二级指标	满意度指数
河北北戴河新区旅游房地产满意度（3.8245）	房产功能	1	房屋整体质量	0.1170
		2	房屋结构设计	0.1057
		3	社区主题内容	0.1020
		4	房屋装修程度	0.1144
	旅游资源	5	社区人造景观	0.1048
		6	社区景观小品	0.1101
		7	社区建筑景观	0.1115
		8	社区旅游资源	0.1073
	配套设施	9	社区停车位	0.1095
		10	休憩服务设施	0.1115
		11	娱乐休闲配套	0.1090
		12	商业生活配套	0.1157
	环境氛围	13	自然条件	0.1024
		14	人居环境	0.0997
		15	度假氛围	0.1035
		16	社区噪声	0.1148
		17	居民素质	0.1031
		18	游客数量	0.1099
		19	治安条件	0.1041
		20	休闲活动	0.0958
	品牌服务	21	开发商品牌认知	0.0975
		22	社区综合实力	0.1122
		23	社区口碑	0.0992
		24	物业管理	0.1124
		25	社区服务人员水平	0.1024
	情感	26	个人情感偏好	0.1087
		27	身心愉悦	0.0927
		28	地方认同	0.0944

续表

目标层	一级指标	序号	二级指标	满意度指数
河北北戴河新区旅游房地产满意度（3.8245）	地域	29	当地文化适应程度	0.0983
		30	医疗水平与便利度	0.0862
		31	社区邻里交往	0.0894
		32	亲友吸引力	0.0941
	成本	33	相对购房价格	0.0989
		34	物业管理费	0.1023
		35	交通成本	0.0944
		36	时间和精力成本	0.1028
		37	度假时间需求	0.0868

3. 测评指标重要性—满意度分析

运用 IPA 象限方格图对北戴河新区旅游地产满意度测评指标的权重和满意指数进行综合分析。以所有指标的平均重要性和平均满意度指数来构建 4 个象限，将各项衡量指标按其重要性和实际表现情况分布在这 4 个象限内进行分析和阐释。如图 2 所示，由指标层各评价指标的权重作为四象限图的横坐标 X 轴，业主居住满意度评价均值作为纵坐标 Y 轴。四象限分割点的横坐标取指标层内评价指标权重的平均值 0.0270，

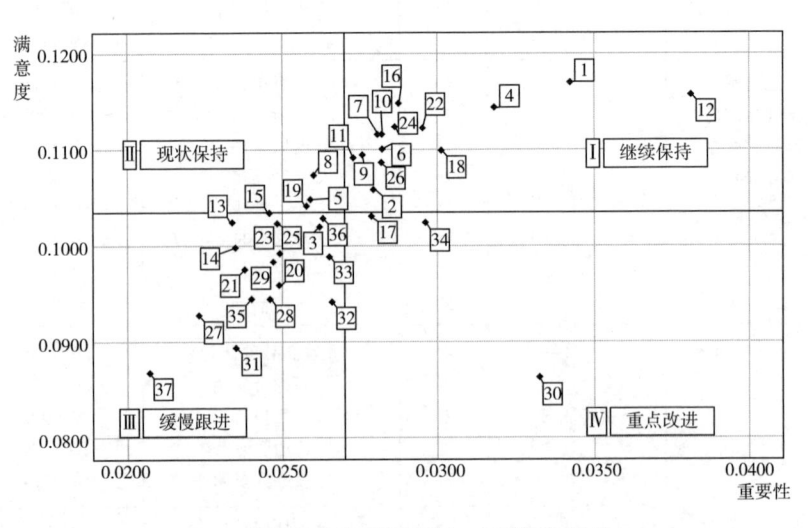

图 2　旅游地产社区重要性—满意度四象限

而纵坐标取各测项业主居住评价平均满意度指数 0.1034，得出 IPA 分析结果。为了清晰地观察每个指标所在的象限，以上文指标评价体系中的指标编码作为散点标签。

第 I 象限是满意度和重要性都比较高的区域，只需继续保持。从图 2 可以看出，共有 14 项评价指标位于第一象限，分别是房屋整体质量（1）、房屋结构设计（2）、房屋装修程度（4）、社区景观小品（6）、社区建筑景观（7）、社区停车位（9）、休憩服务设施（10）、娱乐休闲配套（11）、商业生活配套（12）、社区噪声（16）、游客数量（18）、社区综合实力（22）、物业管理（24）、个人情感偏好（26）。这 14 个因子对于提升业主居住满意度具有十分重要的作用，其表现基本达到了游客的预期。从现实角度来看，北京居民一般把北戴河新区旅游地产作为其度假和养老的第二居所，因此北戴河新区的旅游地产一般选址在空气清新、邻近海边的区域，而这些区域由于此前尚未开发，配套设施方面较为落后，因此业主非常重视其商业生活配套，如超市、餐厅、酒店、菜市场、药店、银行等是否较为齐全，以及是否可以满足业主基本生活需要。蔚蓝海岸旅游地产社区基本满足了业主的居住期望和需求，未来需要继续巩固和保持已有配套建设，并继续补充完善。此外，北戴河新区旅游地产社区吸纳了较多的北京老年疗养群体和短期度假的北京中产阶层群体，此类业主群体对于房屋质量的要求和期望通常较高。此外，房屋精装修、厨卫家具齐全近年来已经成为旅游地产开发和销售必备的要素之一，很多旅游地产开发商对外销售楼盘时都承诺顾客拎包入住、证件齐全，因而业主对于旅游地产楼盘房屋装修程度较为重视。北戴河新区旅游地产在这方面做得较好，基本满足了顾客的需求。此外，社区景观小品、社区建筑景观作为旅游资源价值维度下的指标，表明旅游地产业主较为注重社区的旅游属性和景观价值，而北戴河新区旅游地产社区较好地满足了业主的期待。值得注意的是，配套设施价值维度内的四个指标——社区停车位、休憩服务设施、娱乐休闲配套、商业生活配套均出现在第 I 象限，表明其旅游地产社区在配套设施层面基本达到了业主的期待值，未来仍需要进一步加强和完善。社区噪声、游客数量两方面满意度均较高,表明旅游地产社区在保持舒适安静的度假氛围、适量的游客数量方面表现良好,没有打扰到业主的度假疗养生活。

第Ⅱ象限是重要性低但满意度高的区域,此区域内的是业主较为满意但并不重视的要素,包括社区人造景观(5)、社区旅游资源(8)、度假氛围(15)、治安条件(19)四个指标。旅游资源价值维度下另外两个指标——社区人造景观、社区旅游资源均出现在了第Ⅱ象限,其重要性相对于第Ⅰ象限略低,但是满意度相对较高,表明北戴河新区旅游地产开发商较为注重打造高旅游资源价值的度假社区,强调社区的旅游属性和景观价值,给予了顾客良好的景观体验。度假氛围、治安条件两大因子均属于环境氛围价值维度下的指标,满足了业主的要求。在实地走访调研中,受访业主均表示,对北戴河新区蔚蓝海岸社区的治安表示非常满意,社区内基本没有发生安全事故和恶性事件,令人放心。此外,不少业主表示,蔚蓝海岸社区的度假氛围良好、轻松而自由,这与上文的分析结果相互印证。

位于第Ⅲ象限的因素共有16项,它们位于低重要性—低满意度象限。分布在这个区域内的要素都是低优先级,不须重点发展,但并非完全不用考虑,只是业主暂时对于这些要素没有很高的期望值,在旅游地产开发商资源、财力、精力有限的情况下不宜优先发展,将来随着旅游地产市场环境的变化,待时机成熟后,可以进一步改造升级。16项因子依次为社区主题内容(3)、自然条件(13)、人居环境(14)、休闲活动(20)、开发商品牌认知(21)、社区口碑(23)、社区服务人员水平(25)、身心愉悦(27)、地方认同(28)、当地文化适应程度(29)、社区邻里交往(31)、亲友吸引力(32)、相对购房价格(33)、交通成本(35)、时间和精力成本(36)、度假时间需求(37)。其中,第3、13、25、36项因子相对于第Ⅲ象限的其他12项因子满意度较高,基本上达到了平均水平,分别是社区主题内容、自然条件、社区服务人员水平、时间和精力成本。北戴河新区紧邻中国"夏都"——北戴河,空气清新、气候凉爽,同时有优良的沙滩和海水,绝大多数受访业主对北戴河新区旅游地产社区的自然条件表示满意。此外,旅游地产社区工作人员服务水平已经成为其核心竞争力之一。蔚蓝海岸、阿那亚等知名旅游地产社区均注重服务品质，因而业主对其服务人员水平的满意度尚可。同时，随着京冀两地之间交通不断便捷化、舒适化、短程化，两地之间的人口流动变得更加频繁，多数受访业主表示对于往返京冀两地之间的时间和精力可以接受，这与本文的分析结果基本一致。值得注意的是，地域价值维度下面的三个指标均出现在第Ⅲ象限，即当地文化适应程度、社区邻里交往、亲友吸引力。三者之中，当地文化适应程度满意度最高，亲友吸引力次之，社区邻里交往最低。京冀两地距离较近，北戴河新区距北京仅280公里，两地间生活习惯、饮食语言、风土人情等均较为接近，因而北京业主在北戴河新区旅游地产社区的文化适应程度较高。相比于海南、云南、浙江等热门旅游地产发展区域，许多北京业主更倾向于文化适应程度更高的河北地区。但是在旅游地产社区内，由于旅游地产社区建筑的低密度性以及业主度假时间的不一致性，大多数时候业主邻里之间很少有机会见面或交流，交流和交往只存在于部分常住业主之间。在度假业主中有一部分业主追求清静、疗养和舒适，较为排斥与旅游地产社区邻里的交往，以上现实因素造成社区邻里交往这一因素的低分值。从图2可以看到，度假时间需求在重要性和满意度上面分值均比较低，表明业主本身对该因子期待值较低、满意度也较低。北戴河新区虽拥有优越的度假资源，但是其气候条件具有明显的季节性缺陷，冬季相对南方较冷，适宜度假的时间相对较短，因而造成满意度比较低的情况。

第Ⅳ象限是重要性高但满意度低的区域，这一象限的要素所表征的是业主的期望值较高，但对现状不太满意，包含居民素质（17）、医疗水平与便利度（30）、物业管理费（34）。其中，居民素质、物业管理费两项指标的业主满意度略低于平均值，业主对医疗水平与便利度期待值高、满意度远低于平均值。在调研中发现，部分业主强调社区物业收费较高，由于他们平时年均住的时间较少，性价比很不合理，有些业主甚至故意延期或者不缴物业费，关门走人，以此逃避高昂的物业费用，因而满意度相对较低。另外，虽然大部分旅游地产社区业主学历和身份地位较高，但是仍有一部分人素质相对较低，宠物狗在社区内随地大小便、就餐不文明等现象经常发生，同时缺乏交流的业主对此项因素评价不是很高，因而造成这项因子的低分值。医疗水平与便利度是业主较为关注但是实际表现很低的一项因素。事实上，北戴河新区旅游地产业主绝大多数是来自北京的中老年群体，其中很多是刚退休或者快要退休的上班族，或多或少患有一些慢性病，由于京冀两地异地医疗结算没有实现，报销手续烦琐，看病拿药报销较为麻烦，很多北京老年业主对这一现状很不满意；同时，北戴河新区目前的医疗水平和医疗资源有限，看病就医不是很便利和放心。很多业主反映："从来没在这边看过病，每次来都会自备药，如果有急性病会直接回北京。"据部分业主反映，北戴河新区目前的医疗资源匮乏，医院和药店较少，且距离蔚蓝海岸等一线海景社区较远，就医很不方便，以上几点原因造成业主们对该因子的高期待值、低满意度。

基于前文分析，可以发现：北京业主对于北戴河新区旅游地产的满意度较高，目前制约业主满意度的要素主要包括旅游地产之外的层面，主要包括医疗水平与便利程度、度假时间需求等。未来几年北戴河新区医疗资源和政策的改善、冬季旅游项目的丰富，将会进一步提高北京业主在北戴河新区旅游地产社区的满意度和度假意愿，从而带动北戴河新区旅游地产的发展以及北京顾客购置旅游地产的积极性。

五 基于旅游地产的北京人口空间扩张型疏解

(一) 北京人口空间扩张型疏解的概念、内涵、途径

旅游地产开发是吸引城市人口迁移的重要手段。上述分析可以明确：河北以旅游地产为牵引点，辅之以地区旅游产品和基础设施的完善、产业的升级配备，将有效吸引北京人口向河北地区流动和迁移，从而无形中形成了一种新的北京人口疏解的模式和路径——人口空间扩张型疏解。北京人口空间扩张型疏解基于北京人口活动空间的扩张，该路径弥补具有政府导向特色的"迁移型"和"附着型"扩张的缺点，转被动为主动，开创了以旅游地产市场驱动下城市中心人口疏解的新局面。

北京人口空间扩张型疏解的实质内涵在于,河北旅游地产的开发建设对于饱受"大城市病"折磨的北京中老年居民形成了无形的度假吸引力,加上北京作为首都所具有的房价高、限购严等特质,使得居民对地产投资需求溢出效应强,加上两地政府的政策调控、资源外迁、基础设施与交通的逐步完善和便捷,在"推力"和"拉力"共同作用下,将有效带动北京人口生活空间的扩张。这是一种政府与市场的双轮驱动下的北京人口疏解的新路径和新模式。

河北旅游地产将吸纳有休闲度假需求的北京中产阶层群体和有疗养需求的北京老年人群,这一人口生活空间扩张模式将变得切实可行,从而在事实上形成北京人口的生活空间的扩张,即人口空间扩张型疏解(见图3)。

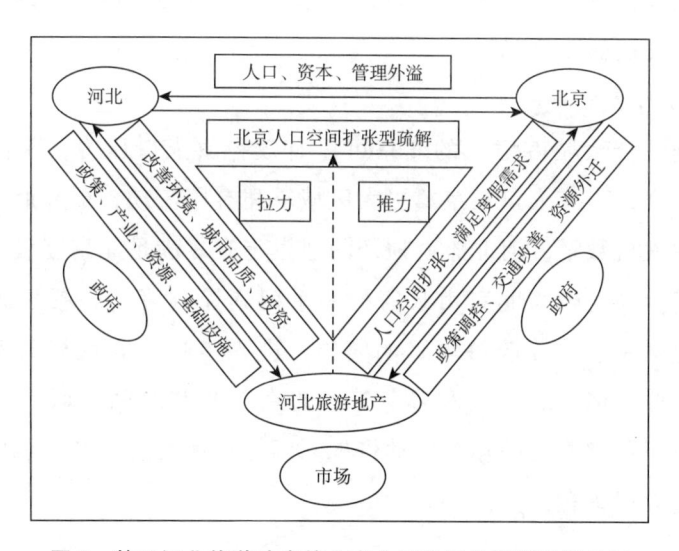

图3 基于河北旅游地产的北京人口空间扩张型疏解机制

(二)北京人口空间扩张型疏解的效益

北京人口空间扩张型疏解不仅对于疏解非首都功能和北京人口具有重要作用和意义,同时对于推进京津冀一体化进程、缓解北京"大城市病"、促进河北地区的经济发展、提升北京居民度假生活的品质、平衡分布地产投资等均具有良好效益。有利于激发北京人口主体的内在动力，以高质量的生活空间的扩张替代传统的被动疏解方式，让北京人口主动走出去，促成京冀两地的区域联动与连接。

1. 对河北方面

在河北，类似蔚蓝海岸项目的大型旅游地产项目（度假综合体）正在快速发展，许多一线房企开始入驻秦皇岛，如碧桂园、万科、保利、恒大、富力等。首先，在环境方面，旅游地产的开发将有效改善城市景观品质，提升区域生态环境的质量和水平。在经济方面，旅游地产的开发将一改"旅游飞地"的低旅游乘数效应，有效促进当地的消费、拉动经济增长；此外，旅游地产可以有效盘活土地价值，带动区域投资和经济发展。北京度假人群在购买或租赁旅游地产后，将带动当地商业、服务业的发展，带动当地旅游和度假人气上涨，并带来周围客源的涌入。在社会方面，旅游地产的大量开发建设将为当地人口的就业和相关产业的发展做出贡献。

2. 对北京方面

受制于"大城市病"的北京可以有效释放人口压力，降低中心城区人口密度，引导人口在京冀更大区域空间有序流动，更好地调控中心城区常住人口数量。河北旅游地产的建设将有效满足北京度假和疗养人群的需求，同时随着北京市政府的一系列调控政策（包括资源逐步外迁、产业限制、功能疏解等）的实施，进一步吸纳北京相关需求人群在河北就业、消费、投资和置业等。北京与河北之间的联系将逐步加强，两地间各种要素的相互流动将推动两地平衡发展，进一步加快京津冀一体化发展进程。

京津冀地区旅游业产出投入效率对比分析

黄迪 王欣 李瑞 闫笑非[*]

一 引言

京津冀都市圈为我国三大经济圈之一,"京津冀一体化"不仅将实现京津冀经济文化等方面的共同发展,还将进一步加强京津冀产业协作等以实现产业升级转移。旅游业作为关联度高、融合性强、拉动作用突出的产业之一,是区域合作的优先产业,在京津冀协同发展的进程中,旅游业扮演着桥头堡和排头兵的重要角色。

目前京津冀旅游业总体呈现北京一枝独秀和津冀双头并进的格局,在上述背景之下,对京津冀旅游业投入产出效率进行研究,进一步分析京津冀三个地区旅游业投入产出效率的差异,从而就三地差异化现状提出针对性的优化策略,对促进京津冀地区旅游业实现有效投入具有重要意义。

二 文献综述

(一)国外相关研究

国外关于旅游投入产出效率的问题研究主要集中在旅游乘数效应、

---

[*] 黄迪,北京第二外国语学院2019级硕士研究生,研究方向为乡村旅游与旅游规划;王欣,北京第二外国语学院教授,研究方向为文化旅游与旅游地理;李瑞,贵州师范大学副教授,研究方向为旅游地开发与管理;闫笑非,北京石油化工学院教授,研究方向为服务战略管理。

投入产出分析法、旅游经济评价模型等研究方法的创新上。1931年，英国经济学家Kahn首先提出了乘数的概念，之后再由美国的经济学家Keynes对其进行补充与发展，紧接着由Fletcher结合投入产出法与乘数，进一步分析旅游投资现象。Fletcher在1989年就利用投入产出分析法就旅游业对经济影响的有效性进行分析，研究了这种分析方法的实际应用，并利用基于旅游业的投入产出模型示例来展示这种模型的灵活性以及可实现的细节层次。国内学者匡林认为，旅游乘数理论是分析旅游业经济成绩、预测旅游业发展变化对接待国或地区所产生的经济影响的有力工具，但乘数理论往往模糊了人们对从社会整体角度来看，旅游业使用这些资源能否实现经济上的帕累托最优这一问题的认识；而且，乘数效应在其他任何行业中都可能发挥作用，仅以旅游业中存在乘数效应这一点，不足以说明旅游业优于国民经济中其他产业，因而乘数理论很难成为国家对旅游业实行政策优惠和适度倾斜开发的理论基础[①]。

（二）国内相关研究

1. 投入产出模型

基于投入产出模型，国内诸多学者就中国各地区旅游业投入产出进行了研究。国内李江帆等最早将投入产出模型引入旅游业研究，利用广东省1992年数据对旅游业产业关联和产业波及效应进行分析，结果表明旅游产业存在很强的产业关联性、消费互补性和产业影响力[②]。乔玮利用2002年上海市统计年鉴和投入产出表（1997年度价值型）数据，用投入产出模型分析旅游对经济产出和收入的直接和乘数影响，最后讨论了投入产出法和卫星账户法在分析旅游经济影响方面的优缺点[③]。查建平等借鉴区域投入产出结构分解技术，构建旅游产业关联效应结构性分解模型，测算并分析2002年、2007年与2012年中国旅游业与其他产

---

① 匡林：《关于旅游乘数理论的几个问题》，《华侨大学学报》（哲学社会科学版）1996年第3期，第39~43页。
② 李江帆、李冠霖、江波：《旅游业的产业关联和产业波及分析——以广东为例》，《旅游学刊》2001年第3期，第19~25页。
③ 乔玮：《用投入产出模型分析旅游对上海经济的影响》，《经济地理》2006年第2期，第63~66+86页。

业之间的关联变化特征及内在结构①。分析发现，投入产出分析方法不仅可以研究各产业部门之间投入产出的相互关联关系，还可以研究产业间的波及效应、影响力以及感应度等。

2. DEA 模型

国内有较多学者对中国各省市或区域旅游业投入产出进行了相关分析，DEA 模型是此领域的重要研究方法。马晓龙采用经济学中用于效率和生产率测算的数据包络分析（DEA）方法，利用 CRS、VRS、NIRS 和 Malmquist 指数模型，对 1995 年、2000 年和 2005 年中国 58 个主要城市的旅游效率及其全要素生产率进行了三个时间点的评价②。黄莉芳、杨向阳基于我国 23 个城市 2005~2012 年的旅游产业数据，采用三阶段 DEA 模型，测度了剔除外部环境和随机扰动后旅游产业的投入产出效率，并归纳出城市旅游业发展效率的空间布局特征和时间演变规律③。

3. 研究述评

综观现有文献，国内外城市旅游产业投入产出以及旅游效率等方面的研究均取得了丰硕成果，且多以定量与定性相结合的方法开展。相比国外，国内对于旅游效率的研究起步较晚，但到目前，相关研究也都覆盖了大部分国外旅游效率研究的命题与方法，并且表现出了明显的中国本土特色。但国内对于北方城市旅游效率的研究不多，对于京津冀两市一省的旅游产业效率研究更是较少。

目前国内关于旅游投入产出、旅游效率等方面的研究方法主要有投入产出模型、DEA 模型等。投入产出模型是综合性较强、分析内容较为全面的旅游经济分析工具，能够有效表现国民经济各部门之间、各地区之间社会再生产各领域之间的关系，但对于体现旅游业投入产出效率还有所欠缺。DEA 模型是专用于投入产出效率计量的模型，在分析效

---

① 查建平、谭庭、李园园等：《中国旅游产业关联效应及其分解——基于投入产出分析的实证研究》，《山西财经大学学报》2018 年第 4 期，第 62~74 页。
② 马晓龙：《中国主要城市旅游效率及其全要素生产率评价：1995-2005》，博士学位论文，中山大学，2008。
③ 黄莉芳、杨向阳：《中国城市旅游业的投入产出效率》，《城市问题》2015 年第 3 期，第 54~61+74+104 页。

率时有着突出优势；且国内有大量使用 DEA 模型对城市旅游效率进行研究的文章，能够提供大量成熟的经验。

综上，基于对现有研究在方法、对象等方面的分析，本文选取 DEA 模型对京津冀三地区的旅游业投入产出效率进行研究。

（三）理论基础

1. 投入与产出

投入是指在社会生产（包括商品和服务）过程中对各种生产要素的消费和利用，包括有形和无形的消费。有形消费包括原材料、辅料、燃料、电力等。无形消费包括劳动、金融、服务等。经济学中一般把投入要素划分为三大类：土地、劳动和资本。产出是指生产活动结果的分配和使用方向，包括中间输出（或使用）和最终输出（或使用）。中间输出是指生产过程中使用的产品；最终输出是指在当前生产过程中用于投资、消费和出口的产品。

本研究以经济学概念为基础，将旅游投入定义为一切能够运用到旅游活动中的资源的总和；旅游产出定义为在旅游活动中耗费资本、劳动和土地等投入从而转化为满足人们需求或能反映出投入要素效能的产品。

2. 规模经济理论

规模经济理论是经济学的基本理论之一，也是现代企业理论的重要范畴。规模经济理论是指在一定时期内，当企业产品绝对增加时，单位成本下降，即扩大经营规模可以同时降低平均成本，提高利润水平[①]。规模经济理论实质上是规模经济的工厂模型，反映了投入与产出之间的关系。该模型反映了工厂的技术经济状况，反映了技术法律的要求。企业在并购过程中并不是以产出最大化为最终目标，即使达到最优投入产出比也不是企业理想经济规模，因为作为企业，最终目标是追求利润最大化。

规模报酬（Returns to Scale）是指在其他条件不变的情况下，企业内部各种生产要素按相同比例变化时所带来的产量变化。产量增加的比例大于生产要素增加的比例，这种情形叫作规模报酬递增，相反则是规

---

① 程玉伟：《我国商业银行盈利影响因素研究》，《时代金融（中旬）》2012 年第 11 期。

模报酬递减，相等则为规模报酬不变。本文对于 DEA 计量结果的分析将从不考虑规模收益时的技术效率（综合效率）、考虑规模收益时的技术效率（纯技术效率）、考虑规模收益时的规模效率（规模效率）以及规模收益几个方面入手。

3. 帕累托最优理论

帕累托最优（Pareto Optimality）理论是一种资源分配的理想状态，假定固有的一群人和可分配的资源，从一种分配状态到另一种分配状态的变化中，在没有使任何人境况变坏的前提下，使得至少一个人变得更好。帕累托最优状态就是不可能再有更多的帕累托改进的余地；换句话说，帕累托改进是达到帕累托最优的路径和方法[①]。为实现"帕累托最优"状态，投资者或者生产者会不断通过调整投资与管理，充分利用有限的人力、物力以及财力并进行合理的配置，从而实现成本最小化、效益最大化。在本文中，对京津冀旅游业投入产出效率进行研究需要分析如何实现其帕累托最优。

三 评价体系构建

（一）评价指标的选择

受研究对象、研究目的和数据可得性的限制，旅游效率领域的研究者往往采用不同的指标来表示相对应的投入产出关系。旅游业与其他产业拥有极强的关联性，涉及食住行游购娱六大要素，以及与住宿业、餐饮业、交通业、批发与零售业等相关产业，资本投入等方面有任何变动都会导致旅游业各环节出现不同程度的变动。在选择旅游效率测量的指标时，需要考虑旅游业的综合性以及对经济发展的乘数效应。

投入指标方面：经济活动最基本的生产投入要素包括土地、劳动和资本。对于城市旅游来说，其生产不受土地面积的约束，故土地面积可不作为投入变量，但劳动与资本对其满意度的提高有重大影响。第一，在劳动力方面，旅游业作为劳动密集型服务产业，可通过服务人员的态

---

① 崔斌：《全球化背景下我国民间金融的法律规制》，硕士学位论文，西南政法大学，2015。

度和水平等"软要素"实现，旅游直接从业人数是较为理想的表征要素。基于以往文献的研究与数据的可获得性，本文选择了旅游从业人数。第二，在资本方面，作为旅游环境改善、城市基础设施改造提升等固定资产的"有形投入"以及城市的无形吸引力，资本投入也是衡量城市旅游效率的重要因素之一。实际上，目前城市建设过程中的投资更多用于满足城市基本需求，真正与旅游挂钩的资产投入所占比重较少且数据较难获取。基于此，王恩旭、武春友（2010）选择旅游企业固定资产，马晓龙、保继刚（2010）选择城市固定资产投资指标对所选城市旅游效率进行分析。综上，本文选择全社会固定资产投资来反映旅游投资力度。同时，旅游资源以及旅游服务是城市旅游吸引力的重要组成部分。曹芳东、黄震方等（2012）选择旅游景区（点）数量、星级饭店数量、旅行社数量（国内旅行社和国际旅行社）作为反映城市旅游资源与服务的投入指标；王恩旭、武春友（2010）选择人均城市道路面积作为投入指标来反映城市交通承载力。因此本文选择交通便利条件、旅游景区数、旅行社数作为投入指标。

旅游产出指标的选取方面，目前多数学者选择旅游人次与旅游总收入作为衡量旅游业产出的指标。旅游人次和旅游总收入是区域旅游发展成熟度的综合体现。因此本文选择旅游总收入与旅游接待人次来作为本次研究的旅游业产出指标。

对既有文献的梳理后，本研究选取的旅游投入和产出指标如表1所示。

表1 指标汇总

指标属性	指标选取	指标说明
旅游投入指标	全社会固定资产投资 X_1（亿元）	反映资本投资力度
	交通便利条件 X_2（公里/万平方公里）	反映交通承载力
	旅游从业人数 X_3（人）	反映旅游人力资源开发力度
	旅游景区数 X_4（个）	反映游客承载力
	旅行社数 X_5（个）	反映旅游接待力

续表

指标属性	指标选取	指标说明
旅游产出指标	旅游总收入 Y_1（亿元）	反映旅游产出综合能力
	旅游接待人次 Y_2（万人次）	反映旅游市场大小

注：交通便利条件＝公路密度×0.35＋铁路密度×0.5＋内河密度×0.15。

资料来源：顾江、胡静：《中国分省区旅游生产效率模型创建与评价》，《同济大学学报》（社会科学版）2008 年第 4 期，第 93~98 页。

（二）模型构建

1. 模型选择

旅游业涉及多个部门，其组成要素极多，拥有多个投入产出指标，DEA 方法能够较为客观地对旅游业投入产出效率进行分析研究。C^2R 模型主要用于在固定规模报酬下评价相同部门间的相对有效性；而考虑规模收益的 BC^2 模型可以进一步将综合效率分解为纯技术效率和规模效率，研究对象存在规模收益不变、递减、递增等情况。两者相结合既可以评价研究对象在固定报酬下的有效性又可以分析其 DEA 有效的决策单元所代表的经济含义。故笔者选择 C^2R 模型与 BC^2 模型作为本研究的计量模型。

2. C^2R 模型的构建

假设有 n 个部门或者单位（决策单元，DMU），每个 DMU 都有 m 个输入和 n 个输出，表 2 给出其数据。

表 2 DMU 数据

		1	2	…	j	…	n		
v_1	1	x_{11}	x_{12}	…	x_{1j}	…	x_{1n}		
v_2	2	x_{21}	x_{22}	…	x_{2j}	…	x_{2n}		
⋮	⋮	⋮	⋮		⋮		⋮		
v_m	m	x_{m1}	x_{m2}	…	x_{mj}	…	x_{mn}		

	y_{11}	y_{12}	…	y_{1j}	…	y_{1n}	1	u_1
	y_{21}	y_{22}	…	y_{2j}	…	y_{2n}	2	u_2
	⋮	⋮		⋮		⋮	⋮	⋮
	y_{s1}	y_{s2}	…	y_{sj}	…	y_{sn}	s	u_s

在表2中：

x_{ij}对应第j个决策单元对第i种输入的投入量，y_{rj}对应第j个决策单元对第r种输出的产出量（$i=1,2,\cdots,m$；$r=1,2,\cdots,s$；$j=1,2,\cdots,n$）；

v_i（$i=1,2,\cdots,m$）表示第i种输入的一种度量（或称为权）；

u_r（$r=1,2,\cdots,s$）表示第r种输出的一种度量（或称为权）。

表2以向量形式表示即为表3。

表3　DMU数据汇总（向量表示）

1	2	⋯	⋯	n
X_1	X_2	⋯	⋯	X_n
Y_1	Y_2	⋯	⋯	Y_n

在表3中，X_j，Y_j（$j=1,2,\cdots,n$）分别表示决策单元j的输入、输出向量，用v、u分别表示输入、输出权重。

每个决策单元的效率评价指数h_j为：

$$h_j = \frac{\sum_{r=1}^{s} u_r y_{rj}}{\sum_{i=1}^{m} v_i x_{ij}}, j=1,2,3,\cdots,n \tag{1}$$

向量表示为：$h_j = \dfrac{u^r Y_j}{v^r X_j}$，$j=1,2,\cdots,n$。

则第j_0个决策单元的相对效率优化评价模型为：

$$\max h_{j_0} = \frac{\sum_{r=1}^{s} u_r y_{rj_0}}{\sum_{i=1}^{m} v_i x_{ij_0}} \tag{2}$$

$$s.t. \begin{cases} \dfrac{\sum_{r=1}^{s} u_r y_{rj}}{\sum_{i=1}^{m} v_i x_{ij}} \leq 1, j=1,2,\cdots,n \\ v_i, u_r \geq 0, i=1,2,\cdots,m; r=1,2,\cdots,s \end{cases} \tag{3}$$

令：$t = \dfrac{1}{\sum\limits_{i=1}^{m} v_i X_{ij_0}}$ $\mu_r = t\, u_r$ $\omega_i = t\, v_i$

则将以上分式形式模型化为等价线性规划为：

$$\max h_{j_0} = \sum_{r=1}^{s} \mu_r y_{rj_0} \tag{4}$$

$$\text{s.t.} \begin{cases} \sum\limits_{r=1}^{s} \mu_r y_{rj} - \sum\limits_{i=1}^{m} \omega_i x_{ij} \le 0, j = 1,2,\cdots,n \\ \sum\limits_{i=1}^{m} \omega_i x_{ij_0} = 1 \\ \mu_r, \omega_i \ge 0, i = 1,2,\cdots,m; r = 1,2,\cdots,s \end{cases} \tag{5}$$

向量表示为：

$$(P_{C^2R}) \begin{cases} \max h_{j_0} = \mu^T Y_0 \\ \mu^T Y_j - \omega^T X_j \le 0 \quad j = 1,2,\cdots,n \\ \omega^T X_0 = 1 \\ \omega \ge 0, \mu \ge 0 \end{cases} \tag{6}$$

$$(D_{C^2R}) \begin{cases} \min \theta \\ \sum\limits_{j=1}^{n} x_j \lambda_j \le \theta x_0 \\ \sum\limits_{j=1}^{n} y_j \lambda_j \ge y_0 \\ \lambda_j \ge 0, j = 1,2,\cdots,n, \theta \in E^1 \end{cases} \tag{7}$$

在上述 C^2R 模型表达式中所包含的具体经济含义如下。

①若(P_{C^2R})的最优目标值$h_{j_0} = 1$，称该 DMU-j_0 为（弱）DEA 有效。

②若(P_{C^2R})存在最优解$\omega^0 > 0$，$\mu^0 > 0$，$\mu^0 y_0 = 1$，则称 DMU-j_0 为 DEA 有效。

③若(D_{C^2R})的任意最优解θ^0，λ^0，$j = 1, 2, \cdots, n$，都满足：

$$\theta^0 = 1, \sum_{j=1}^{n} x_j \lambda_j^0 = \theta^0 x_0, \sum_{j=1}^{n} x_j \lambda_j^0 = y_0,$$

则称 DMU-j_0 为 DEA 有效。

3. BC^2 模型的构建

C^2R 模型与 BC^2 模型显性差别在于活动向量被限制，即 $\sum\limits_{j=1}^{n} \lambda_j = 1$。则研究对象存在规模报酬不变、递减、递增等情况。$BC^2$ 模型基本表达式如下：

$$(P_{BC^2})\begin{cases} \max h_{j_0} = \mu^T Y_0 \\ \mu^T Y_j - \omega^T X_j \leq 0 \quad j=1,2,\cdots,n \\ \omega^T X_0 = 1 \\ \omega \geq 0, \mu \geq 0 \end{cases} \quad (8)$$

$$(D_{BC^2})\begin{cases} \min \theta \\ \sum\limits_{j=1}^{n} x_j \lambda_j \leq \theta x_0 \\ \sum\limits_{j=1}^{n} y_j \lambda_j \geq y_0 \\ \sum\limits_{j=1}^{n} \lambda_j = 1 \\ \lambda_j \geq 0, j=1,2,\cdots,n, \theta \epsilon E^1 \\ \theta \text{ 无约束} \end{cases} \quad (9)$$

为进一步讨论问题，引入松弛变量 S^+ 与剩余变量 S^-，将上述不等式约束变为等式约束：

$$(D_{BC^2})\begin{cases} \min \theta \\ \sum\limits_{j=1}^{n} x_j \lambda_j + S^+ = \theta x_0 \\ \sum\limits_{j=1}^{n} y_j \lambda_j - S^- = y_0 \\ \sum\limits_{j=1}^{n} \lambda_j = 1 \\ \lambda_j \geq 0, j=1,2,\cdots,n, \theta \epsilon E^1 \\ \theta \text{ 无约束}, S^+ \geq 0, S^- \geq 0 \end{cases} \quad (10)$$

（三）数据来源

关于京津冀三地区在2007~2018年的五个投入指标与两个产出指标研究数据来源有2008~2018年《中国旅游统计年鉴》、2007~2018年京津冀各地区的《国民经济和社会发展统计公报》、2007~2018年京津冀各地区的统计年鉴、国家统计局官方网站公开数据、各地区官方政府网站以及网络搜索。本文数据以《中国旅游统计年鉴》给出的数据为主。

北京地区指标数据如表4所示。

表4 北京相关指标数据汇总

指标 年份	X_1	X_2	X_3	X_4	X_5	Y_1	Y_2
2007	3966.6	4651.13	178744	171	763	14435.5	2103.0
2008	3848.5	4594.64	192115	181	830	14375.0	2219.2
2009	4858.4	4681.14	183918	187	805	16412.5	2442.1
2010	5493.5	4755.81	167803	194	905	18490.1	2767.9
2011	5910.6	4804.46	145466	213	1032	21520.4	3216.2
2012	6462.8	4864.36	156238	193	1021	23500.9	3626.6
2013	7032.2	4902.18	153390	203	1145	25450.1	3666.3
2014	7562.3	4938.78	161992	207	1302	26427.5	4280.1
2015	7990.9	4946.28	160150	234	1397	27420.0	4320.3
2016	8461.7	4970.20	139713	243	1344	28416.5	5038.3
2017	8948.1	5011.90	134812	249	1396	29746.2	5481.9
2018	8062.2	5032.70	135682	247	1420	31093.6	5943.0

天津地区指标数据如表5所示。

表5 天津相关指标数据汇总

指标 年份	X_1	X_2	X_3	X_4	X_5	Y_1	Y_2
2007	2388.63	3881.28	125756	35	264	6121.00	738.55
2008	3404.09	4089.07	133105	38	267	7126.09	880.30

续表

指标 年份	X_1	X_2	X_3	X_4	X_5	Y_1	Y_2
2009	5006.32	4787.83	138715	47	267	7859.00	1030.96
2010	6511.42	4947.96	135526	43	310	9041.02	1187.51
2011	7510.67	5050.49	24787	56	332	10204.04	1424.03
2012	8871.31	5165.35	23773	73	344	12234.00	1660.00
2013	10121.20	5266.33	22579	90	383	13768.51	2142.26
2014	11654.09	5432.30	31057	101	377	15596.17	2491.64
2015	13065.86	5568.58	27964	112	400	17400.00	2794.25
2016	14629.20	5690.30	29067	112	396	19167.60	3162.10
2017	11288.90	5597.30	29120	108	475	21136.30	3466.20
2018	10642.70	5579.60	29931	104	480	22898.30	3918.40

河北地区指标数据如表6所示。

表6 河北相关指标数据汇总

指标 年份	X_1	X_2	X_3	X_4	X_5	Y_1	Y_2
2007	6876.9	2873.88	125756	210	963	10111.3	580.10
2008	8870.8	2918.30	133105	221	1039	9822.0	552.56
2009	12310.5	2967.35	138715	230	1060	12248.3	709.70
2010	15082.5	3008.55	120314	240	1148	14678.7	914.60
2011	16404.3	3065.41	79643	280	1156	18740.8	1221.30
2012	19661.3	3189.44	76641	293	1252	23129.3	1588.30
2013	23194.2	3421.53	76490	301	1271	27133.8	2010.10
2014	26671.9	3509.32	105934	324	1343	31132.9	2561.50
2015	29448.3	3609.14	111730	339	1360	37138.2	3434.00
2016	31750.0	3699.50	112781	365	1373	47147.6	4654.50
2017	33406.8	3766.40	128690	403	1382	57160.2	6140.90
2018	35311.0	3801.50	134798	420	1391	68175.8	7636.40

四 实证分析

采用 DEA 模型中的 C^2R 模型与 BC^2 模型计算出 2007~2018 年京津冀地区旅游业投入产出效率，通过对模型计算结果的研究，本文将从效率指标平均值与各地区 DMU 具体情况两个层面，以及空间横向与时间纵向两个角度对京津冀地区旅游业投入产出效率进行对比分析。

（一）京津冀地区旅游业投入与产出平均指标对比分析

对京津冀地区旅游业投入产出效率的总体效率指标进行分析时，由 C^2R 模型计算可得出不考虑规模收益时的技术效率（综合效率）；由 BC^2 模型计算进一步得出考虑规模收益时的技术效率（纯技术效率）、考虑规模收益时的规模效率（规模效率）以及规模收益的变化情况。

因此，本文从综合效率、纯技术效率、规模效率三个方面对京津冀地区旅游业投入产出效率的有效性进行实证分析。

北京地区计算结果如表 7 所示。

表 7 北京旅游业投入产出效率评价结果汇总

年份	综合效率	纯技术效率	规模效率	规模收益
2007	0.944	1.000	0.944	递增
2008	0.968	1.000	0.968	递增
2009	0.906	1.000	0.906	递增
2010	0.905	0.969	0.934	递增
2011	0.949	1.000	0.949	递增
2012	1.000	1.000	1.000	不变
2013	1.000	1.000	1.000	不变
2014	1.000	1.000	1.000	不变
2015	0.928	0.982	0.945	递增
2016	0.959	0.993	0.966	递增
2017	0.972	1.000	0.972	递增
2018	1.000	1.000	1.000	不变
平均值	0.961	1.000	0.965	递增

天津地区计算结果如表 8 所示。

表 8 天津旅游业投入产出效率评价结果汇总

年份	综合效率	纯技术效率	规模效率	规模收益
2007	1.000	1.000	1.000	不变
2008	0.923	1.000	0.923	递增
2009	0.759	1.000	0.759	递增
2010	0.955	1.000	0.955	递增
2011	0.828	1.000	0.828	递增
2012	0.761	1.000	0.761	递增
2013	0.797	1.000	0.797	递增
2014	0.860	0.967	0.889	递增
2015	0.903	0.947	0.953	递增
2016	1.000	1.000	1.000	不变
2017	0.949	0.949	0.983	递增
2018	1.000	1.000	1.000	不变
平均值	0.895	0.990	0.904	递增

河北地区计算结果如表 9 所示。

表 9 河北旅游业投入产出效率评价结果汇总

年份	综合效率	纯技术效率	规模效率	规模收益
2007	0.762	1.000	0.762	递增
2008	0.573	0.767	0.748	递增
2009	0.515	0.783	0.658	递增
2010	0.504	0.853	0.591	递增
2011	0.592	1.000	0.592	递增
2012	0.609	1.000	0.609	递增
2013	0.701	1.000	0.701	递增
2014	0.605	0.823	0.735	递增
2015	0.675	0.868	0.777	递增

续表

年份	综合效率	纯技术效率	规模效率	规模收益
2016	0.827	0.944	0.876	递增
2017	0.886	0.912	0.971	递增
2018	1.000	1.000	1.000	不变
平均值	0.687	0.913	0.752	递增

1. 综合效率

综合效率是对决策单元的资源配置能力、资源使用效率等多方面能力的综合衡量与评价。综合效率=纯技术效率×规模效率。当综合效率为1时，规模收益不变，即达到帕累托最优；当综合效率小于1时，规模收益递增，则意味着旅游业净收益的增长速度，超过其生产规模的扩大速度，需要对资源进行有效配置以进一步提高效率。

对比分析发现（见图1），北京、天津以及河北地区2007~2018年旅游业的综合效率均值分别为0.961、0.895、0.687，即北京的综合效率最高，天津次之，河北最低。这三个地区12年旅游业的总规模收益尚未达到最优，故其综合效率皆小于1。也就是说这三个地区在这12年间的旅游业投入产出综合效率总体均是无效的，仍需进一步提高。

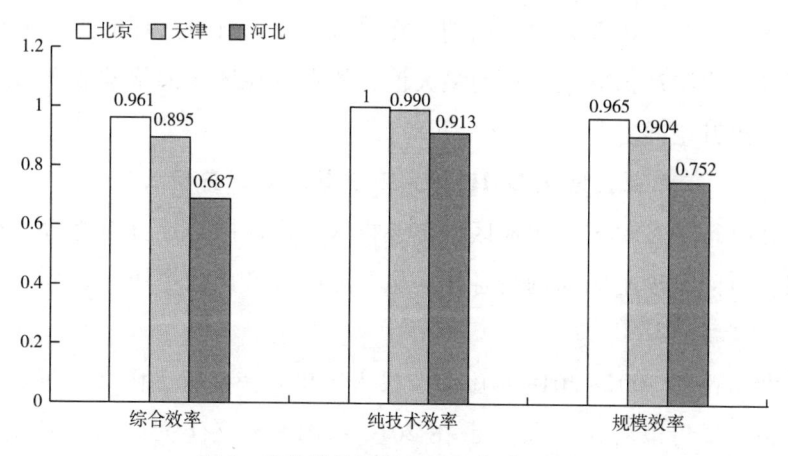

图1 京津冀地区指标平均值对比分析

2. 纯技术效率

技术效率反映的是 DMU 在最优规模时投入要素的生产效率。即在其他条件都相同时，投入不变的情况下 DMU 可以获得的最大产出能力。

分析发现，北京、天津以及河北地区 2007~2018 年旅游业的纯技术效率均值分别为 1、0.990、0.913，表明只有北京地区在 2007~2018 年旅游业投入产出纯技术效率方面总体有效，产出相对投入而言，已达到最大，其他两个地区均处于无效状态。同时，各地区的纯技术效率均值都各自大于本地区同年段综合效率的均值，说明北京地区在发展旅游业的同时充分利用科学技术并将其运用至旅游经济活动中。

3. 规模效率

规模效率反映的是实际规模与最优生产规模的差距，规模有效则是指投入的规模既不偏大也不偏小，即为规模经济。这里的"偏小"是指当投入成倍增大时，产出会高于投入的同倍数的增长；"偏大"是指当投入成倍增大时，产出会低于投入的同倍数的增长。

分析发现，北京、天津以及河北地区 2007~2018 年旅游业的规模效率均值分别为 0.965、0.904、0.752。说明京津冀三地在这 12 年中旅游业投入产出的规模效率总体均是无效的，进一步表明京津冀地区旅游业投入要素与产出要素之间比例存在失调，并没有以最佳的组合进行旅游活动，旅游产出并没有达到最大值，故京津冀地区的旅游业产出还有较大的提升空间。

（二）京津冀各地区 DMU 投入产出效率对比分析

在进行了京津冀三大地区旅游业投入产出横向对比分析之后，本文还将从时间维度上纵向剖析各地区旅游业投入产出效率演化趋势。

1. 北京市

北京市在 2007~2018 年旅游业投入产出效率指标如图 2 所示。

由图 2 可以看出，北京市在 2012~2014 年三年间综合效率有效，且 2009 年与 2010 年综合效率最低；在纯技术效率方面，北京市在 2010 年、2015 年、2016 年三年均处于无效状态，即这三年纯技术效率低于

图 2　北京旅游业投入产出效率指标变化情况

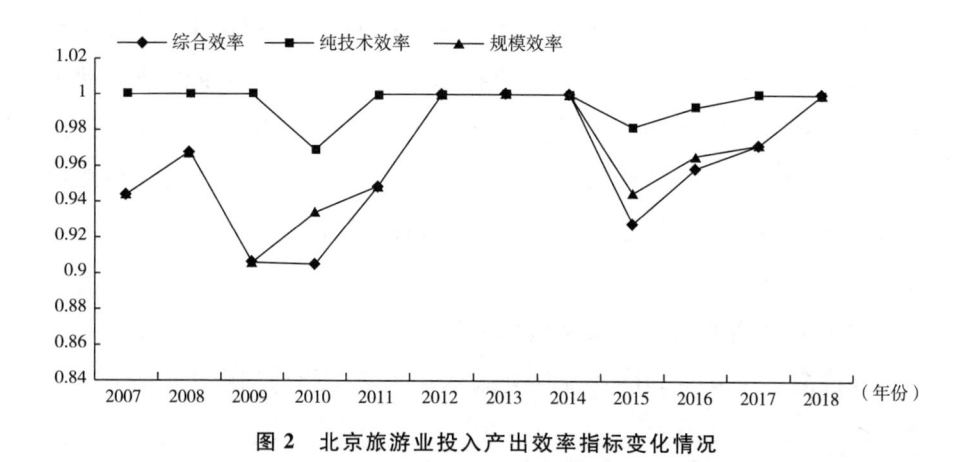

1 是导致北京市 9 年纯技术效率无效的具体原因；北京市只在 2012~2014 年三年处于规模效率有效、规模收益不变的状态，说明北京地区在其他几年间的旅游业投入与产出比例并没有达到最优，这 9 年规模收益无效是导致北京市旅游业各年综合效率无效的原因，旅游投入或产出还有很大的下调或提升空间。

2. 天津市

天津市在 2007~2018 年旅游业投入产出效率指标如图 3 所示。

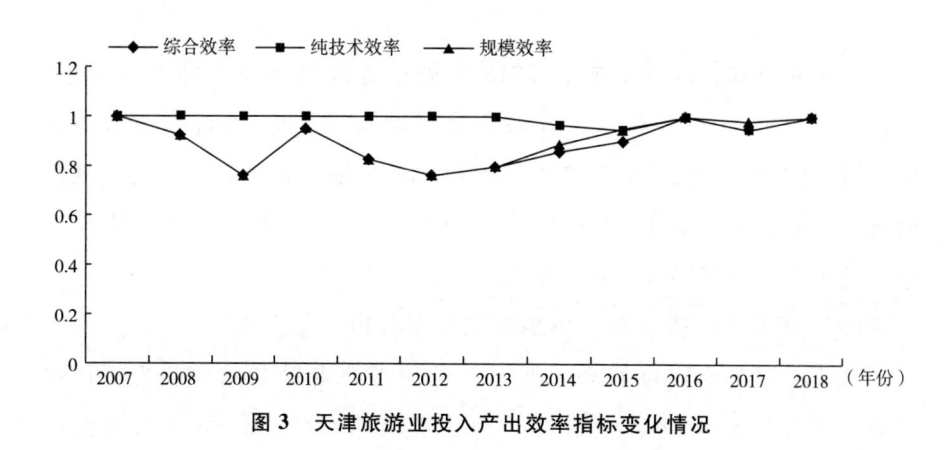

图 3　天津旅游业投入产出效率指标变化情况

由图3可以看出，天津市只在2007年、2016年与2018年实现了综合效率有效。在2014年、2015年和2017年纯技术效率小于1，说明天津地区在这三年未有效地利用科学技术并将其运用至旅游经济活动中去。在2008~2015年与2017年这9年天津旅游业综合效率与规模效率都低于1，规模收益递增。说明这几年天津市旅游业投入产出效率总体无效，旅游投入或产出还有一定的下调或提升空间。

3. 河北省

(1) 河北省投入产出效率指标分析

河北省在2007~2018年旅游业投入产出效率指标如图4所示。

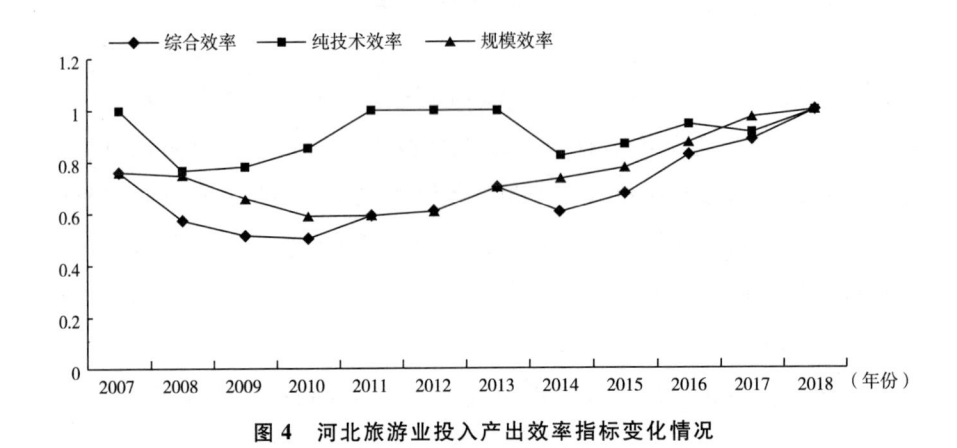

图4 河北旅游业投入产出效率指标变化情况

由图4可知，河北只有在2018年处于综合效率为1即有效状态，其余11年均处于无效状态，且综合效率均低于0.9。在纯技术效率方面，只有在2007年、2011~2013年以及2018年是处于有效状态。在规模效率方面，河北只在2018年处于规模效率为1即有效状态，其余11年均处于无效且规模收益递增状态。

(2) 河北地区投入与产出指标的投影分析

基于上述分析可以发现，河北省的旅游产业综合效率最低，DEA无效的年份在三个地区中最多，产业规模相对较小，尚处在规模收益递增的阶段。河北省拥有丰厚的旅游资源和历史文化遗存，处于京津冀经济圈内,旅游市场优势较为明显。然而,河北省的旅游业发展在京津冀三地中发展缓慢,具有较大的发展潜力。近年来,北京冬奥会的承办、长城河北段国家文化公园的建设,将会给河北省旅游业的发展带来新的发展机遇。此外,随着"京津冀一体化"的深入推进,河北省的旅游产业可以进一步通过调整优化投入与产出结构,提高旅游产业综合效率并减少区域经济差异,推动旅游业蓬勃发展。

表10是河北省2007~2017年非DEA有效决策单元投入与产出指标的投影分析。其中原始值与目标值相同则代表DEA有效,没有存在投入冗余和产出不足的问题;原始值小于或大于目标值则代表非DEA有效,存在投入冗余和产出不足的问题。径向值和松弛值表示投入冗余值(即原模型中的S^-)和产出不足值(即原模型中的S^+)。

表10 河北地区2007~2017年各指标情况汇总

年份	指标	原始值	径向值	松弛值	目标值
2007	Y_1	10111	0	0	10111
	Y_2	580	0	0	580
	X_1	6877	0	0	6877
	X_2	2875	0	0	2875
	X_3	125756	0	0	125756
	X_4	210	0	0	210
	X_5	963	0	0	963
2008	Y_1	9822	2982.414	0	12804.414
	Y_2	553	167.916	186.385	907.301
	X_1	8871	0	-675.055	8195.945
	X_2	2918	0	0	2918
	X_3	133105	0	-6929.576	126175.424
	X_4	221	0	-1.259	219.741
	X_5	1039	0	-56.147	982.853

续表

年份	指标	原始值	径向值	松弛值	目标值
2009	Y_1	12248	3393	0	15641
	Y_2	710	196.688	345.312	1252
	X_1	12311	0	-2726	9585
	X_2	2967	0	-3.714	2963.286
	X_3	138715	0	-12097.857	126617.143
	X_4	230	0	0	230
	X_5	1060	0	-56.238	1003.762
2010	Y_1	14679	2526.903	0	17205.903
	Y_2	915	157.512	294.13	1366.642
	X_1	15083	0	-3857.153	11225.847
	X_2	3008	0	0	3008
	X_3	120314	0	0	120314
	X_4	240	0	0	240
	X_5	1148	0	-108.484	1039.516
2011	Y_1	18741	0	0	18741
	Y_2	1221	0	0	1221
	X_1	16404	0	0	16404
	X_2	3066	0	0	3066
	X_3	79643	0	0	79643
	X_4	280	0	0	280
	X_5	1156	0	0	1156
2012	Y_1	23129	0	0	23129
	Y_2	1588	0	0	1588
	X_1	19661	0	0	19661
	X_2	3189	0	0	3189
	X_3	76641	0	0	76641
	X_4	293	0	0	293
	X_5	1252	0	0	1252

续表

年份	指标	原始值	径向值	松弛值	目标值
2013	Y_1	27134	0	0	27134
	Y_2	2010	0	0	2010
	X_1	23194	0	0	23194
	X_2	3422	0	0	3422
	X_3	76490	0	0	76490
	X_4	301	0	0	301
	X_5	1271	0	0	1271
2014	Y_1	31133	6714.619	0	37847.619
	Y_2	2562	552.56	539.01	3653.57
	X_1	26672	0	-2501.456	24170.544
	X_2	3509	0	-63.207	3445.793
	X_3	105934	0	0	105934
	X_4	324	0	0	324
	X_5	1343	0	-90.679	1252.321
2015	Y_1	37138	5645.218	0	42783.218
	Y_2	3434	521.99	359.19	4315.18
	X_1	29448	0	-3633.374	25814.626
	X_2	3629	0	-131.063	3497.937
	X_3	11730	0	0	111730
	X_4	339	0	0	339
	X_5	1360	0	-88.974	1271.026
2016	Y_1	47148	2813.738	0	49961.738
	Y_2	4655	277.805	253.88	5186.685
	X_1	31750	0	-2409.829	29340.171
	X_2	3700	0	-87.105	3612.895
	X_3	112781	0	0	112781
	X_4	365	0	0	365
	X_5	1373	0	-48.825	1324.175

续表

年份	指标	原始值	径向值	松弛值	目标值
2017	Y_1	57160	5488.119	0	62648.119
	Y_2	6141	589.618	169.235	6899.852
	X_1	33407	0	0	33407
	X_2	3766	0	-24.851	3741.149
	X_3	128690	0	0	128690
	X_4	403	0	0	403
	X_5	1382	0	-13.265	1368.735

注：径向值与松弛值中，无符号数值表示不足，前面带"-"数值表示冗余，0则代表无冗余或不足。

由表10可以看出，河北省在2007年、2011~2013年的径向值与松弛值皆为0，表明原始值与目标值完全一致，不存在投入产出不足或冗余的现象，达到了旅游资源利用的理想状态。但除去这四年，其余7年的旅游业均存在投入冗余和产出不足的问题。

产出方面，河北省这7年的旅游业均出现产出指标不足的问题，即没有达到旅游业资源较好的利用率，资源利用提升的空间较大；投入方面，各指标都出现冗余现象，表明河北省旅游业不宜再加大数量投入，应该转为内涵式发展，充分利用现有资源，提升资源利用率，往帕累托最优发展。

五 对策建议

基于上述分析，目前京津冀地区旅游业投入产出效率十分不平衡，总体呈现京津齐头并进、冀随后跟进的现状。由于北京的首都优势与天津的直辖市优势，区域的优势资本、技术、人才相对集中在京津地区，也是京津地区纯技术效率相对较高的原因之一；而河北由于旅游发展起步较晚等，地区的优势旅游资源没有得到有效开发，优秀人才难以集中，旅游投入没有实现有效的配置，导致河北旅游业投入产出综合效率与规模效率的有效率较低。

为促进京津冀地区旅游业的平衡发展，加大旅游业对京津冀协同发展的促进力度，不仅需要河北对本地旅游业进行改善，京津冀三地的协作也十分重要。河北应主动推动破除京津冀三个地区旅游信息障碍、交通障碍与管理等方面的障碍，从多方面积极推动区域旅游协调机构的设立，构建旅游主体多元化区域联动的发展机制，结合京津地区打造无障碍的旅游一体化区域。

（一）加大京津冀旅游协作的深度、广度与力度

整合京津冀三地的旅游要素，推进京津冀文化资源、旅游资源、旅游市场以及旅游各要素之间的深度协作，推出多层次的旅游产品。鼓励三地旅游主管部门及宣传部门结成长期战略合作伙伴关系，通过发挥各地区的资源优势，为京津冀协同发展贡献力量。做好旅游要素的互补，扩大区域旅游要素的聚集规模，完善与优化区域产业链条，促进优势共享，尤其重视北京与天津对河北省旅游业的带动作用，实现区域旅游业的合理分工。同时实现在旅游资源保护与开发、旅游投资、旅游交通、景区建设、旅游服务、旅游人才培训、旅游市场经营与管理等方面的协作。京津冀三地政府应起到牵头作用，对于制约三地旅游协同发展的因素利用行政手段进行拆除，打破行政区域的空间限制同时也要弱化部分管制以促进市场的良性发展。

政策方面，旅游部门应研究推出京津冀区域内旅游惠民政策，实现京津冀居民享受本地居民在京津冀旅游的优惠政策，推动景区年票办理，以及老年证、学生证等各种优惠证件的使用实现统一。在节庆时期，推出"旅游惠民大拜年""惠民欢乐过端午"等优惠活动，面向京津冀居民同步开放。鼓励景区、旅行社等相关旅游企业推出更多针对京津冀地区本地居民的优惠活动，以政策优惠鼓励京津冀旅游人流的流动。

（二）整合旅游资源，合理规划配置

深入挖掘京津冀区域文化，利用文化的多样性、互补性、特殊性等，充分开发与利用，展现城市的独特魅力。以资源为依托、以文化为背景、以历史为线索，推出系列精品文化旅游线路与产品，实现产品多样化。同时注重河北旅游资源的深度开发，结合自身资源优势，先规划

后开发，提升景区品质，突出与北京、天津旅游的差异化。同时，深度整合京津冀区域的特色旅游资源，推出名胜古迹、历史文化、革命传统、生态农业等各类主题品牌，积极构建循环型旅游服务体系。

（三）推进公共服务体系建设

结合智慧旅游，提升区域旅游的公共服务水平，实现旅游服务的全覆盖。以作为旅游公共服务主导者的旅游行政管理部门的推动和引导为主，积极营造旅游公共服务与全域旅游相互开放、相互包容、融合发展的良好环境。推进区域内部的交通连接，特别是重要旅游城市的高速公路连接，如天津与石家优化空间布局，同步完善两市一省的路网建设。重点发展区域内路网密度，加强区域对外的辐射能力；加强石家庄、承德与天津等城市之间的多通道横向联系。

打造京津冀区域交通一体化旅游交通集散体系，不仅要重视设施的建设，同时要注重软服务与管理的跟进。依托机场、铁路、公路等运输体系，通过合理规划实现区域交通的无缝对接，包括区域一卡通、共享交通信息、城乡公路班线、高速联网收费等。同时建议京津共享国际门户枢纽，为京津冀三地区的交通集散与组织服务；依托北京与天津的国际交流优势，带动河北省与国际交流的频率与服务质量。此外，河北省应积极主动与北京、天津以及山东、辽宁的中心城市加强城际联系，建立国内门户枢纽。

促进京津冀地区交通接驳的优化，探索景区"最后一公里"的问题解决方案，促进交通换乘体系的建设，同时完善交通标识标牌的建设。推动京津冀地区旅游风景道的建设，打造连通三地区的特色风景道，设计特色旅游线路，并在沿路的特色景点、村寨布置自驾车营地，并完善景区的旅游咨询服务中心、购物中心，打造多功能的自驾车服务区。成立京津冀旅行社联盟、景区联盟，实现三地区旅行社、景区资源、人流等信息互通与信息共享；加强京津冀地区旅游数据统计力度，促进三个地区旅游相关大数据的交流与共享；结合数据挖掘等技术，收集京津冀旅游行业的基础信息，同时整合三个地区旅行社、景区、酒店、餐饮等方面的内容，建立相关数据统计中心，通过每年、每季度等间隔的数据报表发布，实现京津冀旅游行业的信息动态共享。

（四）提升旅游服务质量水平

京津冀地区应建立旅游公共服务标准，完善旅游公共服务设施，丰富旅游公共服务的供给要素，营造开放融合的服务环境。建立旅游联合投诉机制，加强旅游市场监管力度，加强政府的引导作用，加大旅游环境的整治力度。对酒店、餐饮进行标准化管理与检查；加强旅行社与酒店、景区、新闻媒体、网络平台的交流与合作；加强三地景区之间的合作，推出多景区联合游线；结合北京、天津、河北的高校资源，加大旅游从业人员的培训力度，促进三地旅游从业人员的相互交流，提升旅游从业人员服务技能与意识。

• 城市旅游供需篇 •

基于扎根理论的北京市退休中产阶层旅游动机研究

高辉娜 高 理 刘 微[*]

一 引言

伴随着经济不断向前发展,我国社会结构发生了改变,并逐渐孕育出中产阶层。中产阶层的出现和壮大深刻影响了各领域各行业的发展,中产阶层的旅游消费已成为我国旅游市场中具有很大发展潜力的一部分。

在旅游业蓬勃发展过程中,针对老年人(尤其是中产阶层的老年游客)的旅游市场也在形成。2018年底我国60岁及以上老年人口已达到2.4949亿,占总人口的17.9%[①]。我国已迈入老龄化社会。许多中产阶层的老年人身体健康,有闲有钱,有意愿出游去看看异国他乡,去体验新的生活。全国老龄委一项调查显示,我国每年老年游客人数占全国游客总数的20%以上[②]。随着我国老龄化步伐加快,人民收入不断增

---

[*] 高辉娜,北京第二外国语学院旅游科学学院讲师,研究方向为旅游经济;高理,北京第二外国语学院旅游科学学院本科毕业生,研究方向为旅游管理;刘微,北京第二外国语学院2017级本科生,研究方向为旅游管理。
[①] 《2018年中国人口老龄化现状分析、老龄化带来的问题及应对措施》,中国产业信息网,2015年5月4日,http://www.chyxx.com/industry/201805/637022.html。
[②] 《全国旅游总人数老年人超两成》,《北京晚报》2015年9月15日,https://society.people.com.cn/n/2015/0915/c136657-27587499.html。

加，社会保障体系和措施的不断完善，我国中产阶层老年人旅游市场将快速扩大。

二 研究方法及意义

本研究的主题是退休中产阶层的旅游动机。在对30位退休中产阶层人员深度访谈基础上，笔者采用扎根理论的方法对资料提炼分析，试图了解他们的旅游动机。面对中产阶层的崛起和新形势，旅游行业需要开发新产品适应市场新需求。因此，研究退休中产阶层游客的旅游动机和消费心理成为旅游业探索的新课题。聚焦退休中产阶层旅游消费者的需求，对退休中产阶层旅游的出游频率、出游动机、出游影响因素及旅游消费偏好等进行研究，提出意见和建议，将为旅游行业发展提供理论支持，促进旅游业的发展。在扩展旅游业务实际工作中，有战略眼光的旅游企业也已研究中产阶层崛起后的市场变化，进行市场细分，实行新的市场策略，并且随着市场变化不断调整市场策略。旅游市场细分是拓展旅游业务的基础工作。做好旅游市场细分有利于企业选择目标市场和制定市场营销策略，有利于发掘市场机会开辟新市场，有利于集中企业的人力、物力投入目标市场提高经济效益。通过对退休中产阶层旅游动机进行研究，可以为旅游市场细分打基础、探路径，做好前期准备。

三 研究综述

（一）中产阶层

对中产阶层的界定向来都有争议。我国学者对中产阶层的内涵及划分标准也看法不一。由于不同时期、不同地域的经济发展水平不一，关于中产阶层的划分标准会有不同。因此对中产阶层的定义很难有统一的认识和标准。目前普遍认为中产阶层是指能够满足低层次需求与中层次需求的阶层。中产阶层主要由"中产家庭"组成。中产阶层大多从事脑力劳动，或具有技术基础的体力劳动，主要靠工资及薪金谋生，一般受过良好教育，具有专业知识和较强的职业能力及相应的家庭消费能力；有一定的闲暇，追求比较高的生活质量，对其劳动、工作对象一般也拥有一定的管理权和支配权。

（二）国外旅游动机研究

国外关于旅游动机的研究已非常深入。以马斯洛在1943年提出的需求层次理论为基础，皮尔斯等人提出了旅游生涯阶梯理论，强调只有在低级阶段需求满足之后才能向梯子的高级阶段移动[1]。作为较早研究旅游动机学者之一的托马斯从教育文化、休闲与娱乐、种族传统等方面找出了四大类18项常见的旅游动机[2]。美国学者丹恩提出旅游动机的推拉理论，认为旅游行为受两个方面的基本因素影响——推动因素和拉动因素，并在此基础上还归纳了七个方面的旅游动机[3]。埃索尔侯拉等人在其模型中，用逃逸因子和寻求因子与个人环境和人际环境的交互来解释旅游动机，构建了旅游动机的逃离—寻求模型[4]。

（三）国内旅游动机研究

国内有学者将我国老年群体旅游动机主要分为休闲观光和健康两大类。郑宗清基于推力因素理论，确立了老年人旅游的5个推力因子，分别为名望、休闲健康、社交、求知和怀旧[5]；魏来、章杰宽把老年人旅游动机分为身体健康、文化、探亲访友、宗教信仰和完善自我五类[6]。老年群体旅游动机呈现多元化及分布不均衡的特点，追美求异和康体动机占有很大比例。

---

[1] 转引自吴清津编著《旅游消费者行为学》，旅游教育出版社，2006，第12~65页。
[2] 转引自刘纯编著《旅游心理学》，南开大学出版社，2000，第8~85页。
[3] 转引自吴清津编著《旅游消费者行为学》，旅游教育出版社，2006，第12~65页；刘纯编著《旅游心理学》，南开大学出版社，2000，第8~85页。
[4] J. L. Crompton, "Motivation for Pleasure Vocation", *Annals of Tourism Research* 1979, 6 (4): 408-424; Dann, G. Anomie, "Ego-Enhancement and Tourism", *Annals of Tourism Research* 1977 (17): 155-169.
[5] 郑宗清：《基于推力因素理论的老年群体旅游动机实证研究——以广州老年人为例》，载耿庆江、王志刚主编《旅游业：推动产业升级和城市转型——第十三届全国区域旅游开发学术研讨会论文集》，2009，第254~259页。
[6] 魏来、章杰宽：《老年人旅游动机及其旅游景点选择偏好研究》，《经济研究导刊》2010年第18期，第157~159页。

城市居民出游的最重要限制因素仍然是时间和金钱。陈德广研究后得出，城市居民复杂多样的国内出游动机可以归结为精神、渴求与享受、顺便旅游、新奇和身体、休闲游览、感情、单位出游和名胜古迹动机等8个维度。任芳芳、常化倩等认为广州市居民旅游动机具有多样化和多重发展趋势，其中最主要的出游动机是生理、情感和文化动机，并划分出分享型、社交型和享乐型三种不同旅游动机主导的居民类型[①]。

（四）文献综述小结

关于旅游动机的研究有很多，但对于退休中产阶层旅游动机的研究却很少。以"退休中产阶层""旅游动机""Retired middle class""Motivation"为主题词（关键词），在中国知网（CNKI）和SAGE期刊数据库的检索发现，关于退休中产阶层的旅游动机研究的有效文章数量为中文0篇，英文0篇。因此利用扎根理论对退休中产阶层的旅游动机进行研究具有很大的学术价值。

四 研究设计与分析

（一）数据收集

1. 研究对象

为做好本专题研究，访谈选择30位退休中产阶层人员作为访谈对象。其中男性17位，女性13位。年龄均在57岁至68岁，身体健康状况良好，并居住在北京市。他们的经济状况相对稳定，都拥有一套或者多套住房。此外，受访群体退休前的收入均比较高，家庭均有丰裕的资产积累。基于他们在年龄、身体健康状况、经济支付能力、出外旅游等方面的情况，适合将他们作为本研究采访对象（见表1）。

---

① 任芳芳：《广州市居民旅游行为和动机分析》，硕士学位论文，首都师范大学，2011；常化倩、陈朝隆：《基于旅游动机的居民出游特征研究——以广州市为例》，《曲阜师范大学学报》（自然科学版）2012年第2期，第109~114页。

表 1 受访者基本情况

编号	性别	年龄（岁）	退休前职业	编号	性别	年龄（岁）	退休前职业
1	男	63	国企管理人员	16	男	64	公务员
2	男	64	国企管理人员	17	男	63	国企管理人员
3	男	68	国企管理人员	18	女	59	国企管理人员
4	男	62	国企管理人员	19	女	62	国企管理人员
5	男	65	国企管理人员	20	女	58	国企管理人员
6	男	62	国企管理人员	21	女	63	高校教师
7	男	60	国企管理人员	22	女	61	国企管理人员
8	男	65	国企管理人员	23	女	63	研究院研究员
9	男	63	国企管理人员	24	女	63	外企员工
10	男	61	国企管理人员	25	女	61	国企管理人员
11	男	63	高校教师	26	女	57	国企管理人员
12	男	63	外企员工	27	女	61	公务员
13	男	63	国企管理人员	28	女	61	国企管理人员
14	男	65	公务员	29	女	65	国企管理人员
15	男	61	国企管理人员	30	女	57	国企管理人员

2. 数据收集

数据收集采用电话深度访谈的形式。经过受访者的同意进行了录音，然后把录音材料通过手机软件转换成文字（约3万字），并认真校对检查，以保证转换的文字能够真实、准确地表达访谈内容。在访谈过程中围绕探寻旅游的动机进行开放式谈话。话题集中在个人的旅游经历和感受，影响出去旅游的因素，偏爱游览景点的类型以及旅游中印象最深刻的事情、人物、时刻等方面，并视访谈情况适时追问。

（二）研究编码过程

基于访谈中的录音以及转换成的文字资料，笔者按照扎根理论的方法，对各位受访者的访谈资料进行了三级编码，经过反复阅读访谈后形成的文字资料，逐步提炼形成概念、范畴、主要范畴，并找出了各个主要范畴之间的关系，最后完成退休中产阶层旅游动机的模型建构。

在对访谈资料所进行的三级编码中，包括开放编码、主轴编码、选择性编码。在开放编码阶段，对退休中产阶层旅游动机的相关因素进行标注并找出基本概念。在主轴编码阶段，找出概念之间的相互关系，基于初始资料对概念进行对比，抽象出概念的类别组合，然后利用经典模型进行检验，找出主范畴及其之间的相互关系。在选择性编码阶段，当主要范畴达到饱和后，开始选择性编码。经过提炼与推展类别进行理论构建，根据故事线完成最后的模型确认。

（三）饱和度检验分析

为进一步验证笔者构建的理论模型的合理性，笔者对上述编码过程进行了理论饱和检查。笔者用预留的1/3的访谈记录进行饱和度检验分析。结果显示模型中的范畴已经足够丰富，并无新的范畴因子可以追加，因此笔者认为本文所构建的退休中产阶层旅游动机模型在理论上已达到饱和。

五 研究过程

（一）开放编码阶段

本研究运用逐词逐行阅读的方式，即如果阅读时发现在谈话里某个词或者短语多次出现或具有强烈的感情色彩，本文就将此词或者短语认作对分析退休中产阶层旅游动机具有意义，是受访者在旅游中的体验和感受，因此进行初步概括，形成54个"概念"（见表2）。

表2 开放编码举例

范畴	概念	访谈片段（摘录）
强健体魄	渴求身体健康	我已小70岁了，去海南旅游时明显感觉体力不如以前了。与同行的60多岁的人相比就有差距。出来转转就是希望通过活动有个好身体
	改善身体状况	（旅游）回来以后待上几个月又想出去，这样不断地持续下去，感觉身体状态比以前好了
	外出散心	退休了也不能一直在家待着啊，不然身体就不行了。没事出去走走，到处转转
	检验身体状态	旅游告诉我有没有老，健康还行不行
	强健体魄	我常去爬香山锻炼身体。岁数大了，但身体不能垮

续表

范畴	概念	访谈片段（摘录）
净化心灵	净化心灵	我先后去过4次西藏，如果再加上青海和新疆，去西部地区就不止4次了。在那里感受最深的是，蓝天下面对广袤无垠的山峦、戈壁，有一种心灵受到净化的感觉
	精神收获	我去过不少国家旅游，接触过各种各样的人，每当看到他们的笑脸都会使我心里充满阳光。我也很喜欢这种感觉，心灵上得到了满足
	灵魂升华	我喜欢去各地的教堂，也喜欢看看各种遗迹、纪念碑。喜欢感受那种庄严肃穆的感觉，有时候感觉自己的灵魂得到升华
	追求宁静	有时去寺庙拜一拜，很清净，心灵能得到宁静
调整心态	改善精神面貌	我们退休的人喜欢出去旅游看风景，与外面的人广泛接触后精神面貌变了，心态阳光了，对待生活的认识也有了变化
	陶冶情操	我每年都旅游。人多走走多看看，放松了心情，陶冶了情操，精神愉悦，很有好处
	精神放松	这些年压力太大了，自己也精神衰弱，一直吃药，现在也算熬退休了。现在算是能放松了，出去转转，透透气，不用整天考虑那么多东西
忘记烦恼	了却烦恼	忘掉了年龄，忘掉了烦恼，有一种非常年轻的感觉
	舒缓烦闷	去新西兰旅游时我们从北岛玩到南岛，挺开心。那里历史古迹不多，但自然风光不错。什么都不想，就为了忘记烦闷的心事
	享受生活	这个年纪该经历的都经历了，有不如意的事情也该放下了。开开心心到处转转也挺好。把烦恼都抛在脑后，享受退休生活
……	……	……

本文在开放编码阶段提炼出了54个涉及退休中产阶层旅游动机的概念，并对在开放编码阶段获得的概念进行分类，形成更大的概念类别范畴，经过归纳形成16个范畴，即强健体魄、净化心灵、调整心态、

忘记烦恼、放松休闲、兴趣爱好、社交、养老、旧情、历史情、爱国情、人情交际、文化情、获得新体验、猎奇、学习知识文化。

(二) 主轴编码阶段

在开放编码阶段形成的 16 个范畴的基础上，进一步深入分析，提炼出 4 个主范畴：身心健康需求、娱乐消遣需求、情感需求、探索求知需求。同时对这 4 个需求做了分析，寻找出它们之间的相互关系（见表3）。

1. 身心健康需求

身体和心理健康需求是以健康为引导，以保持和增进身心健康为目的的旅游需求。它将寻求身心健康和旅游需求有机地结合起来。对退休中产阶层而言，这一群体具有充足的资金和闲暇时间，身体状况良好。因此，追求身心健康是根本出发点。访谈中，有受访者表示："实际上，旅游是心态上的一种调整，旅游中可以看到不同的美景，不同的人，有当地人，有老外，特别是当地。看到他们的笑脸时，我的心情心态会不一样，每天心里都充满了阳光。经过出去旅游看风景，与外面的人接触回来以后，心态变了，精神面貌阳光了，生活态度改变了，回来以后待上几个月又想出去，这样不断地持续下去，感觉身体状态比以前好了。"

表3 主范畴与范畴对照

主范畴	范畴	主范畴	范畴
身心健康需求	强健体魄	情感需求	旧情
	净化心灵		历史情
	调整心态		爱国情
	忘记烦恼		人情交际
娱乐消遣需求	放松休闲	探索求知需求	文化情
	兴趣爱好		获得新体验
	社交		猎奇
	养老		学习知识文化

2. 娱乐消遣需求

娱乐消遣需求是指旅游者希望通过临时变换环境而产生愉悦心情的需求。在旅游中，旅游者根据自己的意愿以做愉快事情的方式来度过空闲时间。在这个过程中，旅游者放松心情，调整生活节奏，寻求安逸和清闲，摆脱惯常的生活方式和烦恼。例如有受访者表示："出去旅游就图个安静，放松自己为了休息。我们出去喜欢去人少的地方，可能是年龄大了的原因吧。如果参团由旅行社安排到热闹的景点，那里游客摩肩接踵，吵吵闹闹，我们不适应，就觉得没有意思了。""国内游我喜欢去人少、别人一般都不大去的地方，鸟不拉屎的地方。比如山沟里比较偏僻、交通不便的乡村。在那里旅游，感觉置身于原生态的大自然中，心情轻松。境外游我也是愿意去国人鲜至的地方，并且能自由行就尽量自由行，这样在时间上自己可以把握，不急不忙，看自己想看的东西，自我感觉满意和充实。"

3. 情感需求

情感需求是旅游者因对目的地的热爱、追求而产生的情感共鸣和感情依赖。这种情感共鸣和感情依赖是产生旅游动机的重要源泉。例如有受访者表示："我父亲1951年3月，参加中国人民志愿军入朝参战。在战火纷飞的朝鲜战场上，他们经历了艰难困苦的考验。几十万人的部队在与敌人鏖战中，往往后勤供应跟不上，战友们只能吃一把炒面，吃一口雪，生活十分艰苦。不仅是生活困难，还时刻面临死亡的威胁。这场战争进行得非常残酷和激烈，他的一些战友为朝鲜人民献出了宝贵而年轻的生命，遗体都留在了那里。每当谈起这些往事，老父亲的言谈中总是充满了一种特殊的感情。这种感情也深深地感染了我，使我对朝鲜有一种亲近和想去探访的愿望。"

4. 探索求知需求

探索求知需求是旅游者为追求发展和自我完善而产生的需求，具有显著的求知意向和自我教育的作用。在当今科技文化高度普及与发展的年代，知识观更加全面和动态，其内在含义和作用不断被重新认识，作为具有重要价值的资源，知识反映了核心竞争能力。随着社会经济向前发展，通过旅游主动、有意识地学习新知识，已成为与时俱进，适应时代和社会发展的趋势。例如有受访者表示："他们介绍说，朝鲜的历史比韩国的历史还值得了解，人文这方面的东西比较多。于是我联系上几个朋友就去了朝鲜。我们就是冲着朝鲜丰富的人文历史去旅游的。通过旅游,我观察和了解到了以前许多不知道的东西。旅游期间我抓紧时间写些游记,而且越写越注意观察,越注意观察就越丰富了自己的知识。感觉自己与朝鲜的历史越来越近了。"

(三)选择性编码阶段

围绕身心健康需求引导出了情感需求、求知探索需求、娱乐消遣需求,均属于旅游者的心理需求。它们是建立在身心健康基础上的需求,没有身心健康就谈不上情感需求、求知探索需求、娱乐消遣需求等。反之,在旅游中满足这3种需求,将会有助于旅游者的身心健康。

情感需求和求知探索需求是相互影响和发生作用的。当旅游者对旅游目的地或景区情有独钟时,他往往渴望知道与旅游目的地或景区相关的背景和知识,萌发好奇心,从而产生求知探索需求。反之,当旅游者通过旅游学习了新知识,丰富了自己的认知后,又会提升对旅游目的地或景区的情感,进一步加深对旅游目的地或景区的认识,从而使求知探索在更高的层面上满足自己的情感需求。娱乐消遣需求也不是单独存在的,它与求知探索需求是有内部联系的,旅游者在消遣旅游中往往会触及求知探索需求。

六 研究结论

本文通过对30位退休中产阶层人员的深度访谈,基于扎根理论对访谈资料进行编码分析,得出以下结论。

(一)影响北京退休中产阶层旅游动机产生的因素

影响退休中产阶层旅游动机产生的因素有多种。本研究发现,影响退休中产阶层旅游动机产生的既有主观因素也有客观因素。

主观因素方面:首先,安全感因素。退休中产阶层中的一部分人感觉外出旅游不确定因素多,可能发生意外情况,往往不大愿意外出旅游。而另一部分人则没有这些顾虑,愿意出去旅游。其次,个性因素。退休中产阶层中习惯舒适安稳生活的人不容易产生旅游动机,而个性开朗、愿意尝试新生活方式的人则喜欢旅游。再次,身体健康状况因素。

退休中产阶层中身体状况好的人容易产生旅游动机，身体健康状况差的人则难以产生外出旅游动机。最后，文化程度因素。退休中产阶层群体中，接受教育多、文化程度高的人对新事物敏感，容易产生旅游动机，而文化程度低、视野不宽阔的人则不容易产生旅游动机。

客观因素方面：首先，闲暇时间因素。退休中产阶层中一部分人需要在家照顾老人和儿童，他们不容易产生外出旅游动机。而另一部分没有家人需要照顾的人则容易产生旅游动机。其次，支付能力因素。退休中产阶层群体的支付能力是有限度的，他们只愿意选择适合自己支付能力的外出旅游。最后，便捷的交通工具和舒适的旅游设施因素。退休中产阶层群体年龄大、身体弱，长时间、长距离的旅游活动给他们带来不便，因此便捷的交通工具和舒适的旅游设施是吸引退休中产阶层产生旅游动机的重要因素。

（二）北京退休中产阶层旅游动机的独特性

退休中产阶层与其他旅游群体相比，最显著的特点是具有较多的可支配时间。退休中产阶层已离开职场，需要重新安排自己的生活。在退休阶段，他们有时间也愿意去做自己想做的事情，实现自己的愿望。在身体健康、支付能力有保证的基础上，充实闲暇时间是退休中产阶层产生旅游动机的独特性。与上班族和上学族相比，退休中产阶层有更多的闲暇时间出行旅游，避开国家法定节假日和寒暑假，选择旅游淡季去旅游，这样可以使其获得良好的旅游感受。

在花费上，退休中产阶层更希望进行质量优良而性价比又高的旅游消费。经历过物资严重匮乏时代的退休中产阶层并无过多的消费欲望，在消费理念上更注重性价比。有时为避免喧嚣会选择自由行，有时也会选择质量高的跟团游。

北京城市旅游产品创新研究

范业正　王书悦*

一　引言

北京是中国最重要的旅游目的地城市之一。近年来，北京旅游业持续发展，游客数量、旅游收入不断增加，旅游市场发展前景良好，旅游业正在成为推动北京城市发展的重要产业。但北京旅游目前也存在一些问题，旅游产品亟须升级更新。1966年，美国学者雷蒙德·弗农最早提出产品生命周期理论，认为产品和人的生命一样，存在形成、成长、成熟、衰退的周期。处于导入期的旅游产品由于大众对其缺乏深入了解，知名度较低，市场需求较小，销量增长缓慢，利润较低。处于成长期的旅游产品已形成一定的特色和知名度，销量大幅提升，利润快速增长。处于成熟期的旅游产品，由于大部分消费者对产品较为熟悉，潜在消费者逐渐减少，产品销量增长减缓，在达到顶峰后逐渐下降。处于衰退期的旅游产品由于人们出现新的消费需求、同类产品增多导致市场竞争加剧，产品销量急剧下降，利润大幅滑落，并开始出现负增长。

北京旅游产品目前还是以观光旅游居多，这种旅游以单一的观赏游览功能为主体，缺乏深层次的内容扩展，游客参与性的旅游项目很少；同质化、单一化问题日益突出，缺少多元化、多功能复合型旅游产品，

---

* 范业正，北京第二外国语学院副教授，研究方向为旅游规划与开发；王书悦，北京第二外国语学院2017级硕士研究生，研究方向为旅游规划与开发。

缺少高品位、高层次、具有特色的产品。北京部分旅游产品已经处于产品生命周期的成熟期及衰退期,迫切需要进行创新升级、更新换代,了解消费者需要,提高产品吸引力,找准市场定位以延长旅游产品的生命周期,确保旅游高质量发展。

北京的旅游资源包括历史、自然、商业三大类①。本文主要分析文化遗产类和水域风光类的旅游资源,对北京已有的城市旅游产品的创新案例进行研究,总结创新模式,并通过同类型案例的对比分析,为其他城市的旅游产品创新提供一定的参考。

二 城市旅游产品创新

(一) 城市滨水休闲空间创新

1. 滨水空间改造提升+服务功能升级

(1) 城市滨水空间

城市滨水空间主要是指城市滨水区内的公共开放空间,是连接城市内部空间和水域空间的重要节点,作为水陆空间的交界区,具有交通、观光、休闲游憩、生态等作用。美国学者 Ann Breen 和 Dick Rigby 依照不同的区域功能,将城市滨水空间分为居住、港口、商贸、娱乐休闲、文化教育和环境、历史六大类。

对于城市滨水区的具体空间范围的界定,目前还没有统一标准。根据美国《沿岸管理法》与《沿岸区管理计划》中的定义,滨水区是陆地与水域的分界处,大致范围为 200~300m 的水域空间以及与其接壤的城市陆域空间,其对人的吸引距离为 1~2km,为 15~30 分钟的步行距离范围②。

(2) 模式分析

城市滨水休闲空间应当在保护现有资源的基础上进行改造提升,创建湿地生态景观系统,对空间整体进行合理布局,完善配套设施服务,

---

① 吴必虎、宋子千等编著《旅游学概论》,中国人民大学出版社,2009。
② 周杰:《滨水区休闲空间规划设计研究》,硕士学位论文,东南大学,2004。

建设成为具有旅游游憩、生态观光、休闲商业、文化展览等多种功能的综合活动区域,使滨水空间成为高品质的城市休闲旅游资源,打造多元化的游憩公共空间。

①旅游游憩功能

充分利用滨水空间,打造户外健康休闲设施,如游步道、观景栈道、亲水平台、小型的开放式空间,作为市民休憩的场所,使市民及游客可以自由开展活动,同时还可以享受滨水空间带来的舒适休闲体验。

②生态观光功能

滨水区所具有的浅滩、湿地、凹凸岸等能够为动物提供栖息场所,在实现生物多样性的同时还可以让市民获得亲近自然的机会、进行文化娱乐活动;生态环境解说系统可以为市民提供生态科普教育;滨水区生态景观的设计建设,可以扩大绿地,起到美化城市环境的生态效果。

③休闲商业功能

滨水空间创造的良好自然生态环境和自由氛围,可以吸引人们长时间停留观赏。居民游客的停留可以为滨水空间增加一定的经济收益,这也是滨水空间附加功能。通过在滨水空间设立步行街、观景餐厅、自动售货机、小型商业店铺等多种形式,不仅可以吸引更多的参观游览者前来,还可以创造经济收入。滨水空间形态的多样化,不仅可以提升滨水空间的活力,而且有益于城市经济社会的发展。

④文化展览

滨水空间内的装饰布景、建筑式样、内容设计可以加入文化内涵,并且可以利用外部空间作为户外展示区进行艺术展览,反映所在地区、城市的社会历史与现代文化,让不同的滨水空间呈现独特的环境文化氛围。

2. 北京西海湿地公园的升级改造

西海湿地公园位于北京市德胜门西什刹海西海,是核心城区唯一的湿地公园,于 2018 年 10 月 1 日正式对外开放。西海与后海、前海并称为什刹海，西海又名积水潭，是一片具有 700 多年历史的古老水域。西城区通过提升绿化景观、连通步道系统、增加人文景观等措施，对自然水域进行提升改造。建成后的西海湿地公园占地总面积 10.9 公顷，其中水面面积 7.4 公顷，周边绿地面积 3.5 公顷，环湖步道长 1450 米。

(1) 滨水湿地景观打造

①岸线景观打造，增加动植物多样性

通过对湖面的改造，将原本的单一景观升级为多样化的湿地生态系统。新建一个 500 平方米的野鸭岛、两个约 800 平方米的生态浮岛，在岛上设置人造鸟巢，为野鸭、天鹅等水鸟提供合适的栖息环境；新建一个约 2 万平方米的水生种植区，种植荷花、菖蒲、芦苇、菱角等 50 多种水生植物；在河中放养鲤鱼等水生动物，在水边栽种柳树、山桃、海棠、油松等 700 余株植株树木，形成以湿地动植物为主要特色的湿地景观。

同时，在进行岸线的景观设计时充分考虑地方气候因素，根据时序的变化设计相应的景观特色。在环湖步道、观景平台周围打造类型丰富、高低错落的绿化景观，使不同高度的植被呈现一种多层次的立体空间感。

②亲水空间打造

亲水空间可以分为戏水空间、观水空间和听水空间，不同空间距水的距离不同，并直接影响人们亲近水域的兴致和意愿①。西海湿地公园利用形成的不同空间组合特点设计相应的观景设施，提升人们的亲水意愿，增加游客在滨水空间的停留时间。

增加滨水空间中的亭子数量，使游人可以随意停留休息或观景；增加 5 处观景平台，平台在原先布道的基础上向水中延伸一段，为游客提供了相对安静独立的停留空间；建设 500 米长的临水栈道，让游客可以深入湿地内部，近距离观赏水中景观；增加 1000 多米的环湖步道，将之前不连通的 3 处障碍点进行改造，打通不相连的部分节

---

① 曾令秋：《城市滨水地区亲水空间设计研究》，硕士学位论文，长安大学，2009。

点。亭子、观景平台和一系列的环湖步道、景观栈道形成滨水岸线的空间结构，点线面的组合构成多层次立体化的滨水空间，给人以全面丰富的观景体验。

(2) 服务设施升级改造

①生态解说系统

西海湿地公园的生态解说系统的内容简洁明确，主要介绍公园内动植物资源及其生态价值，做到深入浅出、通俗易懂，没有过于专业化的术语，注重趣味性，满足不同文化层次的游客需要；忠告牌示和服务牌示语言以提示为主。标识牌示的材质、放置位置与周围环境相适应，和谐一致。

设立电子解说系统。游览者可通过扫描展示板中的二维码获得公园内动植物的详细信息，如周边栽种树木的品种、有关水生植物和湿地方面的科普知识。

②智慧公园打造

在西海湿地公园内安装智慧灯杆。灯杆可进行智慧安防视频监控、市政设施监控、PM2.5智能感知，并且提供城市 Wi-Fi 及手机充电功能；开放网上公园以及生态解说系统，游客通过扫描二维码，可以直接了解公园的相关信息，公园内动植物的详细信息以及北京城的历史、文化等相关信息。

(3) 整体空间组合布局调整

①合理的滨水空间布局

进行合理的整体布局，将公共空间、水体系统、岸线系统、景观系统、绿地系统及道路系统整合成完整、连续的空间组合体，而不应直接将节点空间进行串联，使得空间系统之间缺少联系。西海湿地公园的滨水空间布局起到的不是单纯的串联功能，而是将节点空间进行叠加，使游客在一个节点内可以享受到多个系统的功能，让整体空间变得更加丰富立体，进而提升人们在空间内游览的体验感。

西海湿地公园对公园整体进行有序合理的规划，利用景观栈道和滨河步道的设计打通之前分散不相连的格局，将1450米长的环湖步道全线贯通，使湖面整体成为一个环形的空间。之前由于山海楼整体建筑临西海而建，临湖一面被阻挡，在湿地公园建设中，打通西海湖边的3处障碍点——碧荷轩、西海鱼生和山海楼，搭建了50多米的水中浮桥。浮桥不仅贯通了整个什刹海环湖步道，方便游客环湖游览参观，也提供了视野更开阔的观景平台。

环湖步道和观景栈道有效地将多层次的岸线景观连接起来，为人们创造出层次更加丰富的休闲开放空间。临水空间、绿地景观和滨河步道相互配合形成多层次的充满立体感的岸线景观，给人们带来视觉上的享受，最终塑造出完整的滨水空间布局。

②两岸建筑合理呼应

滨水空间岸线两侧建筑的体量、密度、高度等指标会对滨水空间的整体性、开放性有所影响。城市建筑的高度较高、密度较大会让游客产生一定的心理压迫感，使滨水空间的整体性下降，开放空间变得紧张，进而降低游客的游览体验和游览欲望。

西海湿地公园将原先沿湖餐饮企业占据的道路和水域进行清理收回，两岸及周边建筑的高度较低、密度较小，新建成的建筑外形设计具有古典气息，与整体环境相互呼应，营造出宁静、舒适的整体氛围，为游客带来良好的体验。

3. 案例对比分析——浙江西溪国家湿地公园

西溪国家湿地公园位于杭州市区西部，是中国第一个集城市湿地、农耕湿地、文化湿地于一体的国家湿地公园。现实施保护的西溪湿地总面积约为11.5平方公里，分为东部湿地生态保护培育区、中部湿地生态旅游休闲区和西部湿地生态景观封育区。西溪湿地2009年11月被列入国际重要湿地名录；2012年1月成为国家5A级旅游景区；2012年先后获得浙江省、全国智慧景区试点单位称号；2013年创建成为"全国旅游标准化试点"景区。

①观光体验

对西溪湿地自然生态进行保护和修复，建设人工鸟巢、水生动物栖息区，提供鸟类栖息的良好生态环境，使西溪湿地鸟类数量不断增加，由79种增长至157种，占全市鸟类总数的一半以上。对西溪湿地进行植被修复完善，种植与保护西溪特有的笋竹、柿树、樟树、柳树等陆生水生植物，使湿地植物从221种增加到了1000多种。湿地良好的自然、生态景观为游客带来优质的旅游体验。

②活动举办

利用湿地公园良好的环境和基础设施开展丰富多彩的节庆活动。"探梅节""花朝节""龙舟节""火柿节""听芦节"五大传统主题节庆活动已具有一定的规模和较大的影响力，吸引众多国内外游客。另外举办其他新兴的城市艺术活动，如2017年10月底举办"最美杭州，灵动西溪"主题艺术灯光秀。灯光秀作为户外空间的灯光艺术作品展，通过光影与其他科技的融合，营造出梦幻迷人的现场效果，给游客带来全新的感官体验和游览体验。

③生态科普教育

西溪湿地公园利用自身丰富的动植物资源、良好的生态环境系统开展生态科普教育，面向各个年龄层提供丰富多彩、类型多样的教育产品，并积极进行新的路径研究开发，实现湿地系统教育功能的最大化利用。成立科普教育基地，利用湿地日、生态日、环境日、爱鸟周等生态纪念日的方式增强环保意识；丰富教育产品类型，开展多样化的科普活动，通过手绘展板、书画摄影比赛、制作生态手工品等趣味性、游戏化的方式进行科普宣传；举办公益性活动，如杭州市中小学校第二课堂、"走进西溪"科普实践活动、大专院校暑期社会实践活动。

加强机构间合作，探索可持续发展路径。中国湿地博物馆与西溪研究院共同打造"西溪文化研究模式"，进行湿地保护和文化传承的研究；与法国卡玛格湿地博物馆达成战略合作协议，实现湿地数据共享、进行宣传平台共建。

（二）城市文化遗产创新

1. 文化遗产内涵挖掘+体验式产品

（1）体验式产品

体验经济理论由派恩和吉尔莫于1999年在《体验经济》一文中最

早提出，具体是指企业在提供服务时以消费者为中心，使其充分参与到消费过程中，并且为消费者创造值得回忆的难忘的经济活动。有越来越多的行业，如服务业、工业、农业等采用这种服务模式，力图呈现更有文化性、趣味性、教育性、互动性的体验。例如星巴克不仅为消费者提供饮品，更重要的是提供了一个可供人们休闲放松又相对私密的环境，创造了一种现代生活休闲方式，让人们在品尝饮品的同时也在进行一种生活体验，从而向全球输出这种美式文化，成为国际知名品牌。当代的消费者需要的不再只是冷冰冰的商品，更需要一种能够打动他们的消费体验，并且他们愿意为这种消费体验花费远超过商品价值本身的费用。体验式旅游产品在现在有着更为广泛的含义，是指通过整合多方面的旅游资源和各种物质条件，精心设计和组织可以满足旅游者心理和生理双重感知需求的旅游产品。

（2）模式分析

体验经济视角下的文化遗产创新正是基于上述情境下消费者心理及生理双重体验的一种文化产品设计，其本质目的是将文化与消费者相联结，提供深层次的体验、交流、互动与理解。

①深入挖掘文化遗产的特色和内涵

Hewison 指出，我们不应该把对遗产的主要认识局限为怀旧情结，而应该用创新的精神去看待。完全保留原状的遗产，其文化是不开放的，不能与现在产生联系。我们更需要将过去和现在进行联结，我们需要的是流动着的历史，而不是僵化的遗产。我们应该生活在从现在到未来的未来时态，而不是总想回到过去，停留在过去时态[①]。因此在文化遗产创新的过程中，不仅要保护遗产的原真性和完整性，还应当深入挖掘文化遗产的特色与内涵，挖掘这些遗产背后的文化价值和社会价值，并对遗产的意义进行重新建构，帮助我们理解现在，并将这种理解传达给当代人。活化利用遗产，对文化遗产进行创新，需要对文化遗产的利

---

① R. Hewison, *The Heritage Industry: Britain in a Climate of Decline*, London: Methuen, 1997: 146.

用方式和功能做出适当的改变，在传承历史的基础上，与当下社会相联系，与人们的日常生活相联系。在进行文化遗产开发时，要充分挖掘其审美价值、历史价值、文化价值、教育价值、经济价值，让旅游者在体验过程中感受其深刻的价值内涵，与自身相联系，得到心理和生理的双重体验。

②提供具有吸引力的体验式产品

如果无法从体验视角去设计旅游产品，不能给旅游者留下深刻的印象，从长远看，这种形式的旅游产品会因无法带给旅游者更丰富更深入的体验而面临被淘汰的风险。

文化遗产产品创新包括产品内容的创新和产品展示方法、体验形式的创新，通常这两方面相互影响、互相联系。不仅要从展示空间布局合理、展示内容丰富有趣、展示形式生动形象等物质方面进行创新，更要在设计理念上创新，好的设计理念能够增加产品的经济价值、社会价值及文化价值。

体验内容做到分类设计，不应过于深刻复杂。要根据不同体验者会产生的不同感官体验进行分类，设计相应内容；要以宣传传统文化、传播传统精神为目的，体验展示内容不能过于专业化，不需要展示难度过大、过于深刻的内容，尽量使体验者易懂、易学、易模仿、易使用。

利用情境还原让体验者身临其境进行感受。选择能够与观众产生共鸣、能够表达自身感情的场景进行还原，可以选取有代表性的历史阶段的故事情节，也可以选取经典的生活场景，让体验者可以跨时间、跨空间、零距离地和历史对话，在体验中潜移默化地感受所蕴含的文化信息。现场情景还原可以进行艺术再加工，不仅要还原当时的环境，更需要营造真实的场景氛围，加强体验者与历史、文化的情感共鸣和互动。

进行动态展示与互动体验。动态展示首先要借助技术手段，利用声光电等多媒体以及VR等新技术来营造空间感、代入感；其次通过现场教学、现场展示等方式进行文化遗产体验，与现场观者进行互动，用真实人物呈现所有场景，以达到传递真实情感的效果。互动形式可分为制作过程互动体验、建造互动体验、成品互动体验,详细展示文化遗产的制作步骤,展示各个阶段不同的制作过程、制作工艺手法、使用材料等,宏观展示整个制作工序,进行成品模拟体验,观众可以亲自参与、动手制作,体验其中的乐趣。

③创造良好的体验条件,创新营销手段

创建良好的体验环境和体验条件。游客在进行新的体验式产品体验时,如果缺乏参与体验的良好环境和条件,体验效果会大大降低。提升体验式产品的营销水平。经营者需要提高宣传力度,创新营销手段,增强与其他相关机构、品牌的互动合作,借助互联网思维、平台优势、现代技术扩大体验产品的影响力和知名度。

2. 创新案例——北京天乐园京剧体验馆

天乐园大戏楼位于前门大街鲜鱼口街路南,始建于1785年,是清代赫赫有名的"四大戏楼"之一。京剧名角儿梅兰芳、程砚秋、高庆奎均在此演出过,昆曲大王韩世昌在此走红,但渐渐地,天乐园同京剧一同不复往日辉煌。2019年6月18日,百年戏楼天乐园重装开业,打造全球首家国粹京剧体验馆——"亮相天乐园"。

①体验内容创新:时尚京剧与多维体验

推出更符合现代观众审美的全新京剧美学,在传统经典演绎的过程中加入现代元素。对经典戏剧进行重新打造,《关公开台》《霸王别姬》《贵妃醉酒》《京剧风云》《挑滑车》等剧目在保留经典内核的同时,加入现代舞台技术、灯光音效、舞美布景,使京剧内容更加丰富、形式更加多样,与影像艺术、空间艺术的结合呈现完美的舞台艺术效果,改变人们对京剧"冗长、听不懂、看不进去"的刻板印象,用"剧场秀"的方式打造极致的视听体验。

重新打造的剧场提供演出、时尚、教育、文旅四个维度的京剧文化体验,目的是更好地推动以京剧为核心的传统艺术大众化、普及化,挖掘隐藏其中的文化内在价值,并传承发展,使京剧艺术面向全民、面向世界。对京剧剧目的表演形式进行创新,推出多样化的演出方式,如驻场秀、特色专场、合作专场等;针对年轻群体的文化消费需求和特点,定期推出文化演出、特别节目和体验活动；进行全方位、多渠道相结合的营销宣传，通过线上线下相结合的方式与京剧名家、各界文化艺术家及明星进行合作，例如与郭德纲进行合作推广，与梁宏达进行合作——以讲故事的形式带来对京剧文化的不同解读。

②体验形式创新：全息剧场、艺术体验馆、京剧衍生产品体验

天乐园着力打造全息剧场，加入现代高科技，通过VR技术实现人屏交互、通过数字化应用实现戏曲作品的线上展示；重新对主剧场进行规划设计，可容纳200个有效座席，座位设计参考现代影院的模式，使视听的效果更加理想。

打造全球首个京剧艺术体验馆，推出内容丰富的互动体验活动，游客可多角度、近距离、全方位地接触和了解京剧艺术。体验馆分为演员化妆展示区、京剧身段学习区、京剧器乐体验区、京剧戏服试装区等不同体验区，游客可参与体验化妆勾脸、试穿戏服，可扮作京剧演员上台体验京剧动作，可在京剧演员的带领下深入京剧舞台的台前幕后，全面了解京剧的整个表演过程。

其他体验形式的挖掘。提供时尚京剧写真拍摄，改良传统京剧服饰，加入现代设计元素，游客可穿着具有京剧元素的服饰、体验京剧妆容并请摄影师拍摄写真；针对少儿、青少年、成人等不同年龄层次的群体，进行京剧培训、组织特色沙龙活动，邀请专业人员普及京剧知识，传播京剧文化；利用平台优势、互联网思维，推出一系列的京剧衍生文创产品、特色创意主题餐厅等，将京剧融入日常生活。

③营销手段创新：实施"三级战略"，推动京剧跨界合作创新

施行"三级战略"，推动京剧文化的传承创新发展。第一步，打造"亮相天乐园"，将京剧与现代艺术相结合，进行全民推广；第二步，建设国风生活馆与京剧艺术体验馆，将京剧艺术、文化内涵融入现代日常生活，进行日常推广，推出时尚京剧主题摄影、京剧衍生文创产品；第三步，推出京剧文化与艺术教育培训，将京剧艺术与教育相结合，推动京剧文化的传承和延续。

将京剧与其他形式相结合，进行跨界合作，全方位宣传营销。邀请

明星夫妻钟丽缇和张伦硕作为国粹大使拍摄京剧主题结婚照,利用明星的影响力以及京剧艺术与时尚相结合的方式进行宣传;对京剧服饰、文化进行升级包装,与时尚、国际元素相结合,比如在2018北京时装周上进行《亮相东方》时尚京剧开幕大秀,将中国传统京剧中的《贵妃醉酒》唱段与意大利经典歌剧 Time to Say Goodbye 相融合,在模特展示的服装中融入京剧元素;进行线上平台的打造,成立国风线上旗舰店,目前已有100余家品牌入驻,并与众多知名机构和知名网红合作推广,扩大吸引力,引领国风零售发展。

④品牌打造:创建城市文旅新地标,形成可延续的文化品牌

将天乐园打造成为北京文旅新地标,定位为全新的城市潮流地。天乐园本身具有百年历史、承载着京剧的文化积淀,是北京的传统文化坐标,通过全新策划提升,使古今文化交融,将传承传统文化的古戏楼升级成为大型京剧主题综合体,引导新的文化消费潮流,打造成为传统文化的榜样先锋地。

作为京剧主题综合体,在原先单一的舞台表演功能的基础上,融合时尚京剧、互动体验、文创衍生、教育培训等不同功能,满足旅游、娱乐、教育、社交等多种需求,打造全新体验空间。同时融入互联网思维、加入技术手段,使传统艺术焕发新的生命力,让不同年龄段的人都能感受到京剧艺术的多重魅力。

将天乐园打造成为一个可复制、可延续的文化品牌,通过IP授权、直接投资等形式在全球范围内打造特色商业中心、主题公园、城市文化旅游综合体,以文化作为内涵支撑,以产业作为外部驱动、以城市作为发展平台,推动以京剧为代表的中国传统文化走向市场、走向大众,创造可持续的生命力。

3. 创新对比案例——渭南皮影

陕西皮影四大流派分别为东路的渭南皮影、南路的道情皮影、西路的弦板腔皮影、北路的阿宫腔皮影。其中渭南皮影由于其源远流长的历史以及对世界戏曲文化的影响又被誉为"中华戏曲之父"和"世界皮影之父"。随着文化交流活动的增多,渭南皮影的影响力不断提升,

2017年渭南皮影代表中国传统艺术参加"威尼斯非遗双年展",广受好评,为推动中国传统文化走向世界做出了极大的贡献。

①多平台合作宣传,增强渭南皮影品牌影响

渭南皮影利用各种文化娱乐节目、大型节庆展览、文化艺术节等平台,采用丰富有趣的形式将其艺术内涵进行全方位的呈现,使更多的人知道皮影、熟悉皮影、热爱皮影。2017年在江苏卫视《最强大脑》节目上设置"皮影追踪"挑战环节,并邀请音乐人周杰伦参与皮影互动游戏,向观众展示皮影戏表演;2018年北京卫视《非凡匠心》节目中,演员张国立、音乐人李玉刚去往华县皮影发源地陕西华县探访非遗传承人,和当地皮影艺人合作完成皮影新戏创作,李玉刚用当地特色碗碗腔改编了《新贵妃醉酒》,为皮影传统技艺的创新做出努力,同时也向更多的人宣传了皮影文化;2018年参与上海明当代艺术馆皮影展、上海震旦博物馆皮影展等非物质文化遗产主题展览,展示皮影制作的过程以及皮影的雕刻技艺,并带来皮影戏演出;2018年博鳌论坛,张国立现场讲述渭南皮影故事,对渭南皮影进行推介,并邀请渭南当地的皮影艺人在舞台上进行皮影戏表演;2018年渭南皮影与百度进行合作,设计制作百度鸡年皮影 logo,并对皮影艺人、皮影传统故事进行讲述和展示,使工匠精神及渭南皮影关键词搜索热度提升。

②与品牌合作,进行皮影衍生品开发

对皮影进行衍生品开发,将皮影艺术与生活用品、礼物纪念品、美妆等相结合,在产品设计中融入皮影工艺及艺术,推出定制产品,提高产品的艺术价值和商业价值,并根据消费者的差异化需求进行不同档次、不同工艺等级的产品开发。比如渭南皮影联合韩国知名化妆品品牌"悦诗风吟",设计四款新年限量产品的皮影人物、发布了以皮影为主题的新年广告《花田喜事之新年归家》,并推出了2017新春皮影限量套装;联合腾讯设计了企鹅主题的皮影文创礼品;与Burberry、芬迪、百达翡丽等国际知名品牌合作,设计了皮影特色的主题logo以及产品,既增强了产品的吸引力,又让大家对皮影传统文化有了更加深入的了解。

③演出剧目创新，增强文化、教育功能

创新演出剧目，在保留传统文化内核的同时打造符合现代人审美及精神需求的剧本，使皮影艺术生活化、现代化，贴近现实，体现时代特征。2017年渭南皮影参加意大利"威尼斯非遗双年展"，首次展示新改编的代表中国传统精神的《愚公移山》《精卫填海》等剧目，对皮影戏编排方式、内容、展现过程进行创新，解决皮影戏因地域、语言不同，受时间、地点等因素限制而带来的问题，使渭南皮影的受众群体范围大大扩展，并且极大地提高了观众的满意度。

三 结论与讨论

由产品的生命周期理论分析可知，北京部分旅游产品已经处于产品生命周期的成熟期及衰退期，迫切需要进行创新升级、更新换代，需要通过对市场及产品现状进行分析，了解消费者需要，提高产品吸引力，找准市场定位以延长旅游产品的生命周期，确保旅游高质量发展。本文通过对北京旅游产品的创新案例进行分析，总结了城市滨水空间以及文化遗产类产品的创新模式，为其他城市的旅游产品创新提供借鉴和参考。

城市滨水休闲空间模式创新遵循"滨水空间改造提升+服务功能升级"的路径，进行产品换代升级。在保护现有资源的基础上进行改造提升，创建湿地生态景观系统，对空间整体进行合理布局，完善服务配套设施，建设成为具有旅游游憩、生态观光、休闲商业、文化展览等多种功能的综合活动区域。

文化遗产的模式创新遵循"文化遗产内涵挖掘+体验式产品"的路径，进行产品开发升级。应当深入挖掘其特色和内涵，提供具有吸引力的体验式产品，完善相关服务配套设施，创造良好的体验条件，创新体验内容、体验形式和营销手段，打造可持续输出转化的文化品牌。

图书在版编目(CIP)数据

北京世界旅游城市建设研究/王欣主编. -- 北京：社会科学文献出版社，2020.7
（北京国际交往中心建设研究丛书）
ISBN 978-7-5201-6872-4

Ⅰ.①北… Ⅱ.①王… Ⅲ.①地方旅游业-旅游业发展-研究-北京 Ⅳ.①F592.71

中国版本图书馆CIP数据核字（2020）第121955号

北京国际交往中心建设研究丛书
北京世界旅游城市建设研究

主　　编／王　欣

出 版 人／谢寿光
责任编辑／张　萍
文稿编辑／韩欣楠

出　　版／社会科学文献出版社·当代世界出版分社（010）59367004
　　　　　地址：北京市北三环中路甲29号院华龙大厦　邮编：100029
　　　　　网址：www.ssap.com.cn

发　　行／市场营销中心（010）59367081　59367083
印　　装／三河市尚艺印装有限公司

规　　格／开本：787mm×1092mm　1/16
　　　　　印张：17.25　字数：255千字
版　　次／2020年7月第1版　2020年7月第1次印刷
书　　号／ISBN 978-7-5201-6872-4
定　　价／98.00元

本书如有印装质量问题，请与读者服务中心（010-59367028）联系

▲ 版权所有 翻印必究